Mes jours et mes nuits sur le champ de bataille

Cercueil Charles Carleton

Writat

Cette édition parue en 2024

ISBN : 9789359949123

Publié par
Writat
email : info@writat.com

Contenu

INTRODUCTION.

À LA JEUNESSE DES ÉTATS-UNIS.

Dans mon enfance, mes jeunes amis, j'adorais m'asseoir à côté de mon grand-père et écouter ses histoires de Bunker Hill et de Saratoga, comment lui et ses camarades se tenaient sur ces champs et se battaient pour leur pays. Je pouvais presque voir le combat et entendre le rugissement du canon, le crépitement de la mousqueterie et les cris de victoire. Ils ont gagné leur indépendance et ont établi le meilleur gouvernement que le monde ait jamais connu. Mais il y a des hommes dans ce pays qui détestent ce gouvernement, qui ont comploté contre lui et qui ont provoqué la Grande Rébellion actuelle pour le détruire. J'ai été témoin de certaines des batailles qui ont eu lieu pendant cette guerre, bien que je n'aie pas été soldat, comme l'était mon grand-père, et j'essaierai, dans ce volume, de me représenter ces scènes et de donner des descriptions correctes du terrain. la marche des troupes, les positions qu'elles occupaient, et d'autres choses, afin que vous compreniez comment votre père, ou vos frères, ou vos amis, se sont battus pour le cher vieux drapeau.

CHAPITRE I.

COMMENT LA RÉBELLION EST ARRIVÉE.

Beaucoup d'entre vous, mes jeunes lecteurs, ont vu les sources qui forment les ruisseaux ruisselant sur les flancs des collines. Comme ils sont petits. On peut presque les boire secs. Mais dans la vallée, les fils d'argent se transforment en un ruisseau qui s'élargit jusqu'à devenir une rivière qui roule jusqu'à l'océan lointain. Il en va de même pour le flux constant du temps. Les choses qui étaient de peu d'importance il y a cent ans sont aujourd'hui des forces puissantes. Les grands événements ne résultent généralement pas d'une seule cause, mais de plusieurs causes. Pour comprendre comment la rébellion s'est produite, lisons l'histoire.

Il y a près de trois cents ans, alors qu'Elizabeth était reine d'Angleterre, Sir Walter Raleigh traversa l'océan Atlantique pour explorer le continent américain récemment découvert. Sir Walter était un marin, un soldat et l'un des gentilshommes de la reine. Il était si courtois et si galant qu'il jeta un jour son manteau écarlate galonné d'or sur le sol comme natte, afin que la reine ne puisse pas mettre son pied royal dans la boue. A cette époque, l'Amérique était un désert inexploré. Les anciens navigateurs avaient navigué le long des côtes, mais les eaux douces des grands lacs et des rivières n'avaient jamais été agitées par les rames des bateliers européens.

Sir Walter trouva un pays magnifique, ombragé par de grandes forêts anciennes ; aussi des champs fertiles, ondulés de maïs et d'une plante à larges feuilles à fleurs violettes, que les Indiens fumaient dans des pipes de silex et de pierre vermillon ramenées des falaises du grand fleuve Missouri.

Les marins apprirent à fumer et, lorsque Sir Walter revint en Angleterre, ils fumèrent leur pipe dans les rues. Les gens étaient stupéfaits et se demandaient si les marins étaient en feu. C'est ainsi que le tabac a commencé à être utilisé en Angleterre. C'était en 1584. Nous verrons qu'un peu de fumée de tabac respirée il y a près de trois cents ans a eu une influence dans le déclenchement de la rébellion.

Vingt ans se sont écoulés. Les marchands londoniens rêvaient de richesses en Virginie. Une société fut créée pour coloniser le pays. Beaucoup de marchands avaient des fils dépensiers, qui étaient également oisifs et en proie à de mauvaises habitudes. Ces jeunes gens trouvaient dégradant le travail. Dans ces bois occidentaux de l'autre côté de l'océan, le long des grands fleuves et sur les montagnes bleues, ils voyaient en imagination une vie sauvage, errante et imprudente. Ils pouvaient chasser les bêtes sauvages. Ils pourraient vivre sans les contraintes de la société. Ils avaient entendu de merveilleuses histoires de mines inépuisables d'or et d'argent. Là, ils pouvaient devenir riches, et c'était la terre qu'il leur fallait.

Un navire avec cinq cents colons fut armé. Il n'y avait que seize hommes sur les cinq cents habitués au travail ; les autres s'appelaient gentlemen et cavaliers. Ils s'installèrent à Jamestown. Ils ne trouvèrent pas de riches mines d'or, et la richesse ne s'obtenait pas dans les plaines fertiles sans travail. Ne sachant pas cultiver la terre et détestant le travail, ils ont eu du mal. Ils souffraient du manque de nourriture. Beaucoup sont morts de faim. D'autres membres de la même classe indolente rejoignirent la colonie : des jeunes hommes qui s'étaient disputés avec des tuteurs à l'école et qui avaient brisé la tête des gardiens de Londres lors de leurs fêtes nocturnes. Un historien de l'époque dit qu'« ils étaient plus aptes à provoquer une émeute qu'à fonder une colonie ».

Les marchands, constatant qu'une classe d'hommes différente était nécessaire pour sauver la colonie de la ruine, envoyèrent des ouvriers pauvres, qui furent apprentis auprès de leurs fils. Ainsi les cavaliers oisifs étaient préservés de la famine. Au lieu de travailler eux-mêmes, ils dirigeaient les hommes pauvres et travailleurs et empochaient les bénéfices.

Fumer est devenu à la mode en Angleterre. Les avocats portant de grosses perruques, les ministres en robes noires, les marchands assis dans leurs comptoirs, les dames en soie et en satin, tous adoptèrent cette habitude des Indiens d'Amérique du Nord. Le tabac était en demande. Tous les navires en provenance d'Amérique en étaient chargés. La plante à fleurs violettes poussait abondamment dans les champs de Virginie, et ainsi, grâce au travail des pauvres, les cavaliers indolents devinrent riches.

Comme il n'y avait pas de femmes dans la colonie, certains cavaliers envoyèrent en Angleterre et s'achetèrent des femmes, payant cent livres de tabac pour une femme. D'autres ont épousé des femmes indiennes.

Les prisons de Londres étaient remplies de voleurs et de vagabonds. Ils avaient commis un crime et perdu leur liberté. Pour s'en débarrasser, les magistrats envoyèrent plusieurs bateaux en Virginie, où ils furent vendus aux planteurs comme domestiques et ouvriers. Ainsi arriva-t-il qu'il y avait des classes distinctes dans la colonie : des hommes ayant des droits et des hommes sans droits, des hommes possédant du travail et des hommes redevables du travail, des hommes avec pouvoir et des hommes sans pouvoir, qui tous avaient quelque chose à voir dans la colonie. provoquant la rébellion.

En août 1620, un capitaine hollandais remonta la rivière James avec vingt nègres à bord de son navire, qu'il avait volé en Afrique. Les planteurs les achetaient, non comme apprentis, mais comme esclaves. Le capitaine, après avoir fait un voyage profitable, s'embarqua pour l'Afrique pour en voler davantage. Ainsi commença la traite des esclaves africains en Amérique, qui devint la principale source et la grande cause de la rébellion.

Les planteurs de Virginie voulaient de grandes plantations. Certains d'entre eux eurent de l'influence auprès du roi Jacques et obtinrent des concessions d'immenses domaines, contenant des milliers d'acres. Pendant ce temps, les gens ordinaires d'Angleterre apprenaient à fumer, à priser et à chiquer du tabac, et de l'autre côté de la Manche, les bourgeois, les femmes au foyer et les agriculteurs hollandais apprenaient à fumer leur pipe. Une livre de tabac valait trois shillings. Les planteurs s'enrichirent, achetèrent davantage de terres et d'esclaves, tandis que les apprentis, qui n'avaient ni argent ni moyens d'en obtenir, ne purent bien sûr devenir propriétaires fonciers. Ainsi les trois classes d'hommes – planteurs, hommes blancs pauvres et esclaves – devinrent perpétuellement distinctes.

Par la charte que la compagnie des marchands de Londres avait reçue du roi, seuls les propriétaires fonciers étaient autorisés à avoir voix au chapitre dans la gestion des affaires publiques. Eux seuls pouvaient exercer leurs fonctions. Un homme pauvre ne pouvait rien avoir à faire avec l'adoption ou l'administration des lois. En 1705, un historien qui écrivait alors disait :

« Il y a des hommes qui possèdent de grands domaines, qui ont soin de fournir des biens aux pauvres, et qui sont sûrs de les maintenir toujours endettés, et par conséquent dépendants. Parmi ce nombre sont choisis le Conseil, l'Assemblée, les juges de paix et autres officiers qui conspirent ensemble pour exercer le pouvoir. » [1]

Ainsi quelques hommes riches géraient toutes les affaires de la colonie. Ils ont su perpétuer leur pouvoir, transmettre ces privilèges à leurs fils, à travers les générations successives.

À l'heure actuelle, de nombreux hommes et femmes en Virginie se considèrent comme appartenant aux premières familles, car ils descendent de ceux qui ont colonisé le pays. Les grands domaines ont disparu du nom de famille, dilapidés par les fils dissolus et indolents. Ils sont pauvres, mais très fiers et se disent nobles. Ils regardent avec mépris un homme qui travaille pour gagner sa vie. J'ai vu un grand domaine, qui appartenait autrefois à l'une de ces fières familles, près du champ de bataille d'Antietam, mais des fils dépensiers l'ont dilapidé, et il n'en reste que très peu. La terre est usée, mais le propriétaire des arpents restants, pauvre, mais fier de sa haute naissance, regardant avec un mépris hautain les hommes qui travaillent, a été vu jour après jour, pendant l'été 1860, assis sur son cheval, avec un parapluie sur la tête pour se protéger du soleil, *surveillant ses deux femmes noires qui binaient le maïs* !

Toutes ces sources qui ont pris naissance en Virginie ont teinté, pénétré et donné de la couleur à la société de tout le Sud. Il y avait de grands domaines, des classes privilégiées, quelques riches et beaucoup de pauvres. Il y avait des planteurs, des hommes blancs pauvres et des esclaves.

Autrefois, les pirates sillonnaient les mers, pillant et détruisant les navires. Ils ont envahi les îles des Antilles et ont vendu leur butin aux habitants de Charleston, en Caroline du Sud. Là, pendant plusieurs années, les flibustiers réarmèrent leurs navires et furent chaleureusement accueillis. Mais les navires de guerre du roi interrompirent l'activité, et le commerce reprit paisiblement possession de l'océan.

Ces choses ont donné une direction au courant, influençant le développement et la croissance des colonies, qui sont devenues des États dans l'Union et qui ont fait sécession en 1861.

Pendant que le capitaine hollandais marchandait ses nègres aux planteurs en 1620 à Jamestown, un autre navire quittait le port de Plymouth, en Angleterre, pour une traversée de l'Atlantique. Des années auparavant, dans la petite ville de Scrooby, un homme à longue barbe blanche, du nom de Clifton, avait prêché ce qu'il appelait une doctrine religieuse pure. Ceux qui allaient l'entendre et qui croyaient à ce qu'il prêchait furent bientôt appelés puritains. La plupart d'entre eux étaient des agriculteurs et des villageois anglais pauvres et travailleurs. Il y avait beaucoup de discussions, de controverses, d'intolérance et d'amertume dans la religion à cette époque, et ces pauvres hommes furent chassés de comté en comté, jusqu'à ce qu'ils soient finalement obligés de fuir en Hollande pour échapper à la persécution et sauver leur vie. Le roi Jacques lui-même était l'un de leurs persécuteurs les plus acharnés. Il déclara qu'il « les chasserait tous d'Angleterre ». Après être restés plusieurs années en Hollande, ils obtinrent du roi la permission de s'embarquer pour l'Amérique du Nord.

Un matin de décembre, le navire, après cinq mois de navigation sur l'océan, jeta l'ancre dans le port de Cape Cod. Les personnes à bord n'avaient pas de charte de gouvernement. Ce n'étaient pas des hommes qui avaient fait des fêtes de minuit à Londres, mais des hommes qui priaient en famille nuit et matin et qui se réunissaient pour un culte religieux le jour du sabbat. Ils respectaient la loi, aimaient l'ordre et savaient qu'il serait nécessaire d'avoir une forme de gouvernement dans la colonie. Ils se rassemblèrent dans la cabine du navire et, après la prière, signèrent de leur nom un engagement d'obéir à toutes les règles, règlements et lois qui pourraient être édictés par la majorité. Puis ils élisèrent un gouverneur, chaque homme ayant une voix lors de l'élection. C'était ce qu'on pourrait appeler le premier town-meeting en

Amérique. Ainsi la liberté démocratique et le culte chrétien, indépendant des formes établies par les rois et les évêques, ont eu un début dans ce pays.

Le climat était froid, les saisons courtes, le sol stérile, et les colons de Cape Cod étaient donc obligés de travailler dur pour gagner leur vie. En conséquence, eux et leurs descendants devinrent actifs, travailleurs et énergiques. Ils jetèrent ainsi les bases de l'épargne et de l'entreprise. Ils ne considéraient pas le travail comme dégradant, mais comme ennoblissant. Ils ont voté des lois interdisant aux hommes capables de travailler de rester inactifs. Ils n'étaient pas assez riches pour posséder de grands domaines, mais chacun possédait sa petite ferme. Il n'y avait donc pas d'aristocratie foncière comme celle qui gagnait en puissance en Virginie. Ils n'étaient pas en mesure de posséder du travail dans une large mesure. Il y avait quelques apprentis et quelques esclaves noirs, mais les influences sociales et politiques étaient toutes différentes de celles des colonies du Sud. Le moment vint où les apprentis furent libérés du service et les esclaves libérés.

Ces hommes travailleurs ne souhaitaient pas que leurs enfants grandissent dans l'ignorance. Afin donc que chaque enfant puisse devenir un citoyen intelligent et un membre de la société, ils créèrent des écoles communes et fondèrent des collèges. En 1640, vingt ans seulement après le débarquement de Plymouth, ils possédaient une imprimerie à Cambridge.

Les cavaliers de Virginie, au lieu de créer des écoles, envoyèrent leurs fils en Angleterre pour y être éduqués, laissant les enfants des pauvres grandir dans l'ignorance. Ils ne voulaient pas qu'ils reçoivent une éducation. En 1670, cinquante ans après que le capitaine hollandais eut troqué ses nègres contre du tabac, cinquante ans après l'élection du premier gouverneur par le peuple dans la cabine du Mayflower, le roi nomma des commissaires à l'éducation, qui adressèrent des lettres au gouverneurs des colonies à ce sujet. Le gouverneur du Connecticut répondit qu'un quart des revenus totaux de la colonie était consacré à l'entretien des écoles publiques. Le gouverneur Berkeley, de Virginie, qui possédait une grande plantation et de nombreux esclaves, et qui voulait garder le gouvernement entre les mains de quelques familles privilégiées, répondit :

"Je remercie Dieu qu'il n'y ait ni écoles ni imprimeries gratuites dans cette colonie, et j'espère que nous n'en aurons pas pendant cent ans."

Toutes les colonies du Nord fondèrent des écoles communes et les soutenèrent généreusement, afin que chaque enfant puisse recevoir une éducation. Les colonies du Sud, même lorsqu'elles devinrent des États, n'accordèrent que peu d'attention à l'éducation, et par conséquent les enfants devinrent plus ignorants que leurs pères. Ainsi, dans les États du Nord, presque tout le monde sait lire et écrire, tandis que dans les États du Sud, il y a des centaines de milliers de personnes qui ne connaissent pas l'alphabet.

En 1850, l'État du Maine comptait 518 000 habitants ; parmi eux, 2 134 ne savaient ni lire ni écrire, tandis que l'État de Caroline du Nord, avec une population blanche de 553 000 habitants, *comptait quatre-vingt mille Blancs indigènes, âgés de plus de vingt ans, qui n'avaient jamais fréquenté l'école* !

Les six États de la Nouvelle-Angleterre, avec une population de 2 705 000 habitants, ne comptaient en 1850 que huit mille personnes incapables de lire et d'écrire, tandis que la Virginie, la Caroline du Nord, la Caroline du Sud, la Géorgie et l'Alabama, cinq États avec une population de 2 670 000 Blancs, *en avaient deux. cent soixante-deux mille, âgés de plus de vingt ans, incapables de lire un mot* ! Dans les États du Nord, les établissements d'enseignement augmentent rapidement, tandis que dans le Sud, ils diminuent rapidement. En 1857, il y avait 96 000 écoliers dans le Vermont, et tous sauf six mille allaient à l'école. La Caroline du Sud comptait la même année 114 000 écoliers ; parmi ces *quatre-vingt-quinze mille* n'avaient aucun privilège scolaire. La Virginie comptait 414 000 écoliers ; *trois cent soixante-douze mille* d'entre eux n'avaient aucun moyen d'apprendre l'alphabet !

Dans le Missouri, dans certains comtés, les terrains scolaires donnés par le Congrès ont été vendus et l'argent distribué parmi la population, au lieu d'être investi au profit des écoles. Avec chaque génération, l'ignorance s'est accrue dans les États du Sud. Les propriétaires d'esclaves ont eu pour intention de maintenir les pauvres hommes blancs dans l'ignorance. Là-bas, les voisins sont éloignés les uns des autres. Il existe de vastes étendues de terre où la solitude n'est pas interrompue par les bruits du travail. Les écoles et les journaux ne peuvent pas prospérer. Les informations sont données de bouche à oreille. Les hommes sont influencés dans leur action politique par les arguments et les histoires des gens de souche, et non par la lecture des journaux. Ils votent comme on le leur dit ou comme ils sont influencés par les histoires qu'ils entendent. Ainsi, lorsque les principaux conspirateurs étaient prêts à provoquer la rébellion, étant en possession des gouvernements des États et occupant des postes officiels, par de fausses déclarations, par la ruse et la méchanceté, ils furent capables de tromper les pauvres ignorants et de les inciter à voter pour se séparer de l'Union.

Il y a deux mille ans, les indigènes de l'Inde fabriquaient des tissus à partir des fibres du cotonnier qui poussait à l'état sauvage dans les bois. Le vieil historien Hérodote dit que les arbres portaient des toisons blanches comme la neige. Un planteur de Caroline du Sud a obtenu quelques graines et a commencé à cultiver la plante. En 1748, dix sacs de coton furent expédiés à Liverpool, mais la filature du coton n'avait pas encore commencé en Angleterre. En 1784, les douaniers de Liverpool saisirent huit sacs qu'un planteur avait envoyés, sous prétexte qu'il n'était pas possible d'en récolter autant en Amérique. La fabrication d'articles en coton commençait alors en Angleterre et le coton était en demande. La plante poussait abondamment dans les champs ensoleillés du Sud, mais il fallait une journée de travail à un nègre pour séparer la graine d'une livre, et les planteurs désespéraient d'en faire une récolte rentable.

Quelques années avant que les douaniers de Liverpool ne saisissent les huit sacs, un garçon nommé Eli Whitney fréquentait l'école de Westboro, dans le Massachusetts, et était destiné à aider les planteurs à se sortir de cette difficulté. Il fabriqua des roues hydrauliques qui claquaient dans les ruisseaux au bord de la route, et des moulins à vent qui tournoyaient sur la grange de son père. Il fabriquait des violons qui faisaient l'émerveillement et l'admiration de tous les musiciens. Il a ouvert un magasin et fabriqué des clous à l'aide de machines, gagnant ainsi de l'argent grâce à la guerre d'indépendance. Alors qu'il n'avait pas plus de douze ans, il resta à la maison après une réunion seule un dimanche, démonta la montre de son père et la remonta si bien qu'elle marcha aussi bien que jamais. Mais ce n'était pas l'affaire du dimanche.

Lorsqu'il était jeune, il est allé dans le Sud pour enseigner à l'école. Il entendit par hasard le général Greene, l'homme courageux et noble qui avait été à la hauteur de Lord Cornwallis, souhaiter qu'il y ait une machine pour nettoyer le coton. Il réfléchit, se mit au travail et, en peu de temps, eut une machine qui, avec quelques améliorations, fait maintenant le travail d'un millier de nègres. Il l'a construit en secret, mais les planteurs, en ayant eu vent, ont forcé sa chambre, volé son invention, construit leurs propres machines et l'ont escroqué de sa propriété.

À cette époque, il y avait en Angleterre un pauvre filateur de coton qui pensait pouvoir inventer une machine à filer. Il veillait tard le soir et réfléchissait à la manière d'arranger les roues, les manivelles et les courroies. Parfois, il était presque découragé, mais sa femme patiente, joyeuse et aimante l'encourageait, et il réussit enfin à fabriquer une machine capable de faire le travail de mille fileuses. Il l'appela Jenny, en hommage à sa femme, qui avait été si patiente et joyeuse, même si elle et les enfants, parfois pendant qu'il étudiait l'invention, avaient peu à manger.

Le gin et le jenny rendaient le tissu en coton beaucoup moins cher qu'auparavant. De nombreuses manufactures furent construites en Angleterre et dans les États de la Nouvelle-Angleterre. Davantage d'acres de coton ont été plantés dans le Sud et davantage de nègres ont été volés en Afrique. Au Nord, le long des ruisseaux des moulins, on entendait le cliquetis des machines. Un grand nombre de navires étaient nécessaires pour transporter le coton du Sud agricole vers les manufactures du Nord commercial et industrieux. La récolte de coton du Sud en 1784 ne valait que quelques centaines de dollars, mais la récolte de 1860 valait des centaines de millions, tant l'augmentation avait été grande.

Cette forte demande de coton a affecté les échanges commerciaux dans le monde entier. Les planteurs tiraient des revenus princiers du travail de leurs esclaves. Certains d'entre eux recevaient entre 50 000 et 100 000 dollars par an. Ils disaient que le coton était roi et qu'il dirigeait le monde. Ils pensaient que la race humaine tout entière dépendait d'eux et qu'en refusant leur coton une seule année, ils pourraient contraindre le monde entier à reconnaître leur pouvoir. Ils étaient peu nombreux, environ trois cent mille personnes sur trente millions. Ils ont utilisé tous les moyens possibles pour étendre et perpétuer leur pouvoir. Ils voyaient que les États du Nord étaient des ruches d'industrie et que les garçons qui pullulaient des écoles du Nord devenaient mécaniciens, agriculteurs, enseignants, occupant tous les emplois, et que le savoir, en tant que pouvoir, prenait le dessus sur la richesse.

Les hommes du Nord fondaient les nouveaux États de l'Ouest et le pouvoir politique au Congrès échappait aux mains du Sud. Pour conserver ce pouvoir, ils doivent intégrer davantage d'États esclavagistes dans l'Union. Ils réclamèrent donc le droit d'emmener leurs esclaves dans de nouveaux territoires. Les écoliers du Nord devenus hommes, partis dans l'extrême Ouest pour se construire des maisons, ne pouvaient consentir à voir leurs enfants privés de ce qui avait fait d'eux des hommes. Ils ont compris que si l'esclavage arrivait, les écoles devaient disparaître. Ils ont vu que là où l'esclavage existait, il y avait trois classes distinctes dans la société : les quelques propriétaires d'esclaves riches, sans scrupules et au cœur dur, les nombreux hommes blancs pauvres, ignorants et avilis, et les esclaves. Ils ont compris que le travail libre et le travail esclave ne pouvaient pas coexister. C'est donc à juste titre qu'ils s'opposèrent à l'extension de l'esclavage dans les territoires. Mais les propriétaires d'esclaves l'emportèrent. Le Nord a été mis en minorité et obligé de céder.

Les descendants des premières familles de Virginie élevaient des esclaves pour gagner leur vie. C'était un travail dégradant, mais c'était une façon très honorable de gagner sa vie d'élever des porcs, des mulets et des nègres, de les vendre aux États les plus méridionaux, de vendre leurs propres fils et filles ! Leurs pères achetaient des femmes : pourquoi ne vendraient-ils pas leurs propres enfants ?

Il était très rentable d'élever des nègres pour le marché, et les ministres du Sud, en chaire le jour du sabbat, disaient que c'était une occupation chrétienne. Ils expliquèrent la Bible et montrèrent les desseins bienveillants de Dieu en établissant l'esclavage. C'était bon. Cela avait la sanction du Tout-Puissant. C'était une institution missionnaire divine.

Leur succès politique, leur grande puissance, leur richesse, qu'ils obtenaient grâce au travail non rémunéré de leurs esclaves et à la vente de leurs propres fils et filles, développèrent leurs mauvais traits de caractère. Ils devinrent fiers, insolents, autoritaires et ambitieux. Ils réclamaient non seulement le droit d'étendre l'esclavage à tous les territoires des États-Unis, mais aussi le droit d'emmener leurs esclaves dans les États libres. Ils exigeaient que personne ne parle ou n'écrive contre l'esclavage. Ils obtinrent l'adoption d'une loi par le Congrès leur permettant d'attraper leurs esclaves en fuite. Ils ont exigé que la Constitution soit modifiée pour favoriser la croissance et l'extension de l'esclavage. Pendant de nombreuses années, ils ont comploté contre le gouvernement, menaçant de le détruire s'ils ne pouvaient obtenir ce qu'ils exigeaient. Ils regardaient avec un mépris total les hommes qui travaillaient dur du Nord. Ils étaient déterminés à gouverner ou à ruiner. Tout homme du Nord vivant au Sud était considéré avec suspicion. Certains étaient goudronnés et emplumés, d'autres pendus, et beaucoup ont été tués de sang-froid ! Aucun homme du Nord ne pourrait ouvrir la bouche sur ce sujet dans le Sud. Les hommes du Nord ne pouvaient pas s'y rendre. Le noble astronome Mitchell, le brave général qui a donné sa vie pour son pays, était entouré d'une foule ignorante et excitée en Alabama, qui était prête à le pendre parce qu'il leur avait dit qu'il était en faveur de l'Union. Mais les orateurs et les orateurs politiques du Sud étaient invités dans le Nord et écoutés avec respect par les gens pensants et raisonnants, les élèves des écoles communes.

Le climat, le commerce, les écoles communes et l'industrie ont rendu le Nord différent du Sud ; mais il n'y avait rien là-dedans pour déclencher la guerre.

Lorsque les propriétaires d'esclaves virent qu'ils avaient perdu leur pouvoir au Congrès pour adopter des lois visant à étendre l'esclavage, ils décidèrent de se séparer de l'Union. Lorsque le Nord a élu un président qui s'est déclaré opposé à l'extension de l'esclavage, la guerre a commencé. Ils volèrent des forts, des arsenaux, de l'argent, des bateaux à vapeur, tout ce sur quoi ils purent mettre la main, appartenant au gouvernement et aux particuliers, firent sécession de l'Union, formèrent une confédération, levèrent une armée et tirèrent le premier coup de canon.

Ils projetèrent un grand empire qui s'étendrait au sud jusqu'à l'isthme de Darien et à l'ouest jusqu'à l'océan Pacifique, et firent de l'esclavage sa pierre angulaire. Ils parlaient de conquérir le Nord. Ils déclarèrent que le moment viendrait où ils rassembleraient leurs esclaves à Bunker Hill, où les travailleurs du Nord, « le chapeau à la main, se tiendraient docilement devant eux, leurs maîtres ». [2]

Ils assiégèrent le fort Sumter, tirèrent sur les navires envoyés à son secours, bombardèrent le fort et le capturèrent. Pour sauver leur pays, leur gouvernement, tout ce qui leur était cher, pour protéger leur drapeau insulté et séculaire, les hommes du Nord ont pris les armes.

CHAPITRE II.

LE RASSEMBLEMENT D'UNE GRANDE ARMÉE.

Les rebelles ont commencé la guerre en tirant sur Fort Sumter. Vous vous souvenez à quel point la nouvelle de sa reddition était stupéfiante. On ne pouvait pas croire d'abord qu'ils tireraient sur les étoiles et les rayures, drapeau respecté et honoré partout sur la terre. Lorsqu'il n'y avait plus de doute qu'ils avaient commencé les hostilités, on n'aurait pas pu se sentir plus mal si on avait appris la mort d'un ami très cher. Mais en y réfléchissant et en réfléchissant à la méchanceté de cet acte si délibéré et si terrible, vous sentiez que vous aimeriez voir les traîtres pendus ; non pas que ce serait un plaisir de voir des hommes mourir en criminel, mais parce que vous aimiez votre pays et son drapeau, avec ses teintes célestes, son champ d'étoiles azur ! Non pas que le drapeau soit quelque chose en soi qui doit être protégé, honoré et vénéré, mais parce qu'il est l'emblème de la liberté constitutionnelle, l'enseigne du gouvernement le meilleur, le plus libre et le plus noble jamais établi. Cela lui a coûté de la souffrance et du sang. Les rois, les aristocrates, les despotes et les tyrans de l'Ancien Monde et du Nouveau Monde le détestaient, mais des millions d'hommes dans d'autres pays, souffrant, abusés, privés de leurs droits, le considéraient comme leur bannière d'espoir. Quand vous pensiez à la façon dont il avait été abattu par des traîtres, quand vous entendiez que le président avait appelé soixante-quinze mille soldats, vous pouviez hurler de toutes vos forces et souhaitiez être assez vieux et assez grand pour aller combattre les rebelles.

Les tambours battaient dans la rue. Vous avez vu les soldats se hâter de prendre place dans les rangs rassemblés. Vous avez marché à leurs côtés et suivi le rythme de la musique. La lumière du soleil brillait à travers leurs baïonnettes. Leurs étendards s'agitaient au gré de la brise, tandis que le tambour, le fifre, le clairon et la trompette vous faisaient vibrer comme jamais auparavant. Vous avez marché avec fierté et défi. Vous pensiez que vous pouviez anéantir le rebelle le plus vaillant. Vous avez suivi les soldats jusqu'au dépôt ferroviaire et vous avez hurlé jusqu'à ce que le train qui les emportait soit hors de vue.

Suivons-les jusqu'à Washington et voyons le rassemblement d'une grande armée. Les rebelles ont menacé de s'emparer de cette ville et d'en faire le siège de leur gouvernement, et elle doit être sauvée.

Nous avons été une nation calme et pacifique et n'avons pas eu de grandes armées permanentes d'un demi-million d'hommes. Nous savons peu de choses sur la guerre. Les États du Nord ne sont pas préparés à la guerre. Le secrétaire à la Guerre du président Buchanan, Floyd, s'est révélé un voleur. Il a volé plusieurs centaines de milliers de mousquets, des milliers de pièces d'artillerie, qu'il a envoyés des arsenaux du Nord vers le Sud. Les propriétaires d'esclaves préparent la rébellion depuis de nombreuses années. Ils sont armés, et nous ne le sommes pas. Leurs arsenaux sont bien remplis, tandis que les nôtres sont vides, parce que le président Buchanan était un vieil homme faible et qui maintenait les voleurs et les traîtres dans des lieux de confiance et de pouvoir.

A l'appel du Président, chaque village envoie ses soldats, chaque ville sa compagnie. Lorsque vous écoutiez la musique entraînante du groupe et regardiez le long train sinueux disparaître avec les troupes au loin, vous aviez un petit aperçu de la machinerie de guerre, comme lorsque vous passez devant une grande manufacture. une seule poulie ou une rangée de broches à travers une fenêtre. Vous ne voyez pas les milliers de roues, de courroies, d'arbres, les cent mille fuseaux, les bras de fer, les doigts d'airain et les ressorts d'acier, et la puissante roue qui donne le mouvement à tout, et ainsi vous n'avez pas vu la grande machine de guerre complexe, de grande envergure et puissante.

Mais il y a de l'activité partout. Les tambours battent, les hommes se rassemblent, les soldats marchent et se précipitent en régiments. Ils rentrent au camp et dorment par terre, enveloppés dans leurs couvertures. C'est une nouvelle vie. Ils n'ont pas de serviettes, pas de nappes pour le petit-déjeuner, le dîner ou le dîner, pas d'assiettes en porcelaine ni de fourchettes en argent. Chaque soldat a son assiette et sa tasse en fer blanc et prépare un copieux repas de bœuf et de pain. C'est du pain dur. On l'appelle *hard-tack*, car il peut être cloué sur le toit d'une maison au lieu de bardeaux. Ils ont aussi *du poulet Cincinnati*. À la maison, ils appelaient cela du porc ; les volailles sont rares et le porc est abondant dans le camp, alors ils font croire que c'est du poulet !

Il y a des exercices par escouades, compagnies, bataillons et régiments. Certains montent la garde autour du camp le jour, et d'autres sortent en piquet la nuit pour guetter l'ennemi. C'est la vie militaire. Tout se fait sur ordre. Quand on devient soldat, on ne peut pas aller et venir à sa guise. Soldats, lieutenants, capitaines, colonels, généraux, tous sont soumis aux ordres de leurs officiers supérieurs. Tous doivent obéir au général qui commande. Vous marchez, faites de l'exercice, mangez, dormez, vous couchez et vous levez sur ordre. Au lever du soleil, on entend le réveil, et à neuf heures du soir le tatouage. Ensuite, la bougie qui brûle dans votre tente avec une baïonnette en guise de chandelier doit être éteinte. Au cœur de la nuit, pendant que vous dormez profondément et rêvez de chez vous, vous entendez le battement du tambour. C'est le long rouleau. Il y a un bruit de mousqueterie. Les piquets y sont. Tout le monde se lève d'un bond.

"S'avérer! s'avérer!" crie le colonel.

« Tombez dedans ! tombez dedans ! s'écrie le capitaine.

C'est la confusion dans tout le camp, des piétinements et des conversations bruyantes et précipitées. Dans votre hâte, vous enfilez mal vos bottes et bouclez votre giberne de bas en haut. Vous vous précipitez dans l'obscurité, sans faire attention à vos pas, et vous êtes attrapé par les cordes de la tente. Vous dégringolez tête baissée, bouleversant le petit-déjeuner de haricots du lendemain. Vous prenez place dans les rangs, nerveux, excité et tremblant de vous ne savez quoi. Le régiment se précipite vers le feu qui cesse brusquement. Un officier arrive dans le noir et dit que c'est une fausse alerte ! Vous retournez au camp, calme et serein maintenant, en grommelant contre la stupidité du piquet, qui a vu un buisson, a pensé que c'était un rebelle, a tiré avec son arme et a alarmé tout le camp.

A l'automne de 1861, l'armée du Potomac, campée autour de Washington, comptait environ deux cent mille hommes. Avant de marcher sur le champ de bataille, voyons comment il est organisé, à quoi il ressemble, comment il est nourri ; Laissez-nous avoir un aperçu de ses machines.

Montez dans le ballon que vous voyez suspendu dans les airs au-dessus du Potomac depuis Georgetown, et contemplez cette grande armée. Tout le pays est parsemé de tentes blanches, certaines en plein champ, d'autres à moitié cachées par les arbres de la forêt. En regardant vers le nord-ouest, vous voyez l'aile droite. Arlington est le centre et Alexandrie est l'aile gauche. Vous voyez des hommes en rangs, en files, en longues lignes, en masses, se déplaçant d'avant en arrière, marchant et contremarquant, apprenant à mener une bataille. Il y a des milliers de chariots et de chevaux ; il y a de deux à trois cents pièces d'artillerie. Quelle longueur la file, si tout le monde était en marche ! Les hommes marchant en file sont espacés d'environ un mètre. Un chariot à quatre chevaux occupe cinquante pieds. Si cette armée se déplaçait sur une route de campagne étroite, quatre cavaliers de front et des hommes en files de quatre, avec toute l'artillerie, les wagons de munitions, les trains de ravitaillement, les ambulances et l'équipement, elle irait de Boston à Hartford, ou de New York à Albany, cent cinquante milles !

Pour déplacer une telle multitude, pour mettre de l'ordre dans la confusion, il faut un système, un plan et une organisation. Les régiments sont donc formés en brigades, avec généralement environ quatre régiments par brigade. Trois ou quatre brigades composent une division, et trois ou quatre divisions composent un corps d'armée. Un corps au complet comprenant de vingt-cinq à trente mille hommes.

Lorsqu'une armée se déplace, le général qui la commande donne ses ordres aux généraux commandant le corps ; ils donnent leurs ordres aux commandants de division, les commandants de division aux brigadiers, eux aux colonels, et les colonels aux capitaines, et les capitaines aux compagnies. De même que la grande roue de l'usine fait tourner toutes les machines, un seul esprit fait bouger toute l'armée. Le général en chef devra désigner la route que devra prendre chaque corps, l'heure où il devra marcher, où il devra marcher, et quelquefois l'heure où il devra arriver à un endroit fixé. Les commandants de corps doivent indiquer laquelle de leurs divisions marchera la première, quelles routes ils prendront et où ils camperont la nuit. Les commandants de division déterminent quelles brigades doivent marcher en premier. Aucun commandant de corps, de division ou de brigade ne peut prendre une autre route que celle qui lui est assignée, sans produire de confusion et de retards.

L'armée doit avoir sa nourriture régulièrement. Pensez à la quantité de nourriture nécessaire pour approvisionner chaque jour la ville de Boston ou de Cincinnati. Pourtant, il y a ici autant d'hommes qu'il y a d'habitants dans ces villes. Il y a bien plus de chevaux dans l' armée que dans les écuries de ces deux villes. Tout le monde doit être nourri. Il doit y avoir un approvisionnement constant en bœuf, porc, pain, haricots, vinaigre, sucre, café, avoine, maïs et foin.

L'armée doit aussi avoir ses provisions de vêtements, ses bottes, ses chaussures et ses manteaux. Il lui faut ses munitions, ses millions de cartouches de différentes sortes ; car il y a une grande variété de sortes de canons dans les régiments : mousquets Springfield et Enfield, canons français, belges, prussiens et autrichiens, exigeant une grande variété de munitions différentes. Il existe de très nombreuses sortes de canons. Il ne faut pas manquer de munitions, ni se tromper dans leur distribution. Il y a donc le département du quartier-maître, le commissaire et le département de l'artillerie. L'intendant déplace et habille l'armée, le commissaire la nourrit et l'officier des munitions lui fournit des munitions. Le général en chef a un quartier-maître général, un commissaire en chef et un officier en chef de l'artillerie, qui donnent leurs ordres aux officiers en chef de leurs départements attachés à chaque corps. Ils donnent leurs ordres à leurs subordonnés dans les divisions, et les officiers de division à ceux des brigades.

Ensuite, il y a un chirurgien général, qui dirige toutes les opérations de l'hôpital, qui doit veiller à ce que les malades et les blessés soient tous soignés. Il y a des chirurgiens de camp, des chirurgiens de division, de brigade et de régiment. Il y a des infirmières hospitalières, des ambulanciers, tous soumis aux ordres du chirurgien. Aucun autre officier ne peut les diriger. Chaque département est complet en lui-même.

La construction de cette grande machinerie a nécessité beaucoup de réflexion, de travail et d'argent. Pour le créer, il a fallu beaucoup de réflexion, d'énergie, de détermination et de travail ; et il faut faire preuve d'une prévoyance constante pour anticiper les besoins, les nécessités et les imprévus futurs, quand déménager, où et comment. L'armée n'existe pas d'elle-même, mais grâce à un effort constant et incessant.

Le peuple du pays a décidé que la Constitution, l'Union et le gouvernement légué par leurs pères devaient être préservés. Ils autorisèrent le président à lever une grande armée. Le Congrès a voté de l'argent et des hommes. Le Président, agissant comme agent du peuple et comme commandant en chef, nomma des hommes pour rassembler tout le matériel et organiser l'armée. Regardez ce qu'il fallait pour construire cette puissante machine et la faire fonctionner.

Premièrement, les centaines de milliers d'hommes ; les milliers de chevaux ; les milliers de barils de bœuf, de porc et de farine ; des milliers de barriques de sucre, de vinaigre, de riz, de sel, de sacs de café et d'immenses réserves d'autres choses. Des milliers de tonnes de foin, des sacs d'avoine et de maïs. Combien d'hommes et de femmes ont travaillé pour préparer chaque soldat à entrer sur le terrain. Il a des bottes, des vêtements et des équipements. Le tanneur, le currier, le cordonnier, le fabricant avec ses navettes rapides, l'opérateur qui s'occupe de ses métiers à tisser et de ses machines à filer, le tailleur avec ses machines à coudre, l'armurier, le bourrelier, le forgeron, tous les métiers et tous les métiers. des professions ont été employées. Il y a des selles, des brides, des sacs à dos, des gourdes, des louchettes, des assiettes, des couteaux, des poêles, des bouilloires, des tentes, des couvertures, des médicaments, des tambours, des épées, des pistolets, des fusils, des canons, de la poudre, des amorces à percussion, des balles, des plombs, des obus, des chariots, -tout.

Promenez-vous tranquillement dans les camps, observez les petites et les grandes choses, voyez les hommes en marche. Rendez-vous ensuite dans les départements de l'Armée et de la Marine à Washington, dans ces bâtiments en brique à l'ouest de la maison du Président. Dans ces salles se trouvent des relevés, des cartes, des plans, des papiers, des cartes de l'océan, des côtes, des courants, des bancs de sable, des hauts-fonds, de la montée et de la descente des marées. Au Bureau Topographique, vous voyez des cartes de toutes les régions du pays. Il y a l'Ordnance Bureau, avec toutes sortes de fusils, fusils, mousquets, carabines, pistolets, épées, obus, balles rayées, fusées que les inventeurs ont apportés. Il y a beaucoup de bureaux, avec d'immenses piles de papiers et de volumes, contenant des expériences sur la force du fer, des essais de canons, de canons, de mortiers et de poudre. Il y a eu des expériences pour déterminer la quantité de poudre à utiliser, si elle devait être aussi fine qu'une graine de moutarde ou aussi grossière que des morceaux de sucre, et les résultats sont tous notés ici. Tous les appareils de la science, de l'industrie et de l'art sont mis en œuvre pour en faire la meilleure armée que le monde ait jamais connue.

C'est l'affaire du gouvernement de rassembler le matériel, et l'affaire des généraux de l'organiser en brigades, divisions et corps, de déterminer le nombre de la cavalerie et des batteries d'artillerie, de placer le matériel faible à sa place. , et les plus forts là où ils seront le plus nécessaires.

Le commandant général doit avoir un plan d'opérations. Napoléon disait que la guerre est comme une partie d'échecs et qu'un commandant doit faire son jeu. Il doit y réfléchir à l'avance, et de telle manière que l'ennemi soit obligé de jouer à sa manière et d'être vaincu. Le général en chef doit voir la fin dès le début, tout comme Napoléon, collant sa carte de l'Europe pleine d'épingles, décida qu'il pouvait vaincre les Autrichiens à Austerlitz, les Prussiens à Iéna. C'est du génie. Le général en chef fait son plan en supposant que tous ses ordres seront obéis promptement, que personne ne se soustraira à ses responsabilités, qu'aucun de la grande multitude ne manquera de faire son devoir.

La veille de la bataille de Waterloo, Napoléon envoya l'ordre à un officier de prendre possession d'un petit tertre sur lequel s'élevait une ferme dominant la plaine. L'officier pensa qu'il ferait tout aussi bien de laisser aller jusqu'au matin, mais le matin les Anglais étaient en possession de l'endroit, et par suite de la négligence de cet officier, Napoléon perdit probablement la grande bataille, son armée et son empire. Les grands événements dépendent souvent de petites choses, et dans les opérations militaires, il est de la plus haute importance d'y prêter attention.

Du début à la fin, si chacun ne fait pas son devoir, depuis le général commandant jusqu'au soldat dans les rangs, il y a un danger d'échec.

Ainsi l'armée est organisée, et ainsi, par l'organisation, elle devient un corps discipliné. Au lieu d'être une masse confuse d'hommes, de chevaux, de mulets, de canons, de caissons, de chariots et d'ambulances, c'est un corps qui peut être divisé, subdivisé, séparé par des kilomètres de pays, précipité çà et là, précipité sur l'ennemi, et réunis à nouveau par un trait de plume, par un mot ou par le clic du télégraphe.

Lorsqu'une bataille doit être livrée, le général en chef doit non seulement avoir son plan pour amener la grande masse d'hommes sur le terrain, mais il doit aussi avoir un plan de mouvement sur le terrain. Chaque corps doit se voir attribuer sa position. Il doit y avoir une ligne de bataille. Il ne s'agit pas d'une ligne continue d'hommes, mais il existe de larges espaces, peut-être des kilomètres de large, entre les corps, les divisions et les brigades. Les collines, les ravins, les ruisseaux, les marécages, les maisons, les villages, les buissons, une clôture, les rochers, les champs de blé, la lumière du soleil et l'ombre, tout doit être pris en compte. Les batteries doivent être placées sur les collines ou dans des positions dominantes pour balayer tout le pays. L'infanterie doit être rassemblée en masse au centre ou sur l'une ou l'autre des ailes, ou déployée et séparée selon les circonstances. Ils doivent être abrités. Il faut les lancer ici ou là, car ils peuvent être nécessaires pour retenir ou écraser l'ennemi. Ils doivent rester immobiles et être labourés par les tirs et les obus, ou se précipiter au plus fort du combat, comme on leur en donne l'ordre. Ils ne doivent pas remettre en question l'ordre ;

"Il ne leur appartient pas de répondre,
ils ne doivent pas expliquer pourquoi, ils doivent agir et mourir."

Il y a des nuits blanches sous la tente du général en chef. Quand tout le monde, à l'exception des piquets, dort, il examine des cartes et des plans, calcule les distances, estime la force de son armée et se demande s'il convient d'attaquer l'ennemi ou s'il doit se tenir sur la défensive ? peut-on compter sur cette brigade pour une charge désespérée ? Cette division tiendra-t-elle l'ennemi en échec ? On passe alors en revue la bonne réputation, la valeur, la bravoure des troupes et des officiers qui les commandent. Il pèse le caractère. Il sait qui est fiable et qui est inefficace. Il étudie, examine des papiers, consulte des rapports, fait des calculs, s'assoit distraitement, marche nerveusement et se couche pour rêver encore et encore.

Le bien-être du pays, des milliers de vies et peut-être le destin de la nation sont entre ses mains. Comment organisera-t-il son corps ? Faut-il regrouper les troupes au centre, ou les concentrer sur les ailes ? Doit-il sentir l'ennemi avec une division ou deux, ou se précipiter sur lui comme une avalanche ? L'ennemi peut-il le déborder ou se mettre sur ses derrières ? Et si les rebelles se jetaient sur ses munitions et ses trains de ravitaillement ? Quelle est la position de l'ennemi ? Quelle est la taille de sa force ? Combien de piles a-t-il ? Combien de cavalerie ? Que rapportent les éclaireurs ? Faut-il croire les éclaireurs ? L'un dit que l'ennemi recule, l'autre qu'il avance. Quelles sont les probabilités ? Mille questions se posent auxquelles il faut répondre. Les perspectives de succès doivent être soigneusement calculées. La vie humaine doit être jetée sans pitié dans la balance. Toutes les peines et les larmes des épouses, des mères, des pères, des frères et sœurs lointains, qui pleureront les morts, doivent être oubliées. Il doit faire taire toutes ses pensées tendres et devenir un homme de fer. Ah ! ce n'est peut-être pas si beau d'être général que vous l'imaginez !

C'est un regard incomplet, imparfait et peu satisfaisant que vous avez porté sur l'appareillage d'une grande armée. Mais vous pouvez voir qu'une toute petite chose peut bouleverser le plan le mieux élaboré de n'importe quel commandant. La lâcheté d'un régiment, l'incapacité d'un officier à faire son devoir, à se trouver à un endroit à un moment fixé, l'erreur d'ordres, cent choses auxquelles vous pouvez penser, peuvent transformer une victoire en défaite. Vous pouvez voir qu'une grande bataille doit être une affaire grande et terrible ; mais bien que vous puissiez utiliser toutes vos forces d'imagination pour essayer de vous représenter les positions des troupes, comment elles se présentent, comment elles agissent, comment elles se tiennent au milieu de la terrible tempête, braillant la mort, comment elles se précipitent dans le feu le plus épais, comment elles tombez comme les feuilles sèches de l'automne, vous échouerez dans votre conception du conflit. Vous devez le voir et y être pour savoir ce que c'est.

CHAPITRE III.

LA BATAILLE DE BULL RUN.

La première grande bataille de la guerre a eu lieu près de Bull Run, en Virginie. Il y avait eu des escarmouches le long du Potomac, en Virginie occidentale et dans le Missouri ; mais sur les rives de ce ruisseau sinueux se déroula une bataille qui restera à jamais mémorable. Les rebelles l'appellent la bataille de Manassas. On l'appelle aussi la bataille de Stone Bridge et la bataille de Warrenton Road.

Bull Run est un ruisseau paresseux et lent, un bras de la rivière Occoquan, qui se jette dans le Potomac. Il s'élève parmi les montagnes Bull Run et coule vers le sud-est à travers le comté de Fairfax. Juste au-delà du ruisseau, en allant à l'ouest de Washington, se trouvent les plaines de Manassas, des terres plates qui, il y a des années, étaient remplies de maïs et de tabac, mais les champs ont depuis longtemps été épuisés par l'agriculture économe des propriétaires d'esclaves, et maintenant ils sont envahis par des bosquets de pins et de chênes.

Deux chemins de fer se rejoignent dans les plaines, l'un allant vers le nord-ouest à travers les brèches des montagnes jusqu'à la vallée de Shenandoah, et l'autre allant d'Alexandrie à Richmond, Culpepper et le sud-ouest. Le carrefour est donc devenu un lieu important pour les opérations militaires rebelles. Là, en juin 1861, le général Beauregard rassembla son armée, qui devait vaincre l'armée de l'Union et capturer Washington. Les journaux de Richmond disaient que cette armée non seulement s'emparerait de Washington, mais qu'elle dicterait également les conditions de paix sur les rives de l'Hudson. Des hommes impétueux, qui semblaient avoir perdu la raison sous l'influence de l'esclavage et de la sécession, pensaient que les troupes sudistes étaient invincibles. Ils étaient convaincus qu'un sudiste pouvait fouetter cinq Yankees. Les dames les acclamaient, les traitaient de fils chevaleresques du Sud et les poussaient à aller sur le terrain.

Mais le général Beauregard, au lieu de s'avancer sur Washington, attendit une attaque de l'armée de l'Union, faisant de Bull Run sa ligne de défense, dressant des parapets, abattant des arbres et abritant ses hommes sous l'épaisse végétation des pins à feuilles persistantes.

L'armée de l'Union, appelée armée du Potomac, se rassembla à Arlington Heights et à Alexandrie. Le général McDowell reçut le commandement. La moitié de ses soldats étaient des hommes enrôlés depuis trois mois, qui avaient brusquement quitté leur domicile à l'appel du Président. Leur mandat était presque terminé. Les hommes de trois ans n'étaient au camp que depuis quelques jours. Les fonctions militaires étaient nouvelles. Ils ne connaissaient rien à la discipline, mais ils espéraient avec confiance vaincre l'ennemi et passer à Richmond. Peu de gens pensaient à la possibilité d'une défaite.

Remontons la vallée de Bull Run et remarquons ses gués, ses rives boisées, ses fermes éparses et ses champs de céréales ondulantes. A dix milles de l'Occoquan, nous arrivons au pont ferroviaire. Un mile plus loin se trouve McLean's Ford ; un autre kilomètre nous amène chez Blackburn, et un autre kilomètre nous amène chez Mitchell. Au-dessus se trouvent Island Ford, Lewis Ford et Ball's Ford. Trois milles au-dessus de Mitchell's, il y a un pont de pierre, où l'autoroute menant de Centreville à Warrenton traverse le ruisseau. Deux milles plus haut se trouve un endroit appelé Sudley Springs, un groupe de maisons, une petite église en pierre, une boutique de forgeron. Là, le ruisseau s'est réduit à un ruisseau et gargouille sur un lit rocheux.

En revenant au pont de pierre et en vous tenant sur son parapet, vous pouvez regarder vers l'est jusqu'à Centreville, distant d'environ quatre milles, magnifiquement situé sur une haute crête de terre, mais un endroit très vieux et délabré quand vous y arrivez. En allant à l'ouest du pont, vous voyez sur votre droite une houle de terre, et une autre à votre gauche, au sud de l'autoroute à péage. Un ruisseau coule au bord de la route. En quittant l'autoroute et en remontant la crête du côté nord, vous voyez qu'en direction de Sudley Springs il y a d'autres étendues de terre, avec des champs de blé, des clôtures, des arbres épars et des bosquets de pins et de chênes. En regardant vers la colline au sud de l'autoroute à péage, à un demi-mile de distance, vous voyez la maison de M. Lewis, et à l'ouest de celle de Mme Henry, sur la butte la plus élevée. Mme Henry est une vieille dame, si avancée dans la vie qu'elle est impuissante. En remontant l'autoroute à un mile du pont, vous arrivez au péage, tenu par M. Mathey. Un carrefour descend de Sudley Springs et mène au sud vers Manassas Junction, distant de six milles. Quittez l'autoroute une fois de plus, continuez vers le nord-ouest sur 800 mètres et vous arrivez à la ferme de M. Dogan. Il y a des hangars et des meules de foin près de sa maison.

Ce terrain, de Dogan jusqu'à la crête à l'est du péage, en passant par l'autoroute à péage et le ruisseau qui coule jusqu'à chez M. Lewis et Mme Henry, est le champ de bataille. Vous le voyez : les crêtes de terre, les maisons, les meules de foin, les clôtures, les collines, les ravins, les champs de blé, les autoroutes à péage et les bosquets de chênes et de pins, un territoire d'environ deux milles carrés.

Le samedi 20 juin, le général Johnston, avec presque toute l'armée rebelle de Shenandoah, arrive à Manassas. Étant l'officier supérieur du général Beauregard, il prend le commandement de toutes les troupes. Il avait environ trente mille hommes.

Jeudi, la brigade du général Richardson de l'armée du général McDowell a eu une escarmouche avec la brigade du général Longstreet à Blackburn's Ford, que les rebelles appellent la bataille de Bull Run, tandis que celle qui s'est déroulée le 21, ils l'appellent la bataille de Manassas. Le général Beauregard s'attendait à ce que l'attaque reprenne le long des gués et plaça ses hommes en conséquence.

En descendant vers le pont ferroviaire, nous voyons la brigade de l'armée rebelle du général Ewell sur la rive ouest qui garde le passage. La brigade du général Jones est à McLean's Ford. À Blackburn's Ford se trouve le général Longstreet, et à Mitchell's Ford se trouve le général Bonham. A proximité de Bonham se trouvent ceux du général Earley, du général Bartow et du général Holmes. Celui du général Jackson est derrière celui du général Bonham. A Island Ford se trouvent la légion du général Bee et du colonel Hampton, ainsi que la cavalerie de Stuart. A Ball's Ford se trouve la brigade du général Cocke. Ci-dessus, au Pont de Pierre, se trouve l'extrême gauche de l'armée rebelle, la brigade du général Evans. La brigade du général Elzey de l'armée de Shenandoah est en route dans les voitures et devrait atteindre le champ de bataille avant la fin de la compétition. Le général Johnston possède entre cinquante et soixante pièces d'artillerie et environ un millier de cavalerie.

Le général McDowell avait aussi environ trente mille hommes et quarante-neuf pièces d'artillerie. Son armée était divisée en quatre divisions : celle du général Tyler, celle du général Hunter, celle du général Heintzelman et celle du général Miles. Une brigade des divisions du général Tyler et du général Miles fut laissée à Centreville pour faire semblant d'attaquer l'ennemi à Blackburn et Mitchell's Ford, et pour protéger l'arrière de l'armée d'une attaque des généraux Ewell et Jones. Les autres divisions de l'armée, cinq brigades, au nombre de dix-huit mille hommes, avec trente-six canons, marchèrent peu après minuit, pour être prêtes à attaquer au lever du soleil du dimanche matin.

Le général Tyler, avec la brigade du général Keyes, celle du général Sherman et celle du général Schenck, descendirent l'autoroute à péage en direction du pont de pierre, où le général Evans veillait. Le général Tyler avait douze pièces d'artillerie, deux batteries commandées par Ayer et Carlisle.

C'est le lever du soleil alors qu'ils s'approchent du pont, un matin de sabbat calme et paisible. Les troupes quittent l'autoroute, marchent dans un champ de maïs et gravissent une colline surplombant le pont. Tandis que vous vous tenez là, au milieu des tiges à glands, vous voyez le ruisseau onduler sous les arches de pierre et, sur l'autre rive, des parapets de terre et d'arbres tombés. À moitié cachés sous les chênes et les pins se trouvent les régiments rebelles, leurs canons et leurs baïonnettes clignotant dans la lumière du matin. Au-delà des parapets sur les collines se trouvent les fermes de M. Lewis et de Mme Henry.

Le capitaine Ayer, qui a assisté aux combats au Mexique, amène ses canons sur la colline, les met en position et les dirige vers les parapets. Il y a un éclair, une bouffée de fumée, un cri dans l'air, puis, de l'autre côté du ruisseau, une poignée de nuages apparaît au-dessus des lignes rebelles. L'obus a explosé. Il y a un mouvement soudain des troupes rebelles. C'est le premier coup de feu de la matinée. Et maintenant, à trois kilomètres de la piste, près de Mitchell's Ford, roulant, faisant écho et se répercutant à travers les forêts, d'autres tonnerres retentissent. Le général Richardson attendait avec impatience d'entendre le canon de signalisation. Il doit faire semblant d'attaquer. Sa canonnade va commencer avec furie. Il a six canons, et tous sont en position, jetant des balles et des obus solides dans le bois où gisent les hommes de Longstreet.

Tous les canons d'Ayer sont en jeu, lançant des balles rayées et des obus qui hurlent comme un démon invisible alors qu'ils survolent le champ de maïs, les prairies, les bois et les champs au-delà du ruisseau.

Le général Hunter et le général Heintzelman, avec leurs divisions, ont quitté l'autoroute à deux milles de Centreville, au pont Cub Run, une structure branlante en bois, qui grince et tremble sous le grondement du gros canon. Ils marchent vers le nord-ouest, le long d'une route étroite, un chemin détourné vers Sudley Springs. C'est une longue marche. Ils sont partis à deux heures et n'ont pas pris de petit déjeuner. Ils ont attendu trois heures à Cub Run, pendant que la division du général Tyler traversait, et ils ont donc trois heures de retard sur l'heure fixée. Le général McDowell avait calculé et avait l'intention de les avoir à Sudley Springs à six heures, mais il est maintenant neuf heures. Ils s'arrêtent une demi-heure au passage de la rivière pour remplir leurs gourdes au bruit du ruisseau gargouillant.

En regardant vers le sud depuis la petite église en pierre, vous voyez des nuages de poussière flotter au-dessus des arbres de la forêt. Les rebelles ont découvert le mouvement et marchent en toute hâte pour résister à l'attaque imminente. Le général Evans a laissé une partie de son commandement à Stone Bridge et se précipite avec le reste vers la deuxième crête de terre au nord de l'autoroute à péage. Il plante son artillerie sur la colline et cache son infanterie dans un bosquet de pins. Le général Bee est en marche, tout comme le général Bartow et le général Jackson, tous à toute vitesse. Les officiers rebelles chevauchent furieusement et crient leurs ordres. Les artilleurs font courir leurs chevaux. L'infanterie est également en fuite, transpirant et haletant sous le chaud soleil. Le bruit et la confusion augmentent. Le grondement s'approfondit le long de la vallée, car plus loin encore, près de Blackburn's Ford, la batterie de Hunt déverse son feu sur les hommes de Longstreet, de Jones et d'Ewell.

Les troupes de l'Union à Sudley Springs traversent le ruisseau. La brigade du général Burnside est en avance. La deuxième infanterie du Rhode Island est expulsée, déployée comme tirailleurs. Les hommes sont distants de cinq pas. Ils se déplacent lentement, prudemment et nerveusement à travers les champs et les fourrés.

Soudain, des buissons, des arbres et des clôtures retentissent un bruit de mousqueterie. Les tirailleurs du général Evans tirent. Il y a des jets de flammes et de fumée, et un étrange bourdonnement dans l'air. Il y a un autre râle, un roulement, une volée. Le canon rejoint. La première grande bataille a commencé. Le général Hunter se précipite sur place, est blessé presque à la première volée et obligé de quitter le terrain. La compétition devient soudain féroce. Les garçons du Rhode Island se rapprochent et les rebelles du général Evans cèdent le passage d'un fourré à une clôture, d'une clôture à une butte.

Le général Bee arrive avec sa brigade pour aider le général Evans. Vous le voyez faire la queue à l'ouest d'Evans, vers les meules de foin près de la maison de Dogan. Il est dans une position telle qu'il peut jeter le feu sur le flanc des garçons de Rhode Island, qui poussent Evans. C'est un feu exaspérant, et les braves gens sont abattus par les coups de feu tirés des meules de foin. Ils sont presque dépassés. Mais l'aide est à portée de main. Le soixante et onzième New York, le Second New Hampshire et le First Rhode Island, tous appartenant à la brigade Burnside, se dirigent vers les meules de foin. Ils mettent leurs armes à niveau et le bruit et le roulement commencent. Il y a des jets de flammes, de longues lignes de lumière, des nuages blancs qui se déploient et s'étendent, roulent encore et encore et s'élèvent au-dessus de la cime des arbres. Plus sauvage le tumulte. Les hommes tombent en jetant les bras ; certains sautent en l'air, d'autres plongent tête baissée, tombant comme des bûches de bois ou des morceaux de plomb. Certains chancellent, chancellent et dégringolent ; d'autres se couchent doucement comme pour une nuit de repos, sans prêter attention au vacarme, à l'agitation et au tumulte. Ils saignent, sont déchirés et mutilés. Les jambes, les bras, les corps sont écrasés. Ils ne voient rien. Ils ne peuvent pas dire ce qui s'est passé. L'air est plein de bruits effrayants. Une tempête invisible passe. Les arbres sont brisés, écrasés et brisés comme frappés par la foudre. Les brindilles et les feuilles tombent au sol. Il y a de la fumée, de la poussière, des paroles sauvages, des cris, des sifflements, des hurlements, des explosions. C'est une expérience nouvelle, étrange et inattendue pour les soldats des deux armées, bien différente de ce qu'ils pensaient.

Au loin, les cloches des églises sonnent l'heure du culte du sabbat et les enfants chantent de douces chansons dans de nombreuses écoles du dimanche. Étrange et terrible le contraste ! Vous ne pouvez pas supporter de regarder cette scène épouvantable. Comme ces blessures sont horribles ! Le sol est cramoisi de sang. Vous êtes prêt à vous détourner et à fermer à jamais la scène à votre vue. Mais la bataille doit continuer, et la guerre doit continuer jusqu'à ce que les méchants qui l'ont commencée soient écrasés, jusqu'à ce que l'honneur du cher vieux drapeau soit justifié, jusqu'à ce que l'Union soit rétablie, jusqu'à ce que le pays soit sauvé, jusqu'à ce que le propriétaire d'esclaves soit sauvé. privé de son pouvoir, et jusqu'à ce que la liberté vienne à l'esclave. C'est terrible à voir, mais rappelez-vous que la plus grande bénédiction que le monde ait jamais reçue a été achetée par le sang, le sang du Fils de Dieu. C'est terrible à voir, mais il y a des choses pires que la guerre. Il est pire de voir les droits des hommes foulés aux pieds dans la poussière ; Pire encore, voir son pays détruit, voir la justice, la vérité et l'honneur violés. Il vaut mieux que vous soyez tué, mis en pièces par un coup de canon, plutôt que de perdre votre virilité ou de céder ce qui fait de vous un homme. Il vaut mieux mourir que de renoncer à ce riche héritage que nous ont légué nos pères et acquis par leur sang.

La bataille continue. La brigade du général Porter vient en aide à Burnside, se dirigeant vers la maison de Dogan. La brigade rebelle de Jackson est là pour l'accueillir. La batterie d'Arnold est en jeu, ses canons déversant un flot constant de balles et d'obus sur la ligne rebelle. L'artillerie de Washington, de la Nouvelle-Orléans, répond depuis la colline au sud de Dogan's. D'autres batteries rebelles coupent en morceaux la brigade de Burnside. Les hommes sont presque prêts à se replier devant la terrible tempête. Burnside envoie demander de l'aide à Porter ; il demande de l'aide aux braves vieux soldats, aux réguliers, qui ont été fidèles au drapeau de leur pays, tandis que beaucoup de leurs anciens officiers ont été faux. Ils sont au service depuis longtemps et ont eu de nombreuses luttes acharnées avec les Indiens dans les plaines occidentales. Ils sont aussi vrais que l'acier. Le capitaine Sykes les commande. Il ouvre la voie. Vous les voyez, en rangs réguliers, à l'orée du bois à l'est de la maison de Dogan. Ils étaient orientés vers le sud-ouest, et maintenant ils se tournent vers le sud-est. Ils traversent le bosquet de pins et entrent en plein champ. Ils sont traversés de part en part par des tirs massifs, des obus éclatent autour d'eux, des hommes tombent des rangs, mais le bataillon ne faiblit pas. Il se rapproche du nuage de flammes et de fumée qui s'élève de la colline au nord de l'autoroute à péage. Leurs mousquets se mettent à niveau. Il y a un clic, un clic, un clic, le long de la ligne. Une large nappe de flammes, un nuage blanc et sulfureux, un roulement profond comme le grondement colérique du tonnerre. Il y a un soudain vacillement dans les rangs rebelles. Les hommes se retournent et tombent à terre. La ligne vacille et se brise. Ils descendent la colline en courant, traversent les creux, jusqu'à une autre butte. Là, ils se rassemblent et tiennent bon un moment. La légion de Hampton et la brigade Cocke viennent à leur soutien. Les fugitifs sont ramenés par les officiers qui chevauchent furieusement à travers le terrain. Il y a une accalmie, puis la lutte continue, un feu rauque de mousqueterie et un grondement continuel de la canonnade.

La division du général Heintzelman était en marche derrière celle du général Hunter. Lorsque la bataille commença, les troupes se trouvaient à plusieurs kilomètres de l'église de Sudley. Ils étaient desséchés par la soif et lorsqu'ils atteignirent le ruisseau, eux aussi s'arrêtèrent et remplirent leurs gourdes. Les brigades Burnside et Porter furent engagées deux heures avant que la division Heintzelman n'atteigne le terrain. Huit régiments avaient chassé les rebelles de leur première position.

Le général Heintzelman marcha sur les rebelles à l'ouest de la maison de Dogan. Les batteries rebelles étaient sur une butte, à une courte distance du péage. Griffin et Ricketts ouvrirent sur eux avec leurs fusils rayés. Puis vint une grande bouffée de fumée. C'était un caisson rebelle détruit par un obus de Griffin. C'était un tir d'artillerie continu et régulier. Les artilleurs des batteries rebelles furent balayés par la visée infaillible des artilleurs de Griffin. Ils changeaient de position encore et encore pour éviter le tir. Au fracas constant de la canonnade se mêlait un tir irrégulier de mousquets, comme le crépitement des gouttes de pluie sur un toit. Parfois, il y avait un râle plus rapide et de lourds roulis, comme la chute d'un grand bâtiment.

Le général Wilcox fit pivoter sa brigade sur le flanc de Jackson. Le général rebelle devait battre en retraite ou être coupé, et il se replia vers le péage, jusqu'à l'autoroute à péage, de l'autre côté, dans la confusion, jusqu'à la crête près de chez Mme Henry. Les brigades Evans, Bee, Bartow et Cocke, qui ont essayé de tenir bon contre les brigades Burnside et Porter, sont également contraintes par ce mouvement de rentrer dans la maison de M. Lewis. Les rebelles ne reviennent pas tous. Ils sont des centaines qui se sont précipités le matin en toute hâte, gisant ensanglantés, déchirés, mutilés, sur les pentes boisées. Certains sont prisonniers.

J'ai parlé avec un soldat de l'un des régiments de Virginie. Nous étions près du pont de pierre. C'était un jeune homme grand et athlétique, vêtu d'un uniforme gris bordé de galons jaunes.

« Combien de soldats avez-vous sur le terrain ? » J'ai demandé.

"Quatre-vingt dix mille."

"C'est à peine ce chiffre, je suppose."

"Oui Monsieur. Nous avons les armées de Beauregard et de Johnston. Johnston est venu hier et bien d'autres de Richmond. Si vous nous fouettez aujourd'hui, vous en fouetterez près de cent mille.

« Qui commande ? »

"Jeff Davis."

"Je pensais que Beauregard commandait."

«Eh bien, il l'était; mais Jeff Davis est sur le terrain maintenant. Je sais cela; car je l'ai vu juste avant d'être capturé. Il était sur un cheval blanc.

Pendant que nous parlions, un obus a crié au-dessus de nos têtes et est tombé dans les bois. Les batteries rebelles s'étaient à nouveau ouvertes sur notre position. Un autre est arrivé et nous avons été obligés de quitter les lieux.

Le prisonnier a peut-être été honnête dans ses déclarations. Il faut beaucoup de jugement pour estimer correctement les grandes armées. Il avait raison de dire que Jeff Davis était là. Il était au sol, observant le déroulement de la bataille, mais n'y prenant aucune part. Il est arrivé en saison pour voir la clôture du concours.

Après que Burnside et Porter eurent conduit Evans, Bee et Bartow à travers l'autoroute à péage, le général Sherman et le général Keyes traversèrent Bull Run au-dessus du pont de pierre et descendirent tout droit le ruisseau. La brigade Schenck et les batteries d'Ayer et de Carlisle furent laissées pour garder l'arrière.

Peut-être aviez-vous un frère ou un père dans le Second New Hampshire, ou dans le soixante et onzième New York, ou dans quelque autre régiment ; ou peut-être que lorsque la guerre sera terminée, vous souhaiterez peut-être visiter l'endroit et contempler le terrain où s'est déroulée la première grande bataille. Vous souhaiterez voir exactement où ils en sont. En regardant donc le long de la ligne, à une heure, vous voyez, au plus près du ruisseau, la brigade du général Keyes, composée des premier, deuxième et troisième régiments du Connecticut et du quatrième régiment du Maine. Vient ensuite la brigade Sherman, composée des soixante-neuvième et soixante-dix-neuvième milice de New York, du treizième New York Volunteers et du Second Wisconsin. Entre celles-ci et le péage, vous voyez d'abord, en allant vers l'ouest, la brigade de Burnside, composée de la première et de la deuxième batterie de Rhode Island, de la soixante et onzième milice de New York, de la deuxième batterie du New Hampshire et de la deuxième batterie de Rhode Island ; la brigade Porter s'étend jusqu'au péage. Il possède le bataillon régulier de Sykes, les huitième et quatorzième régiments de la milice de New York et la batterie d'Arnold. En traversant la route qui descend de Sudley Springs, on aperçoit la brigade du général Franklin, contenant la cinquième milice du Massachusetts, les premiers volontaires du Minnesota et la quatrième milice de Pennsylvanie. Ensuite, vous arrivez aux hommes du Maine et du Vermont, les Deuxième, Quatrième et Cinquième Maine, et le Deuxième Vermont, la brigade du général Howard. Au-delà, à l'extrême droite, se trouve le général Wilcox avec le premier Michigan et le onzième New York.

Les batteries de Griffin et de Rickett sont à portée de main. Il y a vingt-quatre régiments et vingt-quatre pièces d'artillerie. Il y a deux compagnies de cavalerie. Si nous passons par la maison de M. Lewis, nous trouverons le général Johnston et le général Beauregard en consultation anxieuse. Le général Johnston a envoyé en toute hâte des officiers chercher des renforts. Des brigades arrivent essoufflées : celles du général Cocke, celles de Holmes, celles de Longstreet, celles d'Earley. Les régiments brisés, les fragments de compagnies et les retardataires sont rassemblés et alignés. La brigade du général Bonham est appelée. Tous sauf ceux du général Ewell et du général Jones ; il leur reste à empêcher le général Miles de traverser à Blackburn's Ford et d'attaquer l'armée rebelle à l'arrière. Le général Johnston estime que nous vivons un moment critique. Il a parcouru près de trois kilomètres. Son flanc a été tourné. Sa perte a été très grande et ses troupes commencent à être découragées. Ils ont changé leur opinion sur les Yankees.

Le général Johnston a la brigade Barley, composée des septième et vingt-quatrième Virginia et de la septième Louisiana ; la brigade Jackson, composée des deuxième, quatrième, cinquième, vingt-septième et trente-troisième Virginie et du treizième Mississippi ; Les brigades Bee et Bartow réunies, composées de deux compagnies du onzième Mississippi, du deuxième Mississippi, de la première Alabama, de la septième et de la huitième Géorgie ; la brigade Cocke, les dix-huitième, dix-neuvième et vingt-huitième Virginie, sept compagnies de la huitième et trois de la quarante-neuvième Virginie ; La brigade Evans, composée de la légion de Hampton, de la Quatrième Caroline du Sud et du bataillon Louisiane de Wheat ; Brigade Holmes, composée de deux régiments d'infanterie de Virginie, le premier Arkansas et le deuxième Tennessee. Deux régiments de la brigade Bonham et de la brigade Elzey furent mobilisés avant la fin du conflit. En répartissant les compagnies détachées en régiments, la force entière de Johnston engagée dans cette dernière lutte est de trente-cinq régiments d'infanterie et d'environ quarante pièces d'artillerie, tous rassemblés sur la crête par ceux de M. Lewis et de Mme Henry.

Il y a un va-et-vient des régiments. Il n'y a pas beaucoup d'ordre. Les régiments sont dispersés. Les lignes ne sont pas égales. C'est la première bataille, et les officiers et les hommes sont inexpérimentés. Il y a un grand nombre de retardataires des deux côtés ; plus, probablement, dans les rangs rebelles que dans l'armée de McDowell, car jusqu'à présent, la bataille s'est déroulée contre eux. Vous pouvez les voir dispersés dans les champs, au-delà de celui de M. Lewis.

Le combat continue. L'artillerie s'écrase plus fort qu'auparavant. Il y a un bruit continu de mousqueterie. C'est comme le grondement d'une tempête de grêle. Sherman et Keyes descendent au pied de la colline, près de chez M. Lewis. Burnside et Porter traversent l'autoroute à péage. Franklin, Howard et Wilcox, qui ont poussé vers le sud, se tournent vers le sud-est. Il y a des corps à corps désespérés. Les canons sont pris et repris. Les artilleurs des deux côtés sont abattus alors qu'ils chargent leurs pièces. Des centaines de personnes tombent et d'autres centaines quittent les rangs. Les bois vers Sudley Springs sont remplis d'hommes blessés et de fugitifs, faibles, assoiffés, affamés, épuisés, épuisés par la longue marche matinale, le manque de sommeil, le manque de nourriture et l'excitation de l'heure.

A travers les plaines, vers Manassas, se trouvent d'autres foules, des soldats déçus, pusillanimes, vaincus, fuyant pour se mettre à l'abri.

« Nous sommes vaincus ! »

« Nos régiments sont coupés en morceaux !

« Le général Bartow est blessé et le général Bee est tué !

Ainsi crient-ils en se précipitant vers Manassas. [3] Les officiers et les hommes des rangs rebelles estiment que la bataille est pratiquement perdue. Les dirigeants syndicaux et les hommes estiment que c'est presque gagné.

L'aile droite rebelle, loin sur l'autoroute, a été repliée sur le centre ; le centre a été enfoncé sur l'aile gauche, et l'aile gauche a été repoussée au-delà de la maison de M. Lewis. Les batteries Griffin et Rickett, qui tiraient depuis la crête à l'ouest du péage, reçurent l'ordre d'avancer vers la butte d'où les batteries rebelles avaient été chassées.

«C'est trop en avance», a déclaré le général Griffin.

"Les Zouaves de Feu vous soutiendront", a déclaré le général Barry.

« Il vaut mieux les faire partir en avance jusqu'à ce que nous soyons en position ; alors ils pourront se replier », répondit Griffin.

"Non; vous devez agir en premier, tels sont les ordres. Les Zouaves vont déjà suivre au pas de course.»

"Je vais aller; mais, croyez-moi, ils ne me soutiendront pas.

La batterie galopa à travers les champs, descendit la colline, traversa le ravin, s'avançant jusqu'au sommet de la colline près de celle de Mme Henry, suivie par la batterie de Rickett, les Fire Zouaves et le Quatorzième New York. Devant eux, à environ quarante ou cinquante mètres de distance, se trouvaient les batteries rebelles, appuyées par l'infanterie. Griffin et Ricketts prirent position et ouvrirent un feu si terrible et destructeur que les batteries et l'infanterie rebelles furent repoussées au-delà de la crête de la colline.

Le peloton était presque gagné. Lisez ce que dit le général Johnston : « La longue lutte contre des obstacles cinq fois supérieurs et les lourdes pertes, en particulier parmi les officiers de terrain, avaient grandement découragé les troupes du général Bee et du colonel Evans. L'aspect des affaires était critique.

Le correspondant du Charleston Mercury écrit : « Quand je suis entré sur le terrain à deux heures, le sort de la journée était sombre. Les restes des régiments, si grièvement blessés ou blessés et épuisés, alors qu'ils sortaient en titubant, donnaient de sombres images de la scène. Nous ne pourrions peut-être pas être mis en déroute, mais il est peu probable que nous soyons destinés à la victoire.

Le correspondant du Richmond Despatch écrit : « En combattant pendant des heures sous un soleil brûlant, sans une goutte d'eau à proximité, la conduite de nos hommes ne pouvait être excellente ; mais l'endurance humaine a ses limites, *et tout semblait sur le point d'être perdu* .

La bataille fait rage autour de la maison de Mme Henry. Elle est là, au milieu de ses tonnerres. Les tireurs d'élite rebelles en prennent possession et éliminent les artilleurs de Rickett. Il tourne ses armes sur la maison. Accident! accident! accident! Il est criblé de raisin et de canette. Les côtés, le toit, les portes et les fenêtres sont percés, brisés et éclatés. Les draps sont coupés en lambeaux et la vieille femme est tuée sur le coup. Les régiments rebelles fondent. Le flux de fugitifs vers Manassas se fait de plus en plus dense. Johnston a engagé plus d'hommes et plus de canons que McDowell ; mais il a été conduit avec régularité. Mais des renforts rebelles arrivent d'un côté inattendu : la brigade du général Smith, de Shenandoah. Il entre en action devant Wilcox. Il y a de deux à trois mille hommes. Le général Smith est blessé presque au premier tir, et le colonel Elzey prend le commandement. Le général Bonham envoie deux régiments, le deuxième et le huitième de Caroline du Sud. Ils restent au sud de Mme Henry et marchent jusqu'à ce qu'ils soient en mesure de tirer presque sur le dos des artilleurs de Griffin et de Rickett. Ils traversent un bois, atteignent le sommet de la colline et s'alignent. Le capitaine Imboden, de la batterie rebelle, qui répond à Griffin, les aperçoit. Qui sont-ils? Il pense que ce sont des Yankees qui le flanquent. Il fait rouler ses armes et est prêt à les abattre à coups de raisin et de cartouche. Le capitaine Griffin les voit et fait rouler ses armes. Encore un instant, et il les balayera. Il les croit être des rebelles. Ses artilleurs chargent du raisin et du bidon.

« Ne leur tirez pas dessus ; ils sont vos soutiens ! crie le major Barry en arrivant.

"Non monsieur; ce sont des rebelles.

"Ce sont vos supports, je viens de les commander."

« Aussi sûr que le monde, ce sont des rebelles. »

« Vous vous trompez, capitaine ; ils sont vos soutiens.

Les canonniers sont prêts à tirer les longes, ce qui enverra une tornade dans ces rangs.

"Ne tirez pas !" crie le capitaine.

Les canons sont à nouveau dirigés vers celui de Mme Henry, et les supports supposés sont sauvés de la destruction par le capitaine Griffin.

Le capitaine Imboden, avant d'ordonner à ses hommes de tirer sur les prétendus Yankees, galope plus près d'eux pour voir qui ils sont. Il les voit lever leurs armes. Il y a un flash, un hochet et un roulement. Les hommes de Griffin et Rickett et leurs chevaux tombent en un instant ! Ils se précipitent en poussant un cri. Il y a un travail pointu, brûlant et décisif. Coups de mousquet et coups de sabre rapprochés. Les hommes sont piétinés sous les chevaux qui luttent.

Il y a des cris et des hourras. Les quelques soldats restant pour soutenir Griffin et Rickett tirent sur la brigade rebelle qui avance, mais la lutte est inégale ; ils ne peuvent contenir les trois mille hommes frais. Ils reculent. Les armes sont entre les mains des rebelles. La journée est perdue. Au moment même de la victoire, la ligne est rompue. En un instant, tout est changé. Il y a un instant, nous insistions, mais maintenant nous reculons. Rapide, presque comme l'éclair, c'est le renversement de la marée. Tout cela par une erreur ! Ainsi, les grands événements dépendent parfois de petites choses.

La volée inattendue, l'attaque soudaine, la charge vigoureuse, le repli, sèment la confusion dans les rangs de l'Union. Officiers et hommes, généraux et soldats, sont confondus. Par une impulsion commune, ils commencent à se replier sur l'autoroute. Inexplicablement pour eux-mêmes et pour les fugitifs rebelles affluant vers Manassas, ils perdent force et courage. Le repli devient une retraite, une panique soudaine et une déroute. Les régiments se brisent et se mélangent aux autres. Les soldats lâchent leurs fusils et leurs cartouches et se précipitent vers l'arrière.

J'avais observé le déroulement de la bataille tout au long de la journée. Tout était favorable. La chaleur était intense et j'avais soif. Un soldat passa avec un chargement de gourdes fraîchement remplies.

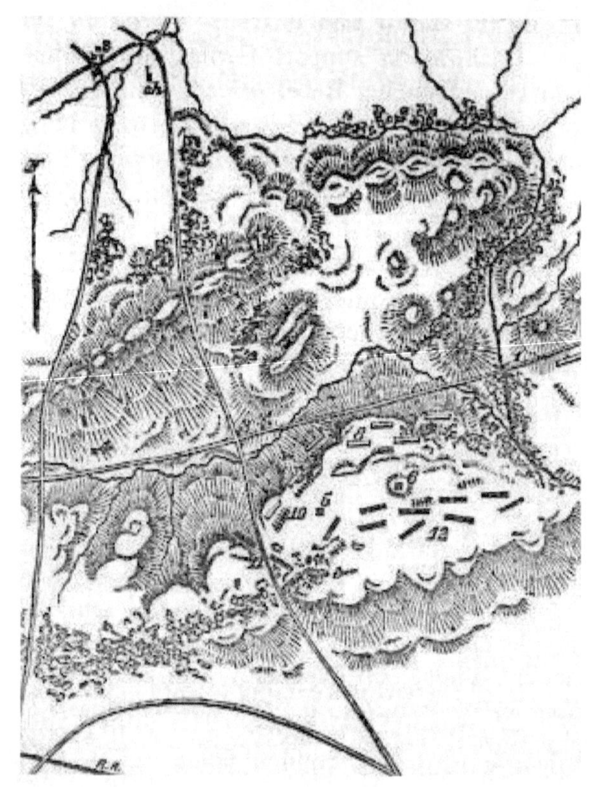

CHAMP DE BATAILLE DE BULL RUN , 21 juillet 1861.

1 Pont de pierre.

2 Sudley Springs.

3 Péage tenu par M. Mathey.

4 La maison de M. Dogan.

5 Chez Mme Henry.

6 Celui de M. Lewis.

7 Wilcox, Howard et Franklin
  brigades.

8 Les brigades Porter et Burnside.

9 Les brigades Sherman et Keyes.

dix Les batteries de Griffin et de Rickett.

11 Des renforts rebelles qui ont tiré
  sur Griffin.

14 Position de l'armée rebelle lorsque le
  La ligne syndicale a cédé.

13 Crête où la bataille a commencé.

"Où as-tu trouvé l'eau?"

"Là-bas, dans les bois, à l'arrière de la brigade Schenck."

J'ai dépassé la brigade. Les batteries d'Ayers et de Carlisle étaient là. J'ai trouvé la source au-delà d'un petit monticule. En buvant, il y eut une soudaine confusion dans la brigade de Schenck. Il y eut des discussions bruyantes, des coups de canon et de mousqueterie, et un soudain piétinement de chevaux. Un escadron de cavalerie rebelle passa à quelques mètres de la source, chargeant sur la brigade Schenck. La marée de panique était revenue vers l'arrière. Ayers a attaché ses chevaux au galop pour atteindre le pont de Cub Run. Il réussit à le franchir. Il se trouva en position d'ouvrir sur les rebelles et d'arrêter leur poursuite. La route était bloquée par des chariots. Les coéquipiers effrayés ont lâché leurs chevaux et sont partis. Soldats, officiers et civils s'enfuient vers Centreville, effrayés on ne sait quoi. La brigade Blenker fut projetée en avant de Centreville jusqu'au pont et la déroute fut stoppée. Les rebelles étaient trop épuisés, trop étonnés de la rupture et de la fuite soudaines et inexplicables de l'armée de McDowell, pour améliorer leur avantage. Ils suivirent jusqu'au pont de Cub Run, mais quelques coups de canon et de mousquet les renvoyèrent au pont de pierre.

Mais à Blackburn's Ford, le général Jones traversa le ruisseau pour attaquer les troupes en retraite. Le général Davies, avec quatre régiments et la batterie Hunt, occupait la crête d'une colline dominant le gué. Les rebelles marchèrent à travers les bois sur la rive du ruisseau, serpentèrent le long du flanc d'une colline, traversèrent une cour de ferme et s'arrêtèrent dans un creux à moins d'un quart de mille des canons du général Davies.

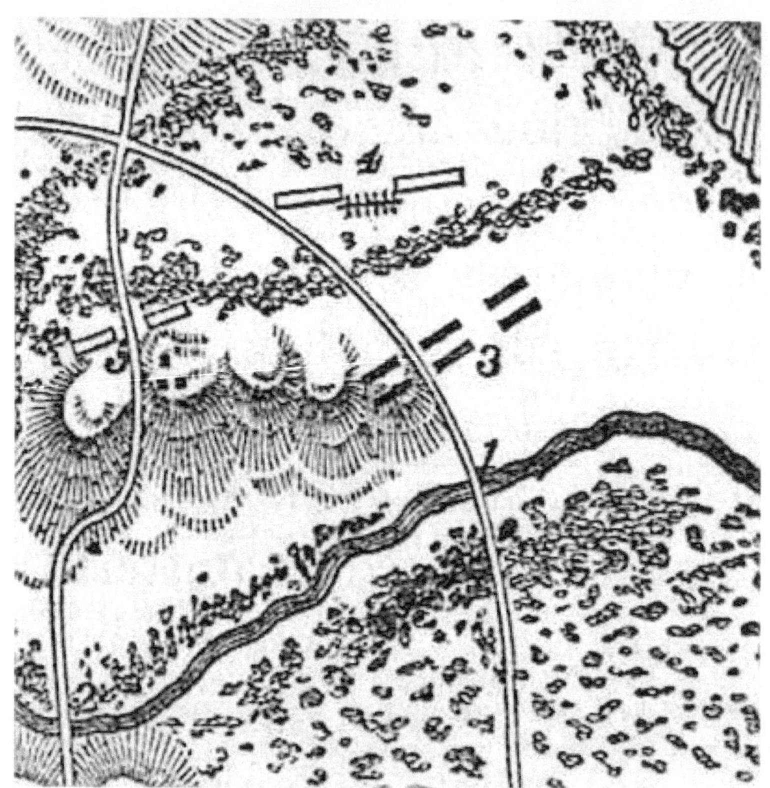

COMBAT À BLACKBURN'S FORD , le 21 juillet 1863.

1 La Ford de Blackburn.   4 Brigade et batteries Davies.

2 La Ford de Mitchell.   5 La brigade Richardson.

3 Troupes rebelles.

« Allongez-vous », dit le général, et les quatre régiments tombèrent à terre. Les six canons et les artilleurs seuls étaient en vue.

« Attendez qu'ils atteignent la crête de la colline ; attendez que je donne le mot, dit le général au capitaine Hunt.

Les hommes restent immobiles près de leurs pièces. La longue colonne de rebelles avance. Il y a un officier à cheval qui donne des instructions. La longue ligne sombre projette ses ombres qui s'allongent vers le haut dans la lumière du soleil déclinante, vers le canon silencieux.

"Maintenant, laissez-les l'avoir!" Les armes ne sont plus silencieuses. Six éclairs de lumière, et six nuages sulfureux rotent vers la masse en mouvement. Le raisin et la cartouche les balayent. L'officier tombe de son cheval et le cheval chancelle jusqu'à terre. Il y a des écarts soudains dans les rangs. Ils arrêtent d'avancer. Les officiers courent ici et là. Une autre tempête impitoyable, une autre, une autre. Dix-huit éclairs par minute de ces six pièces ! Comme l'herbe devant la tondeuse, la ligne Rebel est coupée. Les hommes fuient vers les bois, complètement en déroute.

La tentative d'interrompre la retraite a échoué. C'était la dernière tentative des rebelles pour donner suite à leur mystérieuse victoire. L'arrière-garde resta à Centreville jusqu'au matin récupérant cinq canons abandonnés à Cub Run, que les rebelles n'avaient pas sécurisés, puis se retira à Arlington.

La bataille était donc gagnée et perdue. Ainsi, les espoirs des soldats de l'Union se sont transformés en une peur soudaine et inexplicable, et ainsi la peur des rebelles s'est transformée en une exultation sans limites.

Le soleil s'était couché derrière les Montagnes Bleues, et les nuages de bataille flottaient épais et lourds le long du ruisseau sinueux où le conflit avait fait rage. Ce fut une triste nuit pour nous qui étions partis avec de si grands espoirs, qui avions vu la victoire si près d'être remportée et si soudainement perdue. Beaucoup de nos blessés gisaient là où ils étaient tombés. Ce fut une nuit terrible pour eux. Leurs ennemis, certains d'entre eux, étaient durs et cruels. Ils ont tiré dans les hôpitaux sur des hommes sans défense. Ils leur refusèrent de l'eau pour étancher leur soif brûlante. Ils les narguaient à l'heure de leur triomphe et leur jetaient les malédictions les plus amères. Ils étaient fous du délire du succès et traitaient leurs prisonniers avec une barbarie sauvage. Quiconque faisait preuve de bonté envers les prisonniers ou les blessés était considéré avec suspicion. Dit un officier anglais du service rebelle :— [4]

«Je me suis fait un devoir de rechercher et de soigner les blessés, d'autant plus lorsque j'ai constaté que le travail visant à soulager leurs souffrances était accompli avec une réticence et un manque de zèle évidents par beaucoup de ceux dont le devoir était de le faire. Je considérais ces pauvres gens uniquement comme des compagnons mortels souffrant, des frères ayant besoin d'aide, et je ne faisais aucune distinction entre amis et ennemis ; bien plus, je dois avouer que j'ai été incité à donner la préférence à ce dernier, parce que certains de nos hommes ont attiré l'attention de leurs parents et amis, qui étaient venus en masse sur le terrain pour les voir. Mais ce faisant, j'ai dû rencontrer de l'opposition, et j'ai même été désigné par certains avec des injures murmurées comme un traître à la cause de la Confédération pour avoir accordé une quelconque attention aux d... Yankees.

Malgré le traitement inhumain qu'ils ont reçu de la part de leurs ravisseurs, il y avait des hommes sur ce terrain qui n'ont jamais cédé, des hommes au patriotisme si fervent, profond et inextinguible qu'ils se sont couchés joyeusement vers leur sommeil mortel. Cet officier du service rebelle se rendit sur le terrain où le combat avait été le plus intense. C'était la nuit. Autour de lui se trouvaient les mourants et les morts. Il y avait un jeune officier syndical, les deux pieds écrasés par un coup de canon. Il y avait des larmes sur ses joues.

« Courage, camarade ! » dit l'officier en se penchant sur lui ; "Le jour viendra où vous vous souviendrez de cette bataille comme d'une chose du passé."

« Ne me donnez pas de faux espoirs, monsieur. Tout dépend de moi. Je ne regrette pas de devoir mourir, car avec ces souches je ne vivrai pas longtemps.

Il montra ses pieds mutilés et ajouta : « *Je pleure mon pauvre pays distrait. Si j'avais une seconde vie à vivre, je la sacrifierais volontiers pour la cause de l'Union !* »

Ses yeux se fermèrent. Un sourire éclairait son visage, comme si, aux confins d'un autre monde, il revoyait ceux qui étaient les plus chers sur terre ou au ciel. Il se releva convulsivement et cria : « Mère ! Père!"

Il était mort.

Il dort à l'endroit où il est tombé. Son nom est inconnu, mais son dévouement envers son pays brillera à jamais comme une étoile au ciel !

Lorsque la ligne de l'Union céda, certains soldats furent tellement stupéfaits par ce changement soudain qu'ils furent incapables de bouger et furent faits prisonniers. Parmi eux se trouvait un zouave, en pantalon rouge. C'était un homme grand et noble. Bien que prisonnier, il marchait droit, sans se laisser décourager par sa captivité. Un Virginien l'a nargué et l'a traité de noms durs.

« Monsieur, dit le zouave, j'ai entendu dire que votre nation était une nation de gentilshommes, mais votre injure vient d'un lâche et d'un fripon. Je suis votre prisonnier, mais vous n'avez pas le droit de me lancer vos malédictions parce que je suis malheureux. Des deux, je me considère comme le gentleman. [5]

Le Virginien baissait la tête en silence, tandis que d'autres soldats rebelles assuraient au brave garçon qu'il ne devrait plus être insulté. Ainsi, la bravoure, le vrai courage et la virilité gagneront le respect même des ennemis.

Aucun rapport précis n'a été établi sur le nombre d'hommes tués et blessés dans cette bataille ; mais chaque camp perdit probablement entre quinze cents et deux mille hommes.

Ce fut une bataille qui gardera toujours une place mémorable dans l'histoire de cette Rébellion, car après avoir remporté une victoire, les esclavagistes croyaient pouvoir conquérir le Nord. Ils devinrent plus fiers et plus insolents. Ils ont manifesté leur terrible haine par leur traitement inhumain envers les prisonniers capturés. Ils ont enterré les morts de manière indécente. Les soldats rebelles ont déterré les os des hommes morts de l'Union et les ont sculptés pour en faire des ornements qu'ils ont envoyés chez eux à leurs épouses et amantes. Une jeune fille écrivit à son amant de « bien lui apporter *le skelp* » (cuir chevelu) du vieux Lincoln, afin que les femmes comme les hommes deviennent féroces dans leur haine. J'ai vu la lettre qui a été trouvée sur un prisonnier.

Le Nord, bien que vaincu, ne se décourage pas. Il n'était pas question d'abandonner la lutte, mais, comme vous vous en souvenez, il y eut un grand soulèvement du peuple, qui décida que la guerre continuerait jusqu'à ce que la rébellion soit écrasée.

CHAPITRE IV.

LA CAPTURE DU FORT HENRY.

Le Tennessee a rejoint la Confédération du Sud, mais le Kentucky a résisté à toutes les cajoleries, menaces et planifications des dirigeants de la rébellion. Certains Kentuckiens parlaient de rester neutres, de ne prendre aucune part au grand combat ; mais ce n'était pas possible. Les rebelles envahirent l'État en remontant le Mississippi et en prenant possession de Columbus, une ville à vingt milles au-dessous de l'embouchure de l'Ohio. Ils ont également avancé de Nashville à Bowling Green. Alors l'État décida pour l'Union de rester fidèle à l'ancien drapeau jusqu'à ce que la rébellion soit écrasée.

Les rebelles ont érigé deux forts sur la ligne nord du Tennessee. En regardant votre carte, vous voyez que les rivières Cumberland et Tennessee sont proches l'une de l'autre là où elles entrent dans l'État du Kentucky. Ils ne sont pas distants de plus de douze milles. Le fort sur la rivière Tennessee s'appelait Fort Henry, celui sur la rivière Cumberland, Fort Donelson. Une bonne route fut tracée à travers les bois qui les séparaient, afin que les troupes et les approvisionnements puissent être facilement transportés de l'un à l'autre. Fort Henry se trouvait sur la rive est du Tennessee et Fort Donelson sur la rive ouest du Cumberland. Ils étaient des endroits très importants pour les rebelles, car en hiver, à marée haute, les rivières sont navigables pour les plus grands bateaux à vapeur, le Cumberland jusqu'à Nashville et le Tennessee jusqu'à Florence, dans le nord de l'Alabama, et il serait très facile de transporter un armée depuis la rivière Ohio jusqu'au cœur même de la Confédération du Sud. Les forts ont été construits pour empêcher tout mouvement de ce type des troupes de l'Union.

LES FORTS.

Les falaises du fleuve Mississippi, à Columbus, mesurent deux cents pieds de hauteur. Là, les rebelles érigèrent de puissantes batteries, plantant des canons lourds, avec lesquels ils pouvaient balayer le Mississippi loin en amont et lancer des tirs plongeants avec une visée dégagée sur toute canonnière qui descendait. Ils l'appelaient Gibraltar, en raison de sa force. Ils dirent qu'il ne pouvait pas être pris et que le Mississipi était fermé à la navigation jusqu'à ce que l'indépendance de la Confédération du Sud soit reconnue.

Au début de la guerre, on comprit qu'une flotte de canonnières serait nécessaire sur les rivières occidentales, et le capitaine Andrew H. Foote de la marine fut chargé de leur construction. Ils furent construits à Cincinnati et à Saint-Louis, et emmenés au Caire, où ils reçurent leur armement, leurs équipages et leur équipement.

Vous avez entendu parler du Caire. Je ne parle pas de la ville antique sur les rives du Nil, mais de la ville moderne située sur la langue de terre à l'embouchure de l'Ohio. Charles Dickens a donné une description de l'endroit dans un de ses délicieux livres, Martin Chuzzlewit. C'était une forêt, avec quelques cabanes en rondins, lorsque Mark Tapley y résidait, et tous les gens étaient frappés de fièvre et de fièvre. C'est aujourd'hui une ville de plusieurs milliers d'habitants. Au printemps, la ville est parfois inondée et les gens sillonnent les rues à bord de bateaux et de radeaux. Les cochons regardent par les fenêtres des chambres, et les chiens, les chats et les poules vivent alors sur les toits des maisons.

Jetons un coup d'œil à l'endroit tel qu'il se présentait le premier jour de février 1862. Tenez-vous avec moi sur la digue et regardez le vaste Ohio, la « belle rivière », comme l'appelaient les Français. Il y a de cinquante à cent bateaux à vapeur le long de la rive, avec des volumes de fumée noire s'échappant de leurs hautes cheminées et des bouffées de vapeur s'évanouissant dans l'air. Parmi eux se trouvent les canonnières, un mélange entre un fort flottant, une machine de dragage et un chaland à boue. Les marins, qui ont été jetés sur l'océan dans des navires majestueux, les appellent *des tortues de boue* . Il y a des milliers de soldats sur les bateaux à vapeur et sur le rivage, attendant le départ de l'expédition qui doit ouvrir une ouverture dans la ligne de défense rebelle. Il y a des milliers de personnes occupées comme des abeilles, chargeant et déchargeant les bateaux à vapeur, faisant rouler des tonneaux et des caisses.

Quand Mark Tapley et Martin Chuzzlewit étaient ici, c'était boueux, et c'est encore boueux maintenant. Il y a de la boue fine, fine, collante, visqueuse, éclaboussante, épaisse, lourde et sale. Des milliers d'hommes, des milliers de mulets et de chevaux le foulent au mortier. Il est mélangé aux gravats des maisons et à la paille des écuries. Cela vous rappelle le Marécage du Désespoir décrit par Bunyan dans Le Progrès du Pèlerin, un lieu pour toute la crasse, le péché et la bave de ce monde. Christian était embourbé là-bas et Pliable a failli perdre la vie. Si Bunyan avait vu Le Caire, il aurait pu rendre le tableau encore plus graphique. Il y a de vieilles maisons, des baraques, des hangars, des écuries, des porcheries, des tas de bois, des charrettes, des chariots, des tonneaux, des caisses et toutes les vieilles choses que vous pouvez imaginer. Les cochons vivent dans les rues et des conflits irrépressibles éclatent entre eux et les centaines de chiens. Les charrettes à eau, les chariots, les chariots militaires et l'artillerie s'enfoncent profondément dans la boue. Les chevaux tirent et s'efforcent, se cabrent, donnent des coups de pied et pataugent. Les Teamsters perdent pied. Les soldats pataugent profondément dans la rue. Il y a des trottoirs, mais ils sont glissants, dangereux et trompeurs.

C'est dimanche. Un doux jour de repos en temps de paix, mais en temps de guerre, le sabbat n'est pas beaucoup observé. Nous sommes en plein hiver, mais un vent du sud souffle sur le Mississippi, si doux et embaumé que les oiseaux bleus et les merles sont de sortie. Les bateaux à vapeur sont remplis de troupes qui attendent l'ordre de partir, on ne sait où. Les groupes se tiennent sur le pont le plus haut. Certains s'allongent de tout leur long sous le chaud soleil. Les groupes jouent, les tambours battent. Les remorqueurs dansent, sifflent et soufflent dans le courant, passant de canonnière en canonnière.

Les magasins sont ouverts et les soldats achètent des bibelots : tabac, pipes, papier et stylos, pour envoyer des lettres à leurs proches éloignés. Sur un stand de pain d'épices, une demi-douzaine de personnes déjeunent. Les salons d'huîtres sont bondés. Les garçons pleurent leurs journaux. Il y a des scènes risibles et solennelles . Là-bas, c'est l'hôpital. Une file de soldats attend dans la rue. Un cercueil est sorti. Le fifre commence son air lugubre, le tambour son battement sourd. Le cortège s'éloigne, emmenant le soldat mort jusqu'à sa demeure silencieuse.

Il y a quelques mois, il était citoyen, cultivant sa ferme dans les prairies, labourant, semant, récoltant. Mais maintenant, la grande faucheuse, la Mort, l'a rassemblé. Il n'avait aucune idée de devenir soldat ; mais c'était un patriote, et lorsque son pays l'appela, il sauta à son secours. Il a cédé à la maladie, mais pas à l'ennemi. Il était loin de chez lui et de ses amis, avec uniquement des étrangers pour subvenir à ses besoins, le réconforter, lui parler d'un monde meilleur que celui-ci. Il a donné sa vie pour son pays.

Même s'il y a une note chargée de préparation pour le départ de la flotte, certains se souviennent que c'est dimanche et trouvent le temps d'adorer. Les cloches des églises sonnent l'heure. Vous rentrez votre pantalon dans vos bottes et vous frayez un chemin dans les rues glissantes et gluantes. Il y a quelques dames qui bravent la boue, chaussées de bottes adaptées à la marche. Les bottes qui n'ont pas été noircies depuis quinze jours sont aussi brillantes que celles nettoyées il y a à peine une heure. A la porte de l'église, on fait comme tout le monde : on prend une puce et on gratte la boue.

La moitié de la congrégation est issue de l'armée et de la marine. Le commodore Foote est là, un fervent fidèle. Avant de venir à l'église, il visita chaque canonnière de sa flotte, réunit les équipages, leur lu ses ordres généraux, selon lesquels aucun travail inutile ne devait être fait le jour du sabbat, et enjoignant aux commandants le devoir d'adorer et de maintenir un culte. haute moralité devant les hommes.

Acceptons lundi l'aimable invitation du commodore Foote et montons à bord du Benton, son navire amiral, et inspectons cet étrange engin. Cela ne ressemble à rien de ce que vous avez jamais vu à Boston ou à New York. C'est comme une grande boîte sur un radeau. Les côtés sont inclinés, faits de gros bois de chêne et plaqués de fer. Vous entrez par un hublot, où vous pouvez poser la main sur les lèvres de fer d'un gros canon qui lance une balle de neuf pouces de diamètre. Il y a quatorze canons, avec de solides affûts de chêne. Les hommes se déplacent, exerçant leurs armes, effectuant les mouvements de chargement et de tir. Comme c'est propre le sol ! Il est aussi blanc que le savon et le sable peuvent le rendre. Vous ne devez pas cracher du jus de tabac ici, sinon l'officier courtois dira que vous enfreignez les règles. Au centre du bateau, sous le pont des canons de la coque, se trouvent les moteurs et les chaudières, en partie protégés de tout tir qui pourrait arriver par un hublot, ou qui pourrait déchirer les côtés, à travers le le fer et le chêne. Près du centre se trouve la roue. Le dessus de la caisse, ou *casemate* , comme on l'appelle, est en bois de chêne et forme le pont supérieur. La timonerie se trouve sur ce pont supérieur, en avant du centre. Sa forme ressemble à un tunnel creusé. Il est plaqué de fer épais. Là, à l'heure de la bataille, le pilote sera là, regardant à travers des trous étroits, ses mains saisissant le volant et dirigeant le navire.

Ses canons, que les marins appellent sa batterie, sont très puissants. Il y a deux canons de neuf pouces, et aussi deux canons de soixante-quatre livres rayés à la proue. Il y a deux pièces de quarante-deux livres à l'arrière, et celles de côté sont de trente-deux et vingt-quatre. Il y a des chambres pour les officiers, mais les hommes dorment dans des hamacs. Ils prennent leurs repas assis sur les affûts de canons, ou les jambes croisées, comme les Turcs, à même le sol.

Le capitaine Foote est le commodore de la flotte. Il vous montre le *lieu sacré* du navire, un coin isolé où tout membre de l'équipage qui aime lire sa Bible et avoir une dévotion secrète peut le faire sans être dérangé. Il a donné une bibliothèque de bons livres à l'équipage et il les a persuadés qu'il valait mieux pour eux renoncer à leur part de grog plutôt que d'en boire. Il marche parmi les hommes et a une parole gentille pour tous, et ils le considèrent comme leur père. Ils ont confiance en lui. Avec quelle vivacité ils l'encouragent ! Ne combattront-ils pas courageusement sous un tel commandant ?

Le lundi après-midi 2 février, les canonnières Cincinnati, Essex, St. Louis, Carondelet, Lexington, Tyler et Conestoga quittèrent le Caire, accompagnées de plusieurs bateaux à vapeur fluviaux avec dix régiments de troupes. Ils remontèrent l'Ohio jusqu'à Paducah et entrèrent dans la rivière Tennessee à la tombée de la nuit. Le lendemain matin, vers l'aube, ils jetèrent l'ancre à quelques milles en aval du fort Henry. Le commodore Foote a fait du Cincinnati son navire amiral.

Un groupe d'éclaireurs débarqua et fit escale dans une ferme. « Vous ne prendrez jamais Fort Henry », a déclaré la femme qui y vivait.

« Oh oui, nous le ferons ; nous avons une flotte de canonnières blindées », a déclaré l'un des éclaireurs.

"Vos canonnières seront projetées très haut avant d'atteindre le fort."

« Ah ! comment ça?"

La femme vit qu'elle révélait un secret et se tut. Les éclaireurs se méfièrent du fait qu'elle savait quelque chose qu'il serait peut-être souhaitable qu'ils sachent et l'informèrent que, à moins qu'elle ne dise tout ce qu'elle savait, elle devait les accompagner prisonnière. Elle fut effrayée et les informa que le fleuve était plein de torpilles qui allaient faire exploser les canonnières.

Les éclaireurs faisaient rapport au commodore Foote. La rivière fut fouillée au grappin, et six machines infernales furent repêchées ; mais ils étaient imparfaitement construits, et aucun d'eux ne pouvait exploser.

En regardant la rivière depuis le pont de l'une des canonnières du commodore Foote, vous voyez Panther Island, qui se trouve à un mile du fort. C'est un banc de sable long et étroit, couvert d'un bosquet de saules. Il y a le fort sur la rive est. Vous voyez un tas de terre irrégulier, à quinze pieds environ au-dessus de la rivière, avec des embrasures de sacs de sable, qui, à première vue, vous semblent être des blocs de pierre, mais ce sont des sacs de grains remplis de sable. Vous comptez les armes, dix-sept en tout. Un Columbiad de dix pouces, un de soixante livres, douze de trente-deux livres, un de vingt-quatre livres et deux de douze livres. Ils sont presque tous pivotés, de manière à pouvoir être dirigés vers le bas du fleuve contre les bateaux ou vers l'intérieur des terres vers les troupes. La rivière a près d'un demi-mile de large, et sur la rive opposée se trouve un autre fort, non encore achevé. Tout autour du fort Henry, vous voyez des fosses à fusils et des parapets, entourant vingt ou trente acres. Au-dessus et en dessous du fort se trouvent des ruisseaux. Les grands arbres sont abattus pour obstruer le passage, ou pour former un *abatis* , comme on dit. Il ne sera pas facile de prendre le fort du côté terrestre. À l'intérieur de ces retranchements se trouve le camp rebelle, composé de huttes et de tentes en rondins, pouvant accueillir plusieurs milliers d'hommes.

Le commodore Foote a prévu comment prendre le fort. Il est convaincu qu'il peut bombarder les rebelles tout comme on peut écraser des rats dans un tonneau ou une boîte, et si le général Grant se met à l'arrière et surveille son opportunité, ils seront tous attrapés.

Le général Grant débarque deux brigades de troupes du côté ouest de la rivière et trois brigades du côté est, à environ quatre milles en aval du fort. Ceux du côté ouest doivent s'occuper de tous les rebelles qui pourraient se trouver dans ou autour du fort inachevé, tandis que ceux du côté est, sous les ordres du général McClernand, se frayent un chemin à travers les bois pour gagner l'arrière du fort. Voici l'ordre au général McClernand :

« Ce sera le devoir spécial de ce commandement d'empêcher tous les renforts du fort Henry ou de s'en échapper. Il doit également être prêt à charger et à prendre d'assaut le fort Henry, dès réception des ordres.

Le général Grant et le commodore Foote conviennent que les canonnières devraient commencer l'attaque à midi.

«Je prendrai le fort dans environ une heure», dit le commodore. « Je commencerai à tirer lorsque j'atteindrai la tête de l'île aux Panthères, et il me faudra environ une heure pour atteindre le fort, car je monterai lentement. Je crains, général, que les routes ne soient si mauvaises que les troupes ne puissent pas contourner à temps pour capturer l'ennemi. Je prendrai le fort avant que vous ne vous mettiez en position.

Le général Grant pensait autrement ; mais les routes étaient très boueuses, et lorsque le combat commença, les troupes étaient loin de l'endroit où elles auraient dû être.

Le commodore Foote avait préparé ses instructions aux officiers et aux équipages des canonnières plusieurs jours auparavant. Ils étaient brefs et clairs.

« Les quatre bateaux blindés – l'Essex, le Carondelet, le St. Louis et le Cincinnati – resteront en ligne. Les Conestoga, Lexington et Tyler suivront les cuirassés et lanceront des obus sur ceux-ci en avant.

Aux commandants il dit :

« *Faites comme moi !* »

S'adressant aux équipages, il dit :

« Tirez lentement et avec une visée délibérée. Il y a trois raisons pour lesquelles vous ne devriez pas tirer rapidement. Avec un tir rapide, il y a toujours un gaspillage de munitions. Votre portée est imparfaite et vos tirs dépassent le cadre, ce qui encourage l'ennemi ; et il est souhaitable de ne pas chauffer les armes. Si vous tirez lentement et délibérément, vous garderez votre sang-froid et vous ferez en sorte que chaque coup soit significatif.

Avec de telles instructions, avec tout prêt, les ponts dégagés pour l'action, les canons épuisés, les balles et les obus sortis des magasins et empilés sur le pont, confiant dans le succès et déterminé à prendre le fort ou à aller au fond, il j'ai attendu l'heure dite.

Les canonnières avancent lentement à contre-courant, pour que les troupes aient le temps de se positionner derrière les retranchements rebelles. Ils empruntent le chenal du côté ouest de l'île. L'Essex se trouve à droite de la ligne de bataille, le plus proche de l'île. Son commandant est William D. Porter, qui vient de bonne souche. C'est son père qui commanda l'Essex lors de la guerre contre la Grande-Bretagne en 1813, et qui combattit le plus vaillamment contre une force supérieure, deux navires britanniques, le Phebe et le Cherub, dans le port de Valparaiso.

Ensuite l'Essex est le Carondelet, puis le Cincinnati, le navire amiral, avec le brave commodore à son bord, et le plus proche de la côte ouest le Saint-Louis. Ceux-ci sont tous plaqués de fer au niveau des arcs. À l'arrière se trouvent le Lexington, le Conestoga et le Tyler.

Les bateaux atteignent la tête de l'île et le fort est bien en vue. Il est midi trente-quatre minutes. Il y a un éclair et un grand nuage de fumée crémeuse à la proue du Cincinnati. Un obus de huit pouces hurle dans les airs. Les artilleurs surveillent son parcours. Leurs yeux exercés suivent son vol presque invisible. Votre montre [Pg 81-2] tourne quinze secondes avant que vous en entendiez parler. Vous voyez une bouffée de fumée, un nuage de sable projeté dans le fort, puis vous entendez l'explosion. Les commandants des autres bateaux se souviennent des instructions : « Faites comme moi ! » et de chaque navire un obus est lancé. Tous tombent dans le fort, ou dans le campement au-delà, qui est en vue. Vous pouvez voir les tentes, les cabanes en rondins, le grand mât de drapeau. Le fort relève le défi, et instantanément les douze canons qui sont en position pour balayer la rivière s'ouvrent sur les bateaux qui avancent. Les tirs et les obus labourent le ruisseau et projettent des colonnes d'eau en l'air.

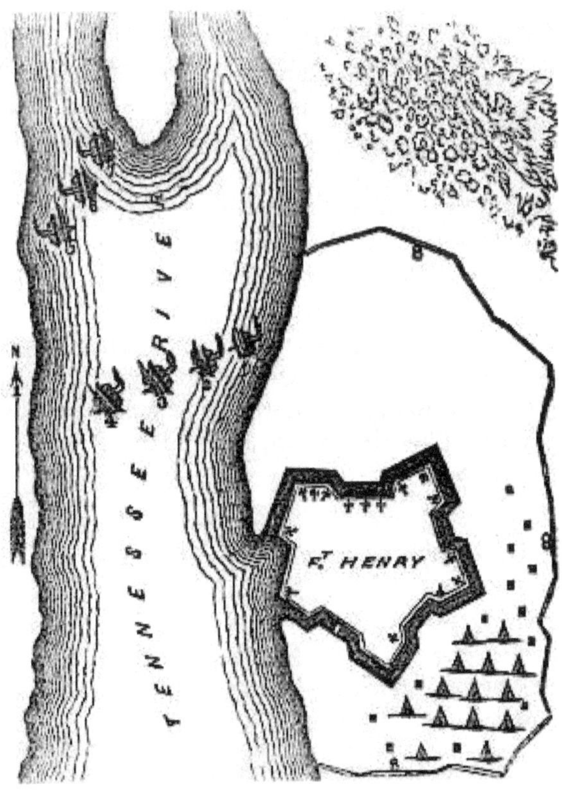

Fort Henri.

1 Esex.	5 Lexington.
2 Carondelet.	6 Conestoga.
3 Cincinnati.	7 Tyler.
4 Saint Louis.	8 et 9 Retranchement rebelle.

Un autre tour de la flotte. Un autre du fort. L'air est calme et le tonnerre de la canonnade roule le long de la vallée, se répercutant de colline en colline. Le grondement est de plus en plus fort, plus profond et plus lourd, jusqu'à devenir un carillon presque ininterrompu.

Il y a du tumulte dans le campement rebelle. Les hommes courent de long en large. Ils se recroquevillent derrière les souches et les arbres tombés, pour éviter le tir. Leurs cabanes sont réduites en pièces par les obus. Vous voyez les bûches lancées comme des pailles en l'air. Leurs tentes sont déchirées en chiffons de papier. Les obus sifflants s'enfoncent profondément dans la terre, puis il y a de brusques soulèvements de sable, avec de la fumée et des flammes, comme si des volcans éclataient. Le parapet est découpé. Les sacs de sable sont renversés. L'air est plein de bruits étranges, hideux, mystérieux et terrifiants.

Il y a sept ou huit mille soldats rebelles dans les postes de tir et derrière les parapets du campement, en ligne de bataille. Ils sont terrorisés. Les officiers comme les hommes perdent tout contrôle d'eux-mêmes. Ils courent pour échapper à la terrible tempête. Ils laissent des armes, des munitions, des tentes, des couvertures, des malles, des vêtements, des livres, des lettres, des papiers, des images, tout. Ils déferlent des retranchements sur la route qui mène à Douvres, une populace hétéroclite. Un petit bateau à vapeur se trouve dans la crique au-dessus du fort. Certains se précipitent à bord et remontent le fleuve à toute vitesse. D'autres, dans leur hâte et leur peur, plongent dans le ruisseau et coulent pour ne plus remonter. Tous volent sauf une petite bande courageuse dans le fort.

Les canonnières avancent tout droit, lentement et régulièrement. Leur tir est régulier et délibéré. Chaque tir va dans le fort. Les artilleurs sont aveuglés et étouffés par des nuages de sable. Les affûts sont écrasés, brisés et renversés. Les hommes sont coupés en morceaux. Quelque chose d'invisible les déchire comme un coup de foudre. Le fort est plein d'explosions. Le lourd canon rayé éclate, écrasant et tuant ceux qui le servent. Le mât du drapeau est brisé et déchiré, comme par un éclair intense.

Pourtant le fort répond. Les artilleurs ont la portée des bateaux, et presque tous les tirs touchent les tôles de fer. Ce sont comme des coups de masse qui ébrèchent les tôles, déclenchent les fixations, brisent les boulons résistants. Le Cincinnati reçoit trente et un tirs, l'Essex quinze, le St. Louis sept et le Carondelet six.

Bien que frappés si souvent, ils passent à autre chose. La distance diminue. Un autre canon est renversé de son affût dans le fort, un autre, un autre. Certains signes indiquent que la lutte est sur le point de se terminer et que les rebelles sont prêts à se rendre. Mais un coup de feu frappe l'Essex entre les plaques de fer. Il déchire les poutres en chêne et pénètre dans l'une des chaudières à vapeur. Il y a une grande bouffée de vapeur. Elle jaillit des hublots et le bateau est enveloppé d'un nuage. Elle quitte la ligne de bataille. Ses moteurs s'arrêtent et elle flotte avec le courant. Vingt-huit membres de son équipage sont échaudés, parmi lesquels son courageux commandant.

Les rebelles prennent courage. Ils sautent sur leurs canons et tirent rapidement et sauvagement, espérant et s'attendant à neutraliser le reste de la flotte. Mais le commodore ne faiblit pas ; il continue tout droit comme si de rien n'était. Un obus de quatre-vingts livres du Cincinnati démonte une arme à feu, tuant ou blessant tous les artilleurs. Les bateaux sont si proches que chaque plan fera son travail. Le feu des bateaux augmente tandis que le feu du fort diminue. La fraîcheur, la détermination, l'énergie, la persévérance et la puissance l'emportent. Le drapeau rebelle descend et le drapeau blanc monte. Ils se rendent. Des acclamations retentissent dans toute la flotte. Un bateau part du Saint-Louis. Un officier saute à terre, escalade le talus déchiré, se tient debout sur le parapet et agite la bannière étoilée. "Hourra! Hourra! Hourra!" Vous l'entendez résonner d'une rive à l'autre.

Le général Lloyd Tilghman commandait le fort. Il monta à bord du navire amiral.

"Quelles conditions m'accordez-vous?" Il a demandé.

« Votre reddition doit être inconditionnelle, monsieur. Je ne peux vous accorder aucune autre condition.

"Eh bien, monsieur, si je dois me rendre, cela me fait plaisir de me rendre à un officier aussi courageux que vous."

« Vous avez parfaitement raison de vous rendre, monsieur ; mais je n'aurais dû le faire sous aucune condition.

« Pourquoi ? Je ne vous comprends pas."

"Parce que j'étais pleinement déterminé à capturer le fort ou à aller au fond."

"Je pensais t'avoir, Commodore, mais tu étais trop pour moi."

« Comment pourriez-vous lutter contre l'ancien drapeau, Général ?

« Eh bien, ça a été difficile au début ; mais si le Nord nous avait laissé tranquilles, il n'y aurait eu aucun problème. Ils ne respecteraient pas la Constitution.

« Vous vous trompez, Général, et tout le Sud se trompe. Le Nord a toujours voulu que le Sud jouisse de tous ses droits, en vertu de la Constitution. Le Sud a commencé la guerre et il sera responsable du sang versé aujourd'hui. »

Ainsi, en une heure et douze minutes, le fort dont les rebelles espéraient avec confiance qu'il empêcherait les canonnières de remonter la rivière fut contraint de se rendre, et la communication fluviale fut dégagée jusqu'au cœur même de la Confédération du Sud. Leur ligne de défense était brisée.

Il n'y eut que peu de pertes en vies humaines dans cet engagement : vingt à trente tués et blessés de chaque côté. Si l'armée rebelle n'avait pas fui dès le premier tir, il y aurait eu un terrible massacre. Lorsque le commodore Foote fut informé qu'il y avait plusieurs milliers de soldats dans les fortifications, il dit : « J'en suis désolé, car s'ils tiennent bon, il y aura de grandes destructions de vies humaines à cause des obus lourds ; car je prendrai le fort ou coulerai avec les navires.

Si les troupes du général Grant avaient été en mesure d'intercepter les forces rebelles, toute la foule affolée aurait été capturée, mais étant retardés par la boue, les rebelles aux pieds légers étaient loin en route vers Fort Donelson lorsque le général Grant avait été en mesure d'intercepter les forces rebelles. Grant atteignit l'arrière des retranchements. Dans leur hâte et leur terreur, les rebelles abandonnèrent neuf pièces d'artillerie de campagne sur la route et une importante réserve de munitions.

La bataille s'est déroulée jeudi. Vendredi, le commodore Foote retourna au Caire pour envoyer ses dépêches à Washington, réparer également ses canonnières et veiller à ce que les pauvres échaudés de l'Essex soient bien soignés.

J'écrivais, au Caire, le récit de la bataille. Il était minuit passé lorsque le commodore entra dans ma chambre. Il s'assit et me raconta ce que j'ai écrit de son plan de bataille et de son entretien avec le général Tilghman. Il ne pouvait pas rester assis. Il était fatigué et épuisé par ses travaux. « Je crains, Commodore, que vous ayez trop travaillé. Vous devez vous reposer et dormir », ai-je remarqué.

« Oui, j'ai été obligé de travailler assez dur et j'ai besoin de repos, mais je n'ai jamais mieux dormi de ma vie qu'avant-hier soir, et je n'ai jamais prié avec plus de ferveur qu'hier matin avant d'aller au combat ; mais je n'ai pas pu dormir la nuit dernière en pensant à ces pauvres gens à bord de l'Essex », fut la réponse.

Le dimanche matin, il était à l'église comme d'habitude. Le ministre était en retard. Les gens pensaient qu'il n'y aurait pas de réunion et étaient sur le point de quitter la maison. Le commodore Foote s'est rendu chez l'un des anciens de l'église et l'a exhorté à diriger le culte. L'Ancien refusa. Mais le commodore n'a jamais laissé échapper une occasion de faire le bien. Il était toujours prêt à servir son pays et son Dieu. Il monta en chaire, lut un chapitre, offrit une prière et prêcha un court sermon à partir des paroles : « Que votre cœur ne soit pas troublé. Vous croyez en Dieu ; croyez aussi en moi. C'était une exhortation pour tous les hommes à croire au Seigneur Jésus-Christ comme Sauveur du monde. Certains qui l'entendirent, en rentrant de l'église, dirent qu'ils croyaient aussi au Commodore Foote !

C'est à lui qu'appartient le mérite non seulement de prendre le fort Henry, mais aussi d'avoir planifié l'expédition. Lorsque la véritable histoire de cette rébellion sera écrite, vous verrez combien elle était importante, combien grands ses résultats, et vous admirerez de plus en plus le patriotisme remarquable et les principes chrétiens inébranlables d'un homme qui a porté ce premier grand coup, et a tant fait pour écraser la rébellion.

CHAPITRE V.

LA CAPTURE DU FORT DONELSON.

Le plan du général Grant pour prendre Fort Donelson était de déplacer les première et deuxième divisions de son armée à travers le pays et d'attaquer le fort par l'arrière, tandis qu'une autre division, accompagnée des canonnières, devait remonter le Cumberland et attaquer le fort depuis le fort. cette direction. Le commodore Foote informa le général qu'il était nécessaire de réparer les canonnières blessées avant de commencer les opérations ; mais le général Grant résolut de ne faire aucun retard à ce sujet. Sans perfectionner complètement ses dispositions, ni calculer le temps nécessaire aux bateaux à vapeur pour aller du fort Henry jusqu'à l'Ohio et remonter le Cumberland, il ordonna aux deux divisions de marcher. Le général Lewis Wallace resta au fort Henry avec une brigade, tandis que six régiments de sa division, la troisième, furent embarqués sur les bateaux à vapeur, qui descendirent le Tennessee en grand style, repoussant les autres bateaux, et tous remontèrent le Cumberland.

Il y a des collines escarpées, des plaines sablonneuses, des ravins profonds, des ruisseaux ruisselants et de grands arbres forestiers centenaires entre Fort Henry et Fort Donelson. La route serpente à flanc de collines, traverse les plaines et descend dans les ravins. Il n'y a que peu de fermes, car le sol est improductif et les forêts restent presque telles qu'elles ont été pendant des centaines d'années. Les quelques agriculteurs qui y résident vivent principalement de porc et de hominy. Ils cultivent quelques arpents de maïs, mais élèvent un grand nombre de porcs qui vivent dans les bois et s'engraissent de glands et de noix de caryer.

Les régiments qui marchèrent vers le fort Donelson bivouacèrent la première nuit au bord d'un cours d'eau à environ quatre milles du fort Henry. Ils n'avaient pas de tentes. Ils étaient restés dans des casernes au Caire en décembre et janvier, mais ils doivent désormais s'allonger par terre, enveloppés dans leurs couvertures. Les nuits étaient froides et le sol était gelé. Ils abattirent les grands arbres et allumèrent de grands feux qui rugissaient et crépitaient dans l'air glacial. Ils raclèrent les feuilles mortes en tas et en firent des lits. Ils ont vu les cochons dans les bois. Fissure! fissure! Leurs fusils allèrent, et ils mangèrent des côtes levées rôties et des steaks de porc, un repas délicieux pour les hommes affamés. La forêt était toute embrasée par des centaines d'incendies. Les hommes racontaient des histoires, trinquaient leurs orteils, regardaient les braises incandescentes, pensaient peut-être à leur maison, aux êtres chers qui s'y trouvaient, puis les enveloppaient dans leurs couvertures et s'endormaient. En direction de Fort Donelson, les piquets se tenaient à leurs postes et regardaient dans l'obscurité, guettant l'ennemi pendant la longue nuit d'hiver. Mais aucun rebelle n'est apparu. Ils avaient eu très peur à Fort Henry. Cependant, ils s'étaient remis de leur terreur et étaient déterminés à prendre courageusement position à Fort Donelson. Ils avaient été renforcés par un important corps de troupes de l'armée du général Albert Sidney Johnston à Bowling Green, dans le Kentucky, et de l'armée du général Lee en Virginie.

Les deux divisions du général Grant, qui marchèrent à travers le pays, étaient au nombre d'environ quinze mille. Il y avait quatre brigades dans la première division : celle du colonel Oglesby, celle du colonel WHL Wallace, celle du colonel McArthur et celle du colonel Morrison. Le colonel Oglesby avait les huitième, dix-huitième, vingt-neuvième, trentième et trente et unième régiments de l'Illinois. Celui du colonel Wallace était composé des onzième, vingtième, quarante-cinquième et quarante-huitième régiments de l'Illinois. Dans celui du colonel McArthur se trouvaient les deuxième, neuvième, douzième et quarante et unième régiments de l'Illinois, et dans celui du colonel Morrison, les dix-septième et quarante-neuvième régiments de l'Illinois.

Les batteries Schwartz, Taylor, Dresser et McAllister accompagnaient cette division.

Il y avait trois brigades dans la deuxième division. Le premier, sous le commandement du colonel Cook, était composé du septième Illinois, du douzième Iowa, du treizième Missouri et du cinquante-deuxième Indiana.

Le colonel Lauman commandait la deuxième brigade, composée des deuxième, septième, quatorzième et vingt-huitième régiments de l'Iowa, du cinquante-deuxième Indiana et du régiment de tireurs d'élite du colonel Birges.

La troisième brigade, commandée par le colonel Morgan L. Smith, était composée du huitième Missouri et du onzième Indiana.

Le régiment d'artillerie du Missouri du major Cavender était rattaché à cette division, composé de trois batteries complètes : celle du capitaine Richardson, celle du capitaine Stone et celle du capitaine Walker.

La quatrième cavalerie de l'Illinois et trois ou quatre compagnies de cavalerie étaient réparties entre les brigades.

Les tireurs d'élite du colonel Birges étaient des hommes d'élite qui avaient tué de nombreux ours, cerfs et loups dans les bois de l'Ouest. Ils pouvaient viser avec précision et abattre un écureuil du haut des arbres les plus hauts. Ils portaient des uniformes de feutre gris, avec des calottes bien ajustées, des sacs à dos en peau de buffle et une corne à poudre. C'étaient des coureurs rapides. Chaque homme portait un sifflet. Ils avaient des signaux d'alarme pour avancer, ou reculer, ou se déplacer à droite ou à gauche. Ils glissaient à travers les forêts comme des cerfs aux pieds légers, ou se glissaient aussi furtivement qu'un Indien le long des ravins et à travers les fourrés. C'étaient des hommes durs, chaleureux, audacieux et courageux. Ils pensaient que ce n'était pas une grande difficulté de marcher toute la journée et de se coucher le soir à côté d'un rondin sans souper. Ils ne voulaient pas de meilleur divertissement que de se faufiler dans les sous-bois et d'éliminer les rebelles, qui se retournaient en un instant sur le dos après avoir tiré un coup de feu, pour recharger leurs fusils. Bien qu'attachés à la brigade de Lauman, ils étaient censés se rendre au combat là où ils pouvaient rendre le plus de service.

En remontant la rivière Cumberland et en approchant de la ville de Douvres, vous apercevez une haute colline sur la rive ouest. Il est couronné d'un remblai de terre qui tout autour du sommet présente de nombreux angles. Au pied de la colline se trouvent deux autres talus, à quinze ou vingt pieds au-dessus de l'eau. Il y a dix-sept canons lourds dans ces ouvrages. Deux d'entre eux lancent de longs boulons de fer pesant cent vingt-huit livres, mais la plupart des canons pèsent trente-deux livres.

Si vous entrez dans les batteries et dans le fort, et que vous regardez les canons, vous verrez que tous peuvent être dirigés vers une canonnière dans la rivière. Ils pointent tous droit vers l'aval, et un feu concentré peut être déversé sur un seul bateau. La rivière fait un coude à l'approche des batteries, de sorte que les bateaux seront exposés sur leur proue et leurs flancs.

A un mile au-dessus du fort, vous voyez le petit village de Douvres. Au-delà du village, un ruisseau arrive. Les eaux sont hautes et le ruisseau est trop profond pour être franchi à gué.

Sur le côté sud de la colline, au-delà du fort, entre le fort et le village, se trouvent des cabanes en rondins où les troupes rebelles ont campé pendant l'hiver. Un ruisseau d'eau courante claire descend des collines à l'ouest du village, où vous pourrez remplir votre cantine.

En gravissant la colline jusqu'au fort et jusqu'à son angle nord-ouest, vous voyez que les fortifications que les rebelles ont érigées se composent de trois parties distinctes : le fort et les batteries à eau, une ligne de parapets à l'ouest du village, appelés travaux sur le terrain, et une ligne de fosses à fusils à l'extérieur des travaux sur le terrain. Vous commencez à l'angle nord-ouest du fort, face au sud-ouest, et longez les champs qui se trouvent au sommet d'une crête abrupte. Le remblai mesure environ quatre pieds de haut. Il y a de très nombreux angles, avec des embrasures pour les canons. Vous regardez à l'ouest depuis ces embrasures et vous voyez que le sol est très accidenté. Il y a des collines et des creux, des broussailles épaisses et de grands arbres. À certains endroits, les arbres ont été abattus pour former un *abatis*, un obstacle, les branches coupées et imbriquées.

En continuant votre chemin, vous arrivez à la route Fort Henry et Dover. En traversant cela, au lieu de marcher vers le sud-ouest, vous faites un virage progressif vers le sud-est et arrivez à une autre route qui mène de Douvres au sud-ouest en direction de Clarksville et Nashville. En traversant cela, vous arrivez au ruisseau qui se jette dans le Cumberland juste au-dessus de la ville. La distance entre le ruisseau et le fort, le long de la ligne de parapets, est de près de deux milles. En remontant encore une fois vers l'angle nord-ouest du fort, on constate que la pente de la colline est très raide en dehors des travaux. Vous descendez la pente en plantant vos pieds dans la terre pour ne pas tomber tête baissée. Lorsque vous atteignez le fond du ravin, vous ne trouvez pas un terrain plat, mais vous montez une autre crête. Elle n'est pas aussi haute que la crête que vous avez parcourue pour admirer les travaux. La pente de cette crête extérieure descend jusqu'à une prairie. Les rebelles ont abattu les grands arbres et aménagé une ligne de puits de tir. Les bûches sont empilées les unes sur les autres, pendant que le bûcheron construit une clôture en rondins. Il y a un espace de cinq ou six pouces de large entre la bûche supérieure et celle du dessous. Ils ont creusé une tranchée derrière et la terre est jetée dehors.

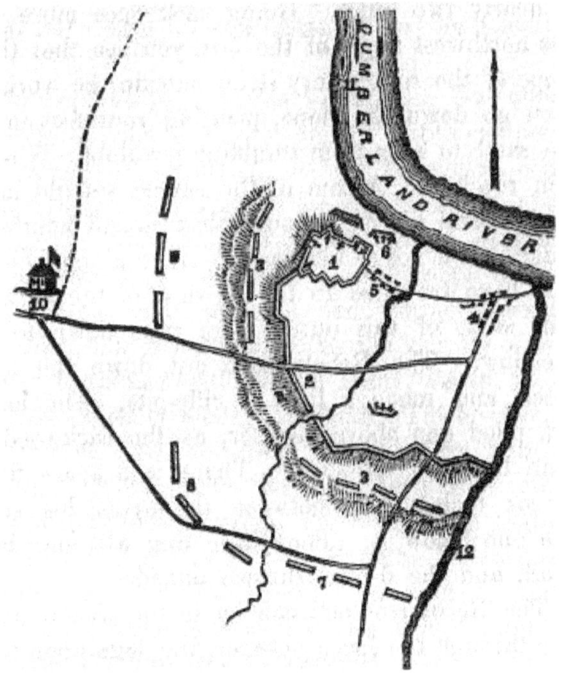

FORT DONELSON.

1 Le fort.   7 Division du général McClernand.

2 Travaux de terrain.   8 Division du général Lewis Wallace.

3 8 fosses à fusils.   9 Division du général Smith.

4 Ville de Douvres.   dix Quartier général de General Grant.

5 Cabanes en rondins.   11 Canonnières.

6 Batteries à eau.   12 Ruisseau léger.

Les tirailleurs rebelles peuvent se coucher dans la tranchée et tirer à travers l'espace entre les bûches sur les troupes de l'Union si elles tentent d'avancer sur les ouvrages. Vous regardez cette pente extérieure. Il y a vingt tiges au fond et il est couvert d'arbres tombés. Vous pensez qu'il est presque impossible de franchir une telle haie et de tels obstacles. Vous voyez un champ défriché au pied de la colline, et une ferme au-delà du champ, sur la route du Fort Henry, qui est le quartier général du général Grant. Le pays tout entier est divisé en collines, collines et crêtes. Cela vous rappelle les vagues que vous avez vues sur l'océan ou sur les lacs lors d'une tempête.

Le général Floyd, qui était secrétaire à la Guerre sous Buchanan et qui a volé tous les biens publics sur lesquels il pouvait mettre la main pendant son mandat, commandait les forces rebelles. Il est arrivé le 13. Le général Pillow et le brigadier-général Johnson furent placés à la tête des troupes de l'aile gauche rebelle à l'ouest de la ville. Le général Buckner commandait ceux qui se trouvaient à proximité du fort. Le général Floyd avait les troisième, dixième, dix-huitième, vingt-sixième, trentième, trente-deuxième, quarante et unième, quarante-deuxième, quarante-huitième, quarante-neuvième, cinquantième, cinquante et unième et cinquante-troisième régiments de troupes du Tennessee. , les deuxième et huitième régiments du Kentucky, les premier, troisième, quatrième, quatorzième, vingtième et vingt-sixième régiments du Mississippi, le septième Texas, les quinzième et vingt-septième Alabama, les trente-sixième, cinquantième, cinquante et unième et cinquante-septième. sixième Virginie, également deux bataillons d'infanterie du Tennessee et une brigade de cavalerie. Il avait les batteries de Murray, Porter, Graves, Maney, Jackson, Guy, Ross et Green, en tout environ vingt-trois mille hommes, avec quarante-huit pièces d'artillerie de campagne et dix-sept canons lourds dans le fort et les batteries à eau.

Le général Grant ne connaissait que peu de choses sur le terrain, ni sur les fortifications, ni sur les forces rebelles, mais il poursuivit hardiment son chemin.

Le 12 au matin, les troupes quittèrent leur bivouac, où elles avaient dégusté leurs côtes levées rôties et leurs steaks, et se dirigèrent vers le fort. La cavalerie a balayé le pays, parcourant les routes secondaires et les sentiers piétonniers, reconnaissant le terrain et recherchant les piquets rebelles.

Peu après midi, ils arrivèrent en vue des campements rebelles. Le terrain a été minutieusement examiné. Aucun rebelle n'a été trouvé à l'extérieur des travaux, mais sur les collines, à l'intérieur des retranchements, on pouvait voir des masses sombres d'hommes, certains travaillant activement avec des haches et des pelles. Les régiments prenaient position pour l'attaque attendue ; mais c'était déjà le soir et l'armée qui avançait se reposa pour la nuit.

JEUDI.

La nuit avait été froide, mais le matin du 13, il y avait des brises du sud-ouest, si douces et si chaudes que les oiseaux printaniers sont arrivés. Les soldats pensaient que l'hiver était terminé. Le ciel était sans nuages. Tous les signes promettaient une journée agréable. Les troupes se réveillaient tôt, alimentant les feux qui s'éteignaient et préparant les petits déjeuners. Dès l'aube, les tireurs d'élite et les piquets commencèrent leur travail. Il y avait un crépitement de coups de mousquet dans les ravins.

Avant le lever du soleil, les batteries rebelles commencèrent à lancer des obus à travers les ravins et les collines, visant les feux de camp de la brigade du colonel Oglesby. Instantanément, le camp fut en éveil. Les hommes s'alignèrent avec un hourra, les canonniers se précipitèrent au canon, attendant tous les ordres.

Le ruisseau clair et coulant qui se jette dans le Cumberland entre Douvres et Fort Donelson serpente à travers une large vallée. Il divise les chantiers rebelles en deux parties, ceux à l'ouest de la ville et ceux à l'ouest du fort. La route de Fort Henry à Douvres traverse la vallée en direction sud-est. En vous dirigeant vers la ville, vous apercevez à votre gauche, sur la colline, à travers les branches des arbres, les parapets rebelles, et vous êtes presque à portée de mousquet.

Le général McClernand déplaça sa division sur la route de Douvres, tandis que le général Smith resta en face de l'angle nord-ouest du fort. La brigade Oglesby avait l'avance, suivie par la quasi-totalité de la division. Les batteries se déplaçaient le long de la route, mais les troupes marchaient à travers les bois à l'ouest de la route. L'artillerie se positionna sur les collines à environ un demi-mille des parapets et ouvrit le feu : Taylor, Schwartz et Dresser à l'ouest de la ville, et Cavender, avec ses canons lourds, à l'ouest du fort.

Les batteries rebelles déclenchèrent un violent incendie. Leurs obus étaient parfaitement ciblés. L'un d'eux a frappé presque aux pieds du major Cavender alors qu'il apercevait un fusil, mais cela ne l'a pas dérangé. Il visa délibérément et envoya obus après obus dans le fort. Un autre coup de feu tomba juste derrière sa batterie. Une troisième rafale au-dessus de nous. Un autre a frappé l'un des hommes du capitaine Richardson à la poitrine, le faisant tourbillonner dans les airs, le tuant sur le coup.

Le major Cavender déplaça ses pièces, puis riposta avec plus de zèle. Pendant toute la matinée, les forêts résonnaient de la terrible canonnade, mêlée au craquement aigu des fusiliers, tout près sous les parapets.

A midi, le combat d'infanterie commença. À l'ouest de la ville, en plus de la ligne de fosses à fusils et de parapets, les rebelles avaient érigé une petite redoute derrière laquelle leurs batteries étaient solidement postées. Le général McClernand décide de l'attaquer. Il ordonna au colonel Wallace de diriger l'assaut. Les quarante-huitième, dix-septième et quarante-neuvième régiments de l'Illinois furent détachés de la force principale et placés sous le commandement du colonel Hayne, du quarante-huitième, pour une équipe d'assaut. La batterie de McAllister a été mise en position pour couvrir l'attaque.

Ils se forment en ligne au pied de la colline. Les obus des batteries rebelles s'écrasent parmi les arbres. Les tirailleurs rebelles entretiennent un feu crépitant depuis les fourrés. Les troupes viennent tout juste des prairies. C'est leur première bataille, mais au mot d'ordre, ils avancent à travers les creux intermédiaires et gravissent les hauteurs, face aux nappes de flammes qui jaillissent des ouvrages rebelles. Ils tirent à mesure qu'ils avancent. Il ne s'agit pas d'une précipitation ni d'un hourra, mais d'un mouvement régulier. Les hommes commencent à quitter la ligne, mais il n'y a pas d'hésitation. Ceux qui n'avaient jamais entendu les bruits de la bataille se tiennent comme des vétérans. La ligne rebelle devant eux s'étend plus loin que la leur. Le Quarante-cinquième Illinois va au soutien de Wallace. Les rebelles lancent des renforts. Il y a un roulement continu de mousqueterie et des décharges rapides de canon. La force attaquante s'avance de plus en plus près des ouvrages. Leur bravoure ne leur fait pas défaut ; leur courage ne faiblit pas ; mais ils trouvent un obstacle infranchissable : des arbres tombés, des tas de broussailles et des rangées de pieux pointus. La batterie de Taylor galope sur la route et ouvre un tir rapide, mais les tireurs d'élite rebelles détruisent ses artilleurs. C'est une folie de rester, et la force se retire hors de portée de la mousqueterie rebelle ; mais ils ne sont pas découragés. Ils ont à peine commencé à se battre.

Les tireurs d'élite du colonel Birges sont appelés. Ils descendent à travers les buissons et se faufilent devant les lignes rebelles. Des jets de flammes et des guirlandes de fumée bleue sortent de leurs fusils. Les piquets rebelles sont repoussés. Les tireurs d'élite se rapprochent encore davantage des tranchées. Les buissons flambent. De mystérieuses bouffées de fumée sortent des creux, des souches et des racines des arbres. Les artilleurs rebelles sont obligés de laisser leurs canons silencieux, et l'infanterie n'ose pas montrer la tête au-dessus des parapets. Ils sont proches. Un soldat rebelle lève son chapeau tombant sur sa baguette. Les hommes de Birges le voient, juste au-dessus du parapet. Sifflement! Le chapeau disparaît. Les rebelles rient en disant qu'ils ont déjoué les Yankees.

"Pourquoi ne sors-tu pas de ton ancien fort ?" crie un tireur d'élite, couché tout près derrière un arbre.

"Pourquoi n'entres-tu pas?" est la réponse des parapets.

"Oh, vous êtes des lâches !" dit la voix au moignon.

« Quand vas-tu prendre le fort ? » est la réponse du parapet.

La canonnade dura jusqu'à la nuit. L'armée de l'Union n'avait rien gagné, mais beaucoup avait été perdu. Il y avait des dizaines d'hommes étendus dans les fourrés, là où ils étaient tombés. Il y en avait des centaines dans les hôpitaux. Les canonnières et les renforts attendus n'étaient pas arrivés. Les rebelles étaient plusieurs milliers plus nombreux que les forces du général Grant, mais heureusement, ils ne le savaient pas. Les provisions du général Grant étaient presque épuisées. Il n'y avait pas de viande, rien que du pain dur. Le vent du sud du matin avait tourné à l'est. C'était doux à l'époque, mais perçant maintenant. Le ciel, si doré à l'aube, était sombre et bas, avec des nuages venant de l'est. La pluie commença à tomber. Les routes étaient boueuses, les feuilles mortes glissantes. Les hommes avaient jeté leurs pardessus et leurs couvertures. Ils n'avaient ni abri, ni protection. Ils étaient fatigués et épuisés par le concours. Ils avaient froid, étaient mouillés et affamés. La pluie s'est intensifiée. Le vent soufflait plus furieusement. Il gémissait à travers la forêt. La pluie s'est transformée en grêle. Les hommes se couchaient sur des lits gelés et étaient recouverts de draps glacés. Il faisait plus froid. La grêle s'est transformée en neige. Le vent s'est transformé en rafale et a transformé la neige en congères. Les soldats se recroquevillèrent derrière les souches et les arbres tombés. Ils allumèrent de grands feux. Ils marchaient, couraient, tapaient du pied sur le sol gelé, se frappaient les doigts jusqu'à ce que le sang semble couler de dessous les ongles. Le thermomètre est tombé presque à zéro. Ce fut une nuit d'horreur, non seulement à l'extérieur mais aussi à l'intérieur des lignes rebelles. Les soldats du Sud étaient gardés dans les retranchements, dans les fosses à fusils et dans les fossés, pour être prêts à repousser un assaut. Ils ne pouvaient pas entretenir de grands feux rugissants, de peur de provoquer une attaque nocturne. Pendant de longues heures, les soldats des deux armées gardèrent leurs positions, exposés à la fureur de la tempête hivernale, non seulement la tempête la plus violente de la saison, mais la plus sauvage et la plus froide qu'on ait connue depuis de nombreuses années dans cette partie du pays.

VENDREDI.

Vendredi matin se leva et, aux premiers rayons de lumière, les fusils craquèrent dans l'air glacial. Les tireurs d'élite, bien qu'ayant passé une nuit blanche, étaient restés à leur place derrière les rochers, les souches et les arbres. Aucune des deux armées n'était prête à reprendre la lutte. Le général Grant était à court de provisions. Les transports, avec ravitaillements et renforts, n'étaient pas arrivés. Une seule canonnière, la Carondelet, était venue.

C'était une heure critique. Et si les rebelles, avec leur force supérieure, sortaient de leurs retranchements et lançaient une attaque ? Combien de temps les hommes à moitié gelés, épuisés et affamés pourraient-ils tenir bon ? Où étaient les canonnières ? Où sont les transports ? Où sont les renforts ? Aucune colonne de fumée sombre ne s'élevait au-dessus des arbres forestiers, indiquant l'approche de la flotte en retard.

Le général Grant devint inquiet. Des ordres furent envoyés au général Wallace au fort Henry pour qu'il se dépêche d'arriver avec ses troupes. Il n'était pas question d'abandonner l'entreprise.

« Nous sommes venus ici pour prendre le fort et nous avons l'intention de le faire », a déclaré le colonel Oglesby.

Un courrier est arrivé en courant à travers les bois. Il était de garde à trois milles en aval de la rivière, à la recherche des canonnières. Il avait aperçu au loin un épais nuage de fumée noire et partit avec cette information bienvenue. Ils arrivaient. Le Carondelet, qui gisait tranquillement dans le ruisseau en contrebas du fort, fonça à contre-courant et lança un obus vers les rebelles. Le profond boom de la Columbiad résonna sur les collines du Tennessee. Les troupes répondirent par des acclamations venant des profondeurs de la forêt. Ils pouvaient voir les banderoles noires de fumée qui s'échappaient du paquebot. Ils sont devenus légers. Les blessés gisant dans les hôpitaux, raides, endoloris, mutilés, les blessures déshabillées, glacées, gelées, couvertes de glace et de neige, oubliaient leurs souffrances. Le feu du patriotisme brûlait donc dans leurs cœurs, et ne pouvait être éteint par des souffrances pires que la mort elle-même.

Les provisions, les troupes et l'artillerie furent débarquées dans une ferme, à trois milles en contrebas du fort. Une route fut tracée à travers les bois et la communication établie avec l'armée.

Une division fut organisée sous le commandement du général Lewis Wallace. Le colonel Cruft commandait la première brigade, composée des trente et unième et quarante-quatrième régiments d'Indiana, des dix-septième et vingt-cinquième régiments du Kentucky.

La deuxième brigade était composée des quarante-sixième, cinquante-septième et cinquante-huitième régiments de l'Illinois. Elle n'avait pas de commandant de brigade et était unie à la troisième brigade, commandée par le colonel Thayer. La troisième brigade était composée des régiments First Nebraska, Seizième, Cinquante-Huitième et Soixante-huitième Ohio. Plusieurs autres régiments arrivèrent pendant que le combat se poursuivait, mais ils étaient tenus en réserve et ne participèrent que peu ou pas à l'action.

La division Wallace était placée entre celle du général Smith et celle du général McClernand, près du quartier général du général Grant, sur la route menant du fort Henry à Douvres. Il fallut toute la journée pour mettre les troupes en position et distribuer de la nourriture et des munitions, et il n'y eut aucun combat sauf entre les tirailleurs et les tireurs d'élite.

A trois heures de l'après-midi, les canonnières remontaient lentement le courant pour attaquer les batteries à eau. Le commodore Foote a répété aux commandants et aux équipages les instructions qu'il avait données avant l'attaque du fort Henry : tirer lentement, viser délibérément et garder son sang-froid.

Les bateaux blindés Pittsburg, Saint-Louis, Louisville et Carondelet étaient en tête, suivis des trois bateaux en bois, les Tyler, Lexington et Conestoga. Un coude de la rivière exposait les flancs des canonnières à un tir ratissant des batteries, tandis que le commodore Foote ne pouvait utiliser que les canons à arc en réponse. Le fort sur la colline était si haut au-dessus des bateaux que les bouches des canons ne pouvaient pas être suffisamment élevées pour l'atteindre. Le commodore Foote ordonna aux bateaux d'engager les batteries à eau et de ne prêter aucune attention aux canons du fort jusqu'à ce que les batteries soient réduites au silence ; puis il les dépassait et déversait des bordées dans le fort.

Dès que les canonnières ont contourné la pointe de terre à un mille et demi en aval du fort, les rebelles ont ouvert le feu et les bateaux ont répondu. Il y avait un excellent tir. Les boulets du fort et des batteries tombaient sur la proue des bateaux ou ratissaient leurs flancs ; tandis que les obus des bateaux tombaient à pleins poumons dans les batteries, coupant les talus, ou s'enfonçant profondément dans le flanc de la colline et éclatant avec de terribles explosions, jetant la terre sur les artilleurs dans les tranchées. Les bateaux avançaient régulièrement, déversant tous leurs obus dans les ouvrages inférieurs. C'était une tempête continue, un roulement de tonnerre ininterrompu. Il y avait des explosions constantes dans les tranchées rebelles. L'air était rempli de morceaux de fer provenant des obus explosifs et de mottes de terre gelée projetées par la balle solide. Les rebelles s'enfuirent dans la confusion de la batterie de quatre canons, gravissant la colline jusqu'aux retranchements au-dessus.

Le combat avait duré une heure, et les bateaux étaient à cinq cents pieds des batteries ; Encore quinze minutes, et le commodore serait à leur hauteur et les ratisserait de bas en haut avec ses énormes bordées. Mais il avait atteint le coude de la rivière ; la batterie de huit canons pouvait le traverser transversalement, tandis que les canons situés au sommet de la colline pouvaient tirer des coups plongeants sur ses ponts. Les rebelles ont vu leur avantage et ont utilisé leurs armes de toutes leurs forces. Les bateaux étaient si proches que chaque tir rebelle atteignait sa cible. Un tir puissant coupe les chaînes du gouvernail du Carondelet et celui-ci devient ingérable. Les balles de trente-deux livres traversaient les flancs en chêne des bateaux comme on lance des pois à travers du papier mouillé. Un autre coup de feu a brisé la barre du Pittsburg, et ce bateau est également devenu ingérable. Un troisième coup de feu s'est écrasé sur la timonerie du St. Louis, tuant le pilote sur le coup. Le commodore se tenait à ses côtés et fut aspergé du sang du brave et malheureux homme. Le coup de feu a brisé la roue et renversé une poutre qui a blessé le commodore au pied. Il sauta sur le pont, boitait jusqu'à un autre appareil à gouverner et s'efforçait de ses propres mains de maintenir le navire en direction du courant ; mais cet appareil avait également été abattu. Soixante et un coups de feu avaient touché le St. Louis ; certains étaient passés de la proue à la poupe. Le Louisville avait reçu trente-cinq coups de feu. Vingt-six s'étaient écrasés dans et à travers le Carondelet. L'un de ses canons avait éclaté, tuant et blessant six membres de l'équipage. Le Pittsburg avait été frappé vingt et une fois. Tous, sauf le Louisville, des bateaux blindés, étaient ingérables. Au tout dernier moment, alors que les difficultés étaient presque surmontées, le commodore fut obligé de donner le signal de la retraite. Encore dix minutes, cinq cents pieds de plus, et les tranchées rebelles auraient été balayées de droite à gauche sur toute leur longueur. Lorsque les bateaux commencèrent à dériver sur le cours d'eau, ils fuyaient les tranchées, abandonnant leurs canons, pour échapper à la terrible tempête de raisins et de canisters dont ils savaient qu'ils allaient bientôt les submerger. Cinquante-quatre personnes ont été tuées et blessées lors de cette attaque.

La nuit, le commodore Foote était assis dans la cabine du St. Louis et écrivait une lettre à un ami. Sa blessure était douloureuse, mais il ne pensait pas à ses propres souffrances. Il demandait fréquemment comment se portaient les blessés et ordonnait aux chirurgiens de faire tout leur possible pour leur confort. Voici ce qu'il écrivait à son ami :

« Même si j'espère toujours pouvoir compter sur Celui qui contrôle toutes choses et dire de tout mon cœur : « Ce n'est pas à nous, mais à toi, ô Seigneur, qu'appartient la gloire », mais je me sens mal face au résultat de notre attaque sur Fort. Donelson. Voir tomber à mes côtés des officiers et des hommes courageux, qui disent qu'ils iront là où je les conduirai, cela me rend triste de les conduire à une mort presque certaine.

Ainsi s'est passé vendredi. Les canonnières ont été désactivées. Aucune impression n'avait été faite sur le fort. Le général Grant résolut de placer son armée en position sur les collines entourant le fort, d'ériger des retranchements et d'attendre que les canonnières puissent être réparées. Il y aurait alors une attaque combinée, par eau et par terre, qui, espérait-il, réduirait la place.

Vendredi soir, un conseil de guerre s'est tenu au quartier général du général Floyd, dans la ville. Le général Buckner, le général Johnson, le général Pillow, le colonel Baldwin, le colonel Wharton et d'autres commandants de brigades étaient présents. Le général Floyd se dit convaincu que le général Grant ne renouvellerait pas l'attaque tant que les canonnières ne seraient pas réparées et tant qu'il n'aurait pas reçu de renforts. Il pensait que toute la force disponible des troupes de l'Union serait acheminée en toute hâte par bateau à vapeur depuis Saint-Louis, Cincinnati et Le Caire ; et que lorsqu'ils arriveraient, une division remonterait la rivière vers Clarksville, au-dessus de Douvres, et que ceux qui se trouvaient dans le fort seraient affamés et forcés de se rendre sans bataille. C'était un raisonnement très bon et juste de la part du général Floyd, qui ne se souciait pas d'être fait prisonnier après avoir volé tant de biens publics. C'était exactement ce que le général Grant avait l'intention de faire. Il savait qu'en agissant ainsi, le fort serait obligé de se rendre et qu'il sauverait la vie de ses hommes.

Le général Floyd proposa d'attaquer le général Grant à l'aube samedi matin, en jetant la moitié de l'armée rebelle, sous Pillow et Johnson, sur la division McClernand. En lançant alors l'attaque avec une force écrasante, il était presque sûr de pouvoir repousser McClernand sur le général Wallace. Le général Buckner, avec l'autre moitié de l'armée, devait en même temps sortir de l'angle nord-ouest du fort, attaquer le général Wallace et le forcer à reculer sur le général McClernand, ce qui jetterait la confusion dans les troupes de l'Union. En adoptant ce plan, il espérait remporter une victoire, ou à défaut, ouvrir une voie de fuite à toute l'armée. Le plan fut accepté par les autres officiers et les préparatifs furent faits pour l'attaque. Les soldats ont reçu des rations supplémentaires et une grande quantité de munitions. Les caissons de l'artillerie furent remplis et les régiments mis en position pour se mettre en mouvement de bon matin.

SAMEDI.

Le général BR Johnson dirigeait la colonne rebelle et la brigade du colonel Baldwin l'avancée. Il était composé des premier et quatorzième régiments du Mississippi et du vingt-sixième régiments du Tennessee. La brigade suivante était celle du colonel Wharton. Il était composé du cinquantième et du cinquante et unième Virginia. La brigade McCousland était composée des trente-sixième et cinquante-sixième Virginie ; La brigade de Davidson était composée du septième Texas, du huitième Kentucky et du troisième Mississippi ; La brigade du colonel Drake était composée du quatrième et du vingtième Mississippi, du bataillon de fusiliers de Garven, du quinzième Arkansas et d'un régiment du Tennessee. La brigade Hieman était composée des dixième, trentième et quarante-huitième Tennessee et du vingt-septième Alabama. Il y avait dans cette colonne une trentaine de pièces d'artillerie et douze mille hommes.

La brigade McArthur de la division McClernand était à l'extrême droite et à une courte distance en arrière d'Oglesby. Les rebelles ont emprunté la route Union Ferry, qui mène au sud-ouest en direction de Clarksville, ce qui les a amenés presque au sud d'Oglesby et de McArthur. Les régiments d'Oglesby se tenaient debout, le huitième Illinois à droite, puis les vingt-neuvième, trente et trente et unième, en comptant vers la gauche. La batterie de Schwartz était à droite et celle de Dresser à gauche. La brigade de Wallace fut formée avec le trente et unième Illinois à droite, près du régiment du flanc gauche d'Oglesby, puis les vingtième, quarante-huitième, quarante-cinquième, quarante-neuvième et dix-septième Illinois. La batterie de McAllister se trouvait entre la onzième et la vingtième, et celle de Taylor entre la dix-septième et la quarante-neuvième. La cavalerie du colonel Dickey était à l'arrière, ses chevaux piquetant dans les bois et mangeant du maïs. Au nord de la route de Fort Henry se trouvait la brigade du colonel Cruft de la division du général Lewis Wallace, le vingt-cinquième Kentucky ayant la droite, puis le trente et unième Indiana, le dix-septième Kentucky, le quarante-quatrième Indiana, avec la batterie de Wood.

Ce sont tous les régiments qui prirent part au terrible combat de samedi matin. Ils n'étaient pas préparés à l'assaut. Les soldats ne s'étaient pas levés de leur lit enneigé. Le réveil commençait à peine à sonner, lorsque le craquement aigu des fusils se fit entendre dans les fourrés à l'extrême droite. Puis l'artillerie ouvrit. Les hommes de Schwartz, Dresser, McAllister et Taylor sautèrent de leurs couvertures jusqu'à leurs fusils. Il faisait à peine assez clair pour voir l'ennemi. On ne distinguait que les éclairs des canons et les volutes de fumée à travers les branches des arbres ; mais ils visèrent les éclairs et envoyèrent leurs obus sur les colonnes qui avançaient.

Les batteries rebelles répondirent et le tumulte sauvage de cette terrible journée commença.

Au lieu de se déplacer vers l'ouest, directement sur le front d'Oglesby, McArthur et Wallace, la colonne rebelle sous Pillow a parcouru la route d'Union Ferry vers le sud sur un demi-mile, puis a tourné brusquement vers le nord-ouest. Vous voyez sur le diagramme ci-joint quelle était la position des troupes au début de la bataille. Il y a la brigade McArthur avec la batterie Schwartz, la brigade Oglesby avec la batterie Dresser, la brigade Wallace avec les batteries McAllister et Taylor, toutes tournées vers la ville. De l'autre côté du ruisseau, du côté nord du ravin, se trouve la brigade Cruft. Vous voyez les brigades Pillow tourner sur McArthur et Oglesby, et de l'autre côté de la route de Fort Henry, descendant des parapets, se trouvent les brigades du général Buckner.

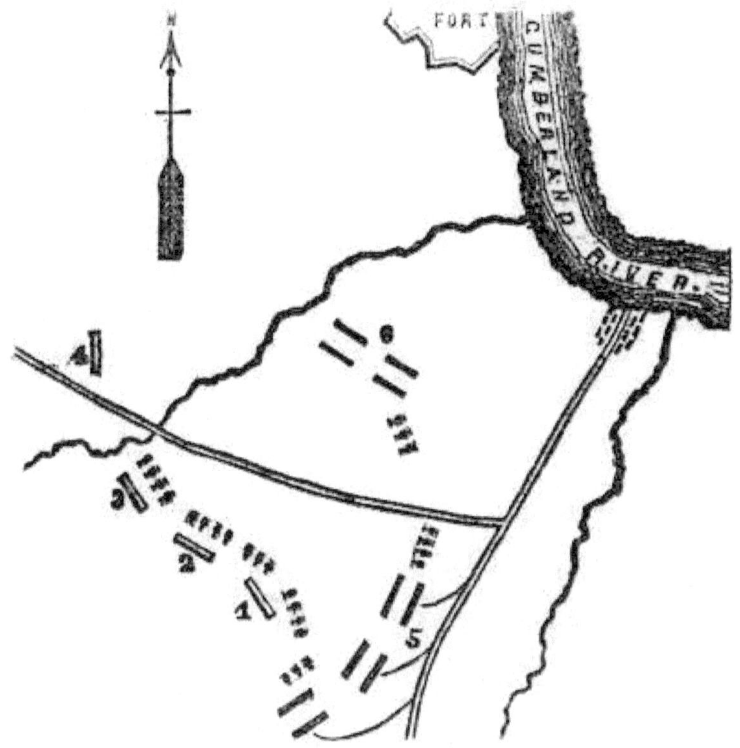

L'attaque de McClernand.

1 La brigade McArthur.

2 La brigade d'Oglesby.

3 Brigade de la WHL Wallace.

4 La brigade Cruft.

5 Divisions d'oreiller.

6 Les divisions de Buckner.

Schwartz, Dresser et McAllister dirigent leurs armes vers la colonne de Pillow. Les rebelles ouvrent avec une volée de mousqueterie. Le feu est dirigé vers les huitième et vingt-neuvième régiments d'Illinois, qui, vous vous en souvenez, se trouvent à droite de la brigade Oglesby. Les hommes ont froid. Ils sont sortis de leur lit de glace pour prendre place dans les rangs. Ils disposent de peu de munitions et ne sont pas préparés à l'assaut, mais ils ne sont pas les hommes qui courent au premier coup de feu. La mousqueterie rebelle commence à éclaircir ses rangs, mais elle ne bronche pas. Ils envoient leurs volées face à l'ennemi.

Une autre brigade rebelle arrive et tire sur les trenteième et trente et unième Illinois, les deux régiments à gauche de la brigade Oglesby. Le colonel John A. Logan commande le trente et unième. Il a déclaré aux conspirateurs sudistes du Congrès, alors qu'ils étaient sur le point de se séparer de l'Union, que les hommes du Nord-Ouest se frayeraient un chemin jusqu'au golfe du Mexique avec leurs épées s'ils tentaient de fermer le Mississippi. Il n'est pas disposé à céder son terrain. Il encourage ses hommes, et ceux-ci restent immobiles devant les brigades rebelles. Au lieu de reculer, il lance son régiment vers les rebelles et les affronte.

Mais pendant ce temps, la cavalerie rebelle s'est déplacée vers l'arrière de McArthur. Ils dévalent un ravin, à travers les buissons, par-dessus les arbres tombés, et chargent en haut de la colline sur les neuvième et dix-huitième régiments de la brigade McArthur. Ils sont renvoyés dans la confusion, mais l'attaque a été si violente et la charge si loin en arrière, que McArthur est obligé de se replier et de former une nouvelle ligne. Les rebelles ont commencé à ouvrir la porte que le général Grant leur avait fermée. Les brigades devant Oglesby déversent des salves meurtrières sur les 8e et 29e. Le repli de McArthur pour faire face à l'attaque sur ses derrières a permis à l'ennemi de venir derrière ces régiments, et eux aussi sont contraints de se replier.

Les rebelles devant sont ravis. Ils se rapprochent et longent un ravin abrité par une crête de terre. Ils chargent leurs mousquets, se précipitent jusqu'au sommet de la colline, délivrent leur feu et reculent pour recharger ; mais aussi souvent qu'ils apparaissent, McAllister, Dresser et Taylor leur donnent du raisin et des canettes.

Les Onzième et Vingtième Illinois, à droite de la brigade Wallace, se joignent au conflit, soutenant le courageux Logan. Le colonel Wallace fait pivoter les quarante-huitième, quarante-cinquième et la moitié du quarante-neuvième round vers les brigades Pillow, laissant l'autre moitié des quarante-neuvième et dix-septième tenir la ligne vers la route de Fort Henry. Si vous étudiez attentivement le schéma, vous verrez que cette manœuvre était un changement de front. Au début, la ligne de bataille faisait face au nord-est, mais maintenant elle fait face au sud.

Il y a une crête entre la brigade Wallace et les rebelles. Chaque fois que les rebelles avancent vers la crête, Taylor et McAllister avec l'infanterie les repoussent. C'est une lutte obstinée et sanglante. La neige devient pourpre. Il y a des mares de sang coagulé là où les braves se couchent à terre. Il y a des charges à la baïonnette, de féroces combats au corps à corps. Les rebelles se précipitent sur les canons de McAllister, mais sont refoulés. Les lignes vont et viennent comme les vagues de la mer. Les mourants et les morts sont foulés aux pieds des armées rivales.

Wallace entend un feu violent dans ses arrières. Les rebelles ont poussé une fois de plus vers l'ouest et reviennent sur le flanc droit de la nouvelle ligne de bataille. McClernand voit qu'il lutte contre un nombre écrasant et il envoie en toute hâte un messager au général Lewis Wallace, qui envoie la brigade de Cruft à son aide. La brigade emprunte la route en courant. Les soldats crient et hourra. Ils passent derrière la batterie de Taylor et poussent vers la droite pour aider Oglesby et McArthur.

Les rebelles ont dirigé ces brigades. Les hommes se précipitent vers l'arrière avec des histoires lugubres. Certains d'entre eux se précipitent dans la brigade de Cruft. Cruft rencontre face à face les rebelles qui avancent. Le vacarme de la bataille s'est apaisé un instant, mais il roule à nouveau plus fort qu'auparavant. Les rebelles se précipitent, mais c'est comme le fracas des vagues contre un rocher. Les hommes de Cruft restent impassibles, bien que les rebelles avancent jusqu'à être à moins de vingt pieds de la ligne. Il y a des volées assourdissantes. La fumée des lignes opposées devient un seul nuage. Les Rebelles sont tenus en échec à droite par leur fermeté et leur endurance.

Mais juste à ce moment les brigades du général Buckner sortent de leurs retranchements. Ils passent devant leurs postes de tir au pied de la colline et descendent rapidement vers la route de Douvres. Le colonel Wallace les voit. Dans quelques minutes, ils déverseront leurs volées dans le dos de ses hommes. Vous vous souvenez que le dix-septième et une partie du quarante-neuvième régiment d'Illinois étaient restés debout près de la route. Vous entendez maintenant parler de leurs mousquets. Ils tiennent bon et affrontent vaillamment l'attaque. Deux canons de la batterie de Taylor, qui tonnaient vers le sud, tournent vers le nord-est et balayent les rebelles à coups de raisin et de mitraille.

Les trois quarts de l'armée rebelle font pression sur la division de McClernand. Ses troupes disparaissent. Des centaines de personnes sont tuées et blessées. Les hommes qui transportent les blessés en arrière ne reviennent pas. Les rebelles voient leur avantage et chargent sur les batteries de Schwartz et McAllister, mais sont repoussés. Renforcés de nouveaux régiments, ils se précipitent à nouveau. Ils fusillent les artilleurs et les chevaux et s'emparent du canon. La lutte est acharnée mais inégale. Les hommes d'Oglesby sont maîtrisés, la ligne cède. Les rebelles continuent en criant et s'emparent de plusieurs armes de Schwartz et McAllister. Les artilleurs combattent avec détermination pendant un moment, mais ils sont peu nombreux contre plusieurs et sont fusillés ou faits prisonniers. Un régiment du Mississippi tente de capturer les armes de Taylor, mais il les repousse avec du raisin et des cartouches.

Jusqu'à présent, Wallace n'a pas cédé d'un pouce. Deux des régiments d'Oglesby à côté de sa brigade tiennent toujours bon, mais tous ceux qui se tenaient au-delà sont en pleine retraite. Les rebelles ont éliminé une vingtaine d'officiers courageux sous le commandement d'Oglesby : les colonels Logan, Lawler et Ransom sont blessés. Le lieutenant-colonel White du trente et unième, le lieutenant-colonel Smith du quarante-huitième, le lieutenant-colonel Irvin du vingtième et le major Post du huitième sont tués. Les hommes de la brigade Oglesby, même s'ils ont perdu un grand nombre de leurs chefs, ne sont pas pris de panique. Ils sont pour le moment maîtrisés. Certains régiments sont à court de munitions. Ils savent que des renforts sont à portée de main et ils se replient en ordre.

Pour comprendre la position de Wallace à ce stade de la bataille, imaginez que vous vous tenez face au sud combattant un puissant antagoniste, qu'un deuxième tout aussi puissant arrive sur votre main droite et qu'un troisième donne de violents coups sur votre gauche. épaule, presque dans le dos. Pillow, avec la moitié de ses brigades, est en avant, Johnson, avec l'autre moitié du commandement de Pillow, arrive sur la droite, et Buckner, avec toutes ses brigades, descend sur la gauche.

Wallace comprend qu'il doit battre en retraite. Les onzième et trente et unième régiments, Ransom et Logan, combattent toujours à la droite de Wallace. Il y a un grand massacre dans leurs rangs, mais ils ne fuient pas. Ils changent d'avant et avancent de quelques bâtons vers l'arrière, s'alignent et tirent une volée sur les rebelles qui avancent. La cavalerie de Forest se précipite sur eux et coupe quelques prisonniers, mais la ligne n'est que meurtrie, pas brisée. Ainsi chargeant et tirant, contestant tout le terrain, les troupes descendent la colline, traversent le ruisseau clair et remontent la colline de l'autre côté.

Mais il y a des hommes effrayés qui jettent leurs fusils et se précipitent sauvagement vers l'arrière. Un officier se précipite sur la route en criant : « Nous sommes coupés en morceaux ! La journée est perdue !

« Ferme ta tête, espèce de canaille ! » crie le général Wallace.

Cela a eu un effet sur ses troupes. Ils sont nerveux et regardent autour d'eux, s'attendant à voir un ennemi en nombre écrasant. Le général Wallace voit qu'il y a eu un désastre. Il n'attend pas les ordres pour marcher.

« Troisième brigade, par le flanc droit, doublement rapide, en avant, marche ! Le colonel Thayer commandant la brigade réitère l'ordre. Les hommes se mettent à courir vers le front le long de la route. Le général Wallace galope en avant et rencontre le colonel Wallace qui conduit sa brigade vers l'arrière.

« Nous sommes à court de munitions. L'ennemi les suit. Si vous mettez vos troupes en ligne jusqu'à ce que nous puissions remplir nos gibernes, nous les arrêterons. Il le dit si froidement et délibérément que cela étonne le général Wallace. Cela le rassure. Il estime que c'est un moment critique, mais avec des hommes qui prennent leur retraite si délibérément, il n'y a aucune raison de se décourager.

Il conduit la brigade de Thayer jusqu'au sommet de la colline, juste à l'endroit où la route commence à descendre dans le ravin, à travers lequel gargouille le ruisseau clair.

« Faites monter la compagnie A, Chicago Light Artillery ! » crie-t-il au secours. Quelques instants, et le capitaine Wood, qui commande la batterie, la conduit sur la route. Les chevaux sont au galop. Les équipiers les fouettent avec leurs fouets. Ils sautent par-dessus des rondins, des pierres, des souches et à travers les buissons. Ils s'arrêtent au sommet de la colline.

« Placez vos fusils ici, deux pièces sur la route, et deux de chaque côté, et chargez du raisin et des cartouches. »

Les hommes se mobilisent. Ils se débarrassent de leurs manteaux et travaillent en manches de chemise. Ils ramènent les cartouches et se tiennent à côté de leurs pièces, attendant l'ennemi.

La batterie est orientée vers le sud-est. A droite de la batterie, à côté, se trouve le Premier Nebraska, et au-delà le Cinquante-huitième Illinois. À gauche de la batterie se trouve la compagnie du trente-deuxième Illinois du capitaine Davison, et au-delà, la cinquante-huitième Ohio. Quelques tiges à l'arrière se trouvent le soixante-seizième Ohio et les quarante-sixième et cinquante-septième Illinois.

McArthur, Oglesby, Wallace et Cruft se sont tous repliés, et leurs régiments se reforment dans les bois à l'ouest de la position de Thayer et remplissent leurs gibernes.

Les rebelles s'arrêtent un moment sur le terrain d'où ils ont chassé McClernand, fouillant les poches des morts et volant les blessés. Général Oreiller se sent très bien. Il écrit une dépêche qui est télégraphiée à Nashville :

"En l'honneur d'un soldat, ce jour est à nous !"

Buckner unit ses brigades à celles de Pillow et elles se préparent à une seconde avance. Cela donne au général Wallace le temps de perfectionner sa ligne. La batterie Willard, laissée au fort Henry, vient d'arriver. Il galope en position dans les bois à l'ouest de la brigade Thayer. Dresser et Taylor entrent également en position. Ils sont prêts.

Les rebelles descendent la colline du côté est du ruisseau et remontent la route. Ils sont remplis de succès et sont confiants de vaincre le général Grant. Le général Floyd a changé d'avis ; au lieu de s'enfuir, comme il peut le faire par la route qui mène à Nashville, il croit mettre en déroute l'armée du général Grant.

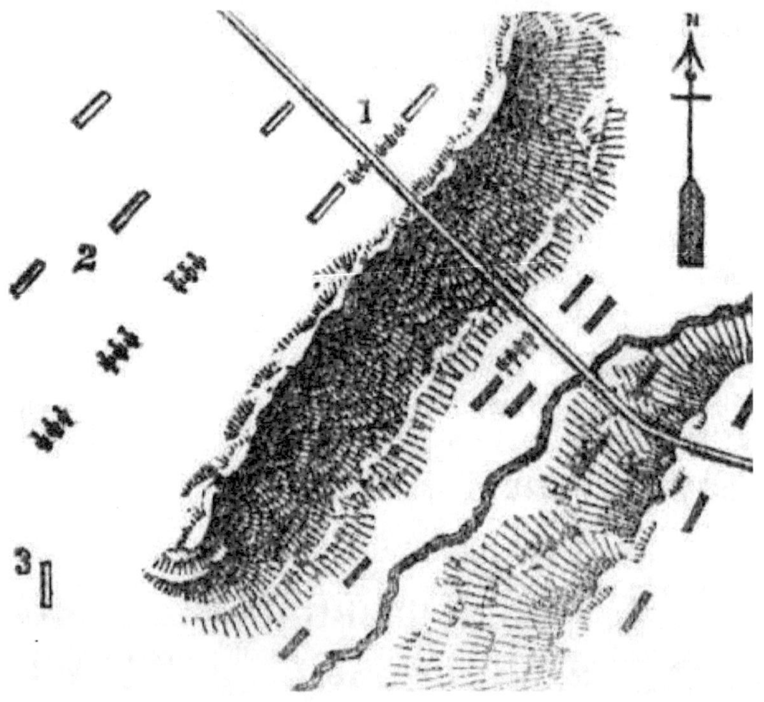

Le deuxième engagement.

1 La brigade Thayer avec la batterie Wood. 3 La brigade Cruft.

2 Les brigades McClernand.   4 Rebelles.

Les colonnes qui avancent traversent le ruisseau et commencent à gravir la colline. L'artillerie ouvre le feu. Les batteries rebelles répondent. L'infanterie lance ses volées. La colline et le creux sont enveloppés de nuages de fumée. Les batteries de Wood, Dresser, Willard et Taylor s'ouvrent, vingt-quatre canons envoient leurs raisins et leurs cartouches, leurs éclats et leurs obus dans les rangs gris qui tentent vainement d'atteindre le sommet de la colline. Les rebelles concentrent leurs tirs sur la batterie de Wood et sur le First Nebraska, mais ces courageux pionniers venus d'au-delà du Missouri, dont certains sont des chasseurs des montagnes Rocheuses, ne peuvent être repoussés. Les rebelles tirent trop haut. L'air est rempli du hurlement de leurs balles, et une violente tempête balaye la tête des hommes du Nebraska, qui ne perdent que dix hommes tués et blessés dans cette terrible lutte. Les hommes du Nebraska sont de vieux chasseurs et ne tirent pas au hasard, mais visent délibérément.

Les rebelles marchent à mi-hauteur de la colline, puis se replient vers le ruisseau. Ils ont perdu courage. Leurs officiers rallient les lignes hésitantes. Ils avancent à nouveau, mais sont repoussés par la mousqueterie, les raisins et les cartouches.

Ils éclatent en désordre, et toutes les tentatives des officiers pour les rallier sont vaines. Le plan du général Floyd, qui a si bien fonctionné le matin, a échoué à midi. Le télégramme du général Pillow fut envoyé une demi-heure trop tôt. Les rebelles se retirent sur la colline et se servent des manteaux, des couvertures, du bœuf, du pain et d'autres choses du camp de McClernand.

Le général Grant était déterminé à attaquer les ouvrages ennemis. Il pensait que les fosses à fusils situées à l'angle nord-ouest du fort pourraient être emportées ; qu'alors il pourrait placer ses batteries si près que, sous leur feu, il pourrait pénétrer dans le fort. La division du général Smith n'avait pas été engagée dans les combats de la matinée. Ses troupes avaient entendu le rugissement du conflit et les acclamations de leurs camarades lorsque les rebelles avaient été repoussés.

Ils étaient prêts à passer à l'action. Ils étaient déterminés à entreprendre de grandes actions pour leur pays. Les rebelles avaient été repoussés et ils pouvaient désormais les vaincre.

Le général Grant ordonna au général Wallace d'avancer de sa position, de traverser le ruisseau, de repousser les rebelles, puis d'attaquer leurs ouvrages. Un grand corps de rebelles tenait toujours le terrain, d'où McClernand avait été chassé.

Le général Wallace place devant la brigade du colonel Morgan L. Smith. Il y eut une discorde entre le huitième Missouri et le onzième Indiana, car chacun voulait l'honneur de diriger l'assaut. Le Onzième céda au Huitième, étant entendu que lors du prochain assaut, il aurait l'avantage. Ainsi, avec une rivalité généreuse et un enthousiasme sans limite, ils se préparèrent à avancer.

Le Onzième suivit le Huitième. La brigade du colonel Cruft, avec deux régiments de l'Ohio sous les ordres du colonel Ross, complétait la colonne. Le colonel Cruft s'est formé en ligne de bataille à la droite du colonel Smith. Ils traversèrent le ruisseau. C'était un ravin sombre et sanglant. Les rebelles morts et blessés gisaient là, aussi épais que les feuilles desséchées de la forêt. La neige était pourpre. Le ruisseau n'était plus un ruisseau clair, mais rouge de sang.

Le général Wallace était conscient du caractère désespéré de l'entreprise. Il dit à ses hommes ce qu'ils devaient faire : chasser l'ennemi et prendre d'assaut les parapets.

"Hourra! c'est exactement ce que nous voulons faire. Avant! Avant! Nous sommes prêts!" furent leurs réponses. Ils pouvaient voir les lignes rebelles sur la colline. Les rebelles savaient qu'ils allaient être attaqués et étaient prêts à les recevoir.

Le colonel Smith remonta la route. Son point d'attaque était clair, mais celui de Cruft se trouvait à travers les broussailles et sur un sol pierreux. Une ligne de tirailleurs jaillit du huitième Missouri. Ils gravirent la colline en courant et se retrouvèrent face à face avec les tirailleurs rebelles.

Ils se battaient d'arbre en arbre, tirant, éliminant un adversaire, puis tombant au sol pour recharger.

Les régiments suivirent. Ils étaient à mi-hauteur de la colline lorsqu'une ligne de feu commença à contourner la crête.

"Vers le bas! vers le bas!" cria le colonel Smith. Les régiments tombèrent à plat et la tempête balaya leurs têtes sans danger. Les rebelles ont applaudi. Ils pensaient avoir anéanti le commandement du colonel Smith. Ils se levèrent et se précipitèrent sur l'ennemi, déversant leurs volées, tombant lorsque le combat était le plus chaud, se relevant dès que les rebelles eurent tiré. Ils se rapprochèrent ainsi de l'ennemi et le repoussèrent sur tout le terrain qu'il avait conquis le matin, le repoussant dans ses ouvrages.

Le général Wallace se préparait à attaquer les ouvrages, lorsqu'un officier se précipita sur la ligne avec de joyeuses nouvelles de succès sur la gauche.

Revenant maintenant à la division du général Smith, nous le voyons se préparer à prendre d'assaut les ouvrages près de l'angle nord-ouest du fort. La brigade du colonel Cook est chargée de faire semblant d'attaquer le fort. Le major Cavender met en position ses canons lourds et ouvre une furieuse canonnade, sous le couvert de laquelle le colonel Lauman doit s'avancer sur les fosses à fusils de la crête extérieure. S'il parvient à en prendre possession, Cavender pourra y placer ses armes et ratisser les tranchées intérieures.

La brigade du colonel Hanson, la deuxième Kentucky, la vingtième Mississippi et la trentième Tennessee, sont dans les stands de fusiliers. Il y a six pièces d'artillerie et une autre brigade derrière les retranchements intérieurs, toutes prêtes à déverser leur feu sur les colonnes qui avancent. Les hommes du colonel Hanson sont en sécurité derrière les troncs des grands chênes forestiers, leurs fusils enfoncés entre les rondins. Il y a quinze ou vingt perches jusqu'au bas de la pente, et là vous trouvez les arbres tombés, avec leurs branches entrelacées et leurs piquets pointus enfoncés dans le sol. Au-delà se trouve la prairie où Lauman forme sa brigade. Les Rebelles disposent d'un contrôle clair sur tout le terrain.

Le général Smith conduit les hommes de Lauman vers le pré, tandis que le colonel Cook remonte sur la gauche et lance l'attaque. Les soldats entendent, tout en bas à droite, les brigades de Wallace chassant l'ennemi de la colline.

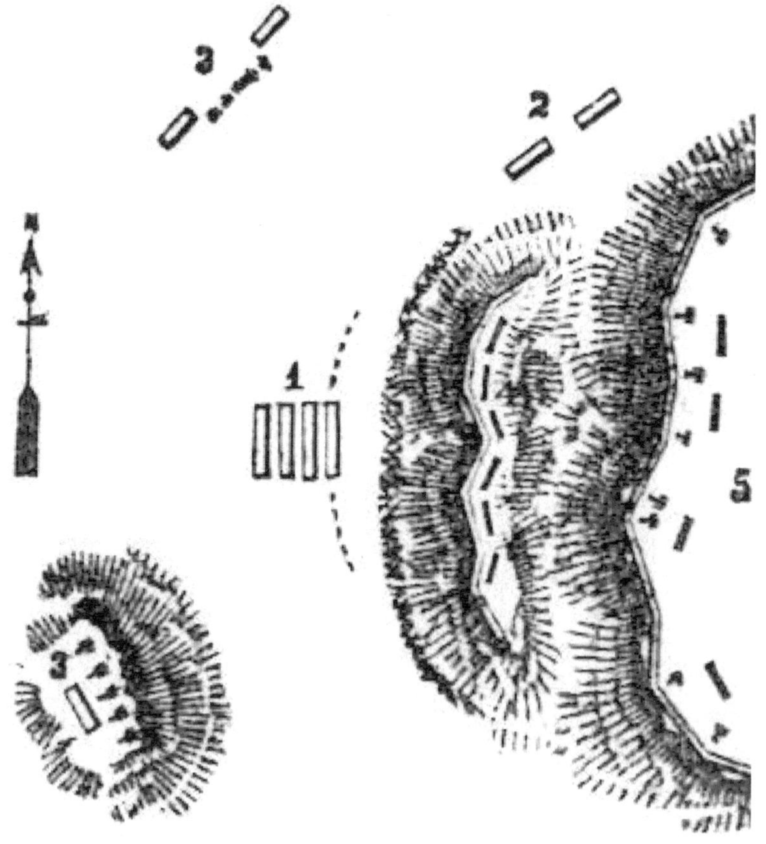

La charge de la brigade de Lauman.

1 Brigade de Lauman.

2 Brigade des cuisiniers.

3 Les batteries de Cavender, avec l'infanterie.

4 Fosses à fusils rebelles.

5 Œuvres intérieures rebelles.

C'est presque le coucher du soleil. Les rayons de lumière tombent de travers la prairie, sur le dos des hommes de Lauman et sur le visage des rebelles. La brigade qui avance est en colonne solide de régiments, le deuxième Iowa en tête, puis le vingt-cinquième Indiana, le septième et le quatorzième Iowa, quatre lignes fermes et inébranlables qui projettent leurs ombres en avant à mesure qu'elles avancent. Les tireurs d'élite de Birges, avec leurs fusils infaillibles, sont lancés sur chaque flanc.

La brigade s'arrête dans le pré. Le général Smith longe la ligne et les informe qu'ils doivent prendre les emplacements des fusils avec la baïonnette seule. Il est fermement assis sur son cheval et ses longs cheveux gris, tombant presque jusqu'à ses épaules, ondulent dans la brise du soir. C'est un homme de fer et il dirige des hommes de fer. Le canon rebelle les transperce d'un tir puissant, les obus éclatent au-dessus et autour d'eux, avec de fortes explosions et des cris terrifiants provenant des fragments volants, les hommes tombent des rangs ou sont projetés dans les airs, déchirés et mutilés. Il y a des écarts soudains, mais pas un homme ne bronche. Ils ne regardent pas vers l'arrière, mais vers l'avant. Il y a les arbres tombés, la colline, la ligne de deux mille mousquets suspendus entre les bûches, le canon qui tonne depuis les hauteurs au-delà. Il n'y a pas de chuchotements dans ces rangs solides, pas de paroles bruyantes, rien que le « Steady ! constant!" des officiers. Leurs cœurs battent à grands coups. Leurs nerfs sont en acier, leurs muscles en fer. Ils saisissent leurs fusils avec la poigne des tigres. Devant eux chevauche leur général, sa casquette sur son épée, ses longs cheveux flottant comme une bannière au vent. Le porte-drapeau, agitant les étoiles et les rayures, marche à ses côtés.

Ils traversent le pré. Tout autour d'eux, c'est le rugissement assourdissant du conflit. Cavender est derrière eux, Cook est à leur gauche, l'ennemi est devant et Wallace à leur droite. Ils atteignent les arbres tombés au pied de la colline. Le tas de bûches au-dessus d'eux s'enflamme. Une tempête meurtrière, plus terrible que la plus violente tempête hivernale, dévale la pente et leur arrive au visage. Il y a des éclairs et des éclairs venant de la colline au-dessus. Les hommes tombent de leur place, pour rester immobiles pour toujours parmi les branches enchevêtrées. Mais leurs camarades survivants ne faiblissent pas. Continuant, continuant, rampant, rampant, escaladant les obstacles, sans terreur, sans peur, avec toute l'énergie de la vie centrée dans un seul effort ; comme une tornade, ils remontent la pente, dans la ligne de feu, dans la tempête sifflante, jusqu'aux bûches, dans les nuages, sautant comme des tigres, enfonçant la baïonnette sur l'ennemi. Les Rebelles chancellent, chancellent, dégringolent, courent !

« HOURRA… H ! »

C'est un cri sauvage, prolongé et triomphant, comme le son d'une trompette. Ils plantent leurs bannières sur les ouvrages et tirent leurs salves sur l'ennemi en retraite. La batterie de Stone galope sur la prairie, sur les rondins, sur la colline, les chevaux sautant et plongeant comme s'ils savaient eux aussi que la victoire était en jeu. Les artilleurs bondissent de leurs sièges, font rouler leurs pièces et lancent leurs obus, en enfilade, dans les ouvrages supérieurs.

"Hourra! Hourra! Hourra!" traverse la forêt, jusqu'aux hommes de Wallace.

« Nous avons réalisé les travaux ! » "Nous sommes à l'intérieur!" crie un officier porteur de la bonne nouvelle.

Les hommes jettent leurs casquettes en l'air. Ils se serrent la main, crient et se mettent à chanter. Ils oublient toutes leurs épreuves et souffrances, les jours de faim, les nuits horribles, les blessés et les morts. Le succès vaut tous les sacrifices.

CHAPITRE VI.

LA CAPITULATION.

Toute la nuit, les hommes courageux tinrent le terrain qu'ils avaient si noblement conquis. Ils se reposaient sur des lits enneigés. Ils n'ont pas dîné. Ils ne pouvaient allumer aucun feu pour réchauffer l'air hivernal. Le canon au-dessus d'eux jetait des obus et envoyait des volées de raisins qui hurlaient au-dessus et autour d'eux comme des voix de démons dans l'obscurité. Les branches des arbres furent arrachées de leurs troncs par le tir solide, et les troncs furent brisés de haut en bas, mais ils ne faiblirent pas et ne se retirèrent pas de cette pente où la neige était cramoisie du sang de centaines de leurs camarades. . Près de quatre cents personnes étaient tombées lors de cette attaque. La colline avait coûté beaucoup de sang, mais elle en valait la peine et ils ne voulaient pas l'abandonner. Ils ont donc bravé la pluie plombée et la grêle de fer pendant les heures fatigantes de cette nuit d'hiver. Ils n'attendirent que le lever du jour pour prendre d'assaut les ouvrages intérieurs et prendre le fort. Leur ardeur et leur enthousiasme étaient sans limites.

Alors que le matin approchait, ils entendirent un clairon. Ils regardèrent à travers l'étroit ravin et aperçurent, dans la faible lumière de l'aube, un homme agitant un drapeau blanc sur les retranchements. C'était le signe d'un pourparler. Il sauta du talus et descendit la colline.

"Arrêt! Qui vient là ? » a crié le piquet.

"Drapeau de trêve avec une lettre pour le général Grant."

Un officier prit la lettre et dévala la pente, à travers la prairie, jusqu'à la maison de la route de Douvres, où le général Grant avait son quartier général.

Dans la nuit, il y avait eu un conseil de guerre au quartier général du général Floyd. Presque tous les officiers rebelles commandant les brigades et les régiments étaient là. Ils étaient découragés. Ils s'étaient battus courageusement, avaient remporté une victoire, comme ils le pensaient, mais l'avaient perdue. Un officier rebelle qui était là m'a raconté ce qu'ils avaient dit. Le général Floyd et le général Pillow ont reproché au général Buckner de ne pas avoir avancé plus tôt dans la matinée et d'avoir lancé ce qu'ils considéraient comme une faible attaque. Ils auraient pu s'échapper après avoir conduit McClernand à travers le ruisseau, mais maintenant ils étaient encerclés. La perspective était sombre. Les troupes étaient épuisées par le long conflit, par la surveillance constante et par le froid. Quelles nuits amères ce furent pour les hommes venus du Texas, de l'Alabama et du Mississippi, où les roses fleurissent et les oiseaux bleus chantent pendant tout l'hiver.

Qu'est-ce qui devrait être fait? Devraient-ils lancer une nouvelle attaque et se frayer un chemin vers la sortie, ou devraient-ils se rendre ?

« Je ne peux pas tenir ma position une demi-heure. Les Yankees peuvent tourner mon flanc ou avancer directement sur les parapets », a déclaré le général Buckner.

« Si vous aviez avancé à l'heure convenue et lancé une attaque plus vigoureuse, nous aurions mis l'ennemi en déroute », a déclaré le général Floyd.

« J'ai avancé dès que j'ai pu et mes troupes ont combattu avec autant de courage que les autres », fut la réponse du général Buckner, un homme d'âge moyen et de taille moyenne. Ses cheveux sont gris fer. Il a de fines moustaches et une moustache, et porte un pardessus gris kersey, avec une grande cape et des dentelles dorées sur les manches, et un chapeau noir avec une plume noire hochant la tête.

« Eh bien, nous y sommes, et il est inutile de renouveler l'attaque avec un espoir de succès. Les hommes sont épuisés », dit le général Floyd, un homme gros et lourd, avec des lèvres épaisses, un gros nez, de mauvais yeux et des traits grossiers.

« Nous pouvons nous frayer un chemin », dit le major Brown, commandant le vingtième Mississippi, un homme grand, aux cheveux noirs, impétueux et fougueux.

"Certains d'entre nous pourraient s'échapper de cette façon, mais cette tentative entraînerait un grand massacre", a répondu le général Floyd.

« Mes troupes sont tellement épuisées, découpées en morceaux et démoralisées que je ne peux pas participer à un autre combat », a déclaré Buckner.

«Mes troupes se battront jusqu'à la mort», répondit le major Brown en serrant les dents.

"Il en coûtera au commandement les trois quarts de son effectif actuel pour se frayer un chemin, et ce serait une erreur de sacrifier les trois quarts d'un commandement pour sauver l'autre quart", a poursuivi Buckner.

« Aucun officier n'a le droit de provoquer un tel sacrifice », a déclaré le major Gilmer, de l'état-major du général Pillow.

"Mais nous pouvons tenir encore un jour, et d'ici là, nous pourrons faire venir des bateaux à vapeur pour nous faire traverser la rivière", a déclaré le général Pillow.

"Non, je ne peux pas tenir ma position une demi-heure, et les Yankees reprendront l'attaque au lever du jour", répondit Buckner.

"Alors nous devons nous rendre, à ce que je vois", a déclaré un officier.

"Je n'abandonnerai pas le commandement et je ne serai pas non plus fait prisonnier", a déclaré Floyd. Il se souvenait sans doute de la façon dont il avait volé des biens publics, alors qu'il était au pouvoir sous Buchanan, et préférait mourir plutôt que de tomber entre les mains de ceux dont il savait qu'ils seraient susceptibles de lui faire rendre compte de sa méchanceté.

« Je n'ai pas l'intention d'être fait prisonnier », a déclaré Pillow.

« Que ferez-vous, messieurs ? » demanda Buckner.

« J'ai l'intention de m'enfuir et d'emmener ma brigade de Virginie avec moi, si je le peux. Je remettrai le commandement au général Pillow. J'ai le droit de m'échapper si je le peux, mais je n'ai pas le droit d'ordonner à toute l'armée de mener un combat désespéré », a déclaré Floyd.

"Si vous me le remettez, je le remettrai au général Buckner", a déclaré le général Pillow, qui était également disposé à se soustraire à ses responsabilités et à abandonner les hommes qu'il avait incités à voter pour faire sécession de l'Union et prendre les armes contre leur pays.

« Si le commandement me parvient, je considérerai qu'il est de mon devoir de le rendre. Je n'appellerai pas les troupes à faire un sacrifice inutile de vie, et je n'abandonnerai pas les hommes qui ont combattu si noblement », répondit Buckner avec une amertume qui fit grimacer Floyd et Pillow.

Il était minuit passé. Le conseil s'est dissous. Les officiers de la brigade et du régiment furent étonnés du résultat. Certains d'entre eux se sont mis à insulter et à injurier horriblement Floyd et Pillow.

"C'est méchant!" «C'est lâche!» "Floyd a toujours été un coquin."

« Nous sommes trahis ! » « Il y a une trahison ! » dirent-ils.

« C'est une vilaine astuce de la part d'un officier que d'abandonner ses hommes. Si mes troupes doivent se rendre, je resterai à leurs côtés », a déclaré le major Brown.

"Je dénonce Pillow comme un lâche, et si jamais je le rencontre, je lui tirerai dessus aussi vite que je le ferais avec un chien", a déclaré le major McLain, rouge de rage.

Floyd a laissé entendre qu'il allait rejoindre le colonel Forrest, qui commandait la cavalerie, et ainsi se frayer un chemin ; mais il y avait deux ou trois petits bateaux à vapeur au débarcadère de Douvres. Lui et le général Pillow sautèrent à bord de l'un d'eux, puis embarquèrent secrètement une partie de la brigade de Virginie. D'autres militaires ont vu ce qui se passait, qu'ils étaient abandonnés. Ils devinrent frénétiques de terreur et de rage. Ils se précipitèrent à bord, encombrant toutes les parties du bateau.

"Lâchez-vous!" cria Floyd au capitaine. Les bateaux se sont lancés dans le ruisseau et ont remonté la rivière, laissant des milliers de soldats furieux sur le débarcadère. Ainsi, l'homme qui avait volé les biens publics et qui a fait tout ce qu'il pouvait pour déclencher la guerre, qui a poussé des milliers d'hommes pauvres et ignorants à prendre les armes, a déserté son poste, s'est enfui dans l'obscurité et les a laissés à leur destin.

Le général Buckner écrivit immédiatement une lettre au général Grant, demandant un armistice jusqu'à midi et la nomination de commissaires pour convenir des conditions selon lesquelles le fort et les prisonniers devraient être rendus.

« Aucune condition autre que la reddition inconditionnelle et immédiate ne peut être acceptée. Je propose de passer immédiatement à vos travaux », fut la réponse du général Grant.

Le général Buckner répondit qu'il trouvait cela très *peu chevaleresque* , mais qu'il acceptait les conditions. Il voulait dire qu'il ne trouvait pas très honorable de la part du général Grant d'exiger une reddition inconditionnelle. Il prétendait avoir un sens élevé de tout ce qui était noble, généreux, honorable et noble. Mais quelques jours auparavant, il avait tellement oublié ces qualités de caractère qu'il prit du bétail au révérend M. Wiggin de Rochester, Kentucky, une de ses anciennes connaissances, et le paya avec un chèque de trois cents dollars sur la Southern Bank. à Russelville. Lorsque le révérend M. Wiggin a appelé à la banque et lui a présenté le chèque, le caissier lui a dit que le général Buckner n'avait jamais eu d'argent en dépôt là-bas et que la banque ne lui devait pas un dollar ! Il a trompé et escroqué le ministre, et commis le délit de faux, qui l'aurait envoyé à la prison d'État en temps de paix.

Le matin se leva, dimanche matin, calme, clair et beau. Les nuits horribles étaient terminées et les journées glaciales étaient révolues. L'air était doux et il y avait une légère brise du sud qui amenait les oiseaux bleus. Les soldats ou les canons ne les dérangeaient pas, mais ils gazouillaient et chantaient dans les bois, toujours aussi joyeusement.

J'ai vu le drapeau blanc flotter sur les parapets. Les soldats et les marins l'ont vu et ont applaudi. Le général Grant avait transféré son quartier général sur le bateau à vapeur Oncle Sam, et, comme je me trouvais à bord de ce bateau, j'ai vu beaucoup de choses qui se passaient.

Les canonnières et tous les bateaux à vapeur, au nombre d'une cinquantaine, commencèrent à remonter le fleuve. D'épais nuages de fumée s'échappaient des hautes cheminées. Les grandes roues battaient le ruisseau scintillant. Des drapeaux flottaient sur tous les états-majors. L'armée commença sa marche vers le fort. Les groupes ont joué. Quelle grandeur le fracas des tambours et des trompettes ! Les soldats marchaient fièrement. Les colonnes serpentaient le long des collines, l'artillerie, l'infanterie, la cavalerie, avec toutes leurs bannières agitées, et le soleil brillant brillant et scintillant sur leurs baïonnettes ! Ils entrèrent dans le fort et plantèrent leurs étendards sur les talus. Les canonnières et l'artillerie de campagne tirèrent un grand salut. Des bateaux à vapeur, du flanc de la colline, du fort et de la forêt, des cris répondaient. Les blessés des hôpitaux oubliaient un instant qu'ils étaient déchirés et mutilés, se soulevaient sur leurs lits de paille et mêlaient leurs faibles acclamations à la réjouissance universelle !

Treize mille hommes, soixante-sept pièces d'artillerie et quinze mille armes légères furent rendus. Une foule hétéroclite, fatiguée, hagarde et anxieuse se tenait sur le palier. J'ai sauté à terre et j'ai parcouru les rangs. Certains étaient debout, d'autres allongés, ne prêtant aucune attention à ce qui se passait autour d'eux. C'étaient des prisonniers de guerre. Lorsqu'ils ont rejoint l'armée, ils n'imaginaient probablement pas qu'ils seraient faits prisonniers. Ils devaient être victorieux et capturer les Yankees. C'étaient des hommes pauvres et ignorants. Pas la moitié d'entre eux ne savait lire ou écrire. Ils avaient été trompés par leurs dirigeants, les propriétaires d'esclaves. Ils s'étaient battus vaillamment, mais ils avaient été vaincus et leurs généraux les avaient abandonnés. Pas étonnant qu'ils aient été déprimés.

Leurs vêtements étaient de toutes les couleurs. Certains portaient des vêtements gris, d'autres bleus, d'autres couleur noisette, un brun sale. Ils étaient très en lambeaux. Certains avaient de vieux édredons en guise de couvertures, d'autres des morceaux de moquette décolorés, d'autres encore des bandes de moquette neuve, qu'ils avaient récupérées dans les magasins. Certains avaient des casquettes, d'autres de vieux chapeaux de feutre affaissés, et d'autres encore n'avaient sur la tête que des chapeaux de paille.

« Nous nous sommes bien battus, mais vous étiez plus nombreux que nous », a déclaré l'un d'entre eux.

« Nous aurions dû vous battre comme ça, sans vos canonnières », dit un autre.

« Comment se fait-il que le général Floyd et le général Pillow se soient échappés et vous aient quitté ? J'ai demandé.

« Ce sont des traîtres. Je tuerais ces canailles, si j'en avais l'occasion, dit un type en manteau couleur tabac en serrant le poing.

« Je suis heureux que les combats soient terminés. Je ne veux pas voir un autre jour comme celui d'hier », a déclaré un habitant du Tennessee, allongé sur le sol.

« Que fera de nous le général Grant ? Va-t-il nous mettre en prison ? demanda l'un d'eux.

« Cela dépendra de la façon dont vous vous comportez. Si vous n'aviez pas pris les armes contre votre pays, vous n'auriez pas eu de problèmes aujourd'hui. »

« Nous n'avons pas pu nous en empêcher, monsieur. J'ai été forcé de m'enrôler dans l'armée et je suis content d'être prisonnier. Je n'aurai plus à me battre », dit un jeune homme aux yeux bleus, âgé d'à peine dix-huit ans.

Il y en avait qui étaient très maussades et aigris, et il y en avait d'autres qui ne se souciaient pas de ce qui leur arrivait.

J'ai gravi la colline jusqu'à la ville. Presque chaque maison était remplie de mourants et de morts. Les obus des canonnières s'étaient écrasés sur certains bâtiments. Les soldats avaient abattu les vergers et les arbres d'ombrage et brûlé les clôtures. Tout n'était que désolation. Il y avait des groupes tristes autour des feux de camp, le désespoir se lisant sur les visages. O combien d'entre eux pensaient à leurs amis lointains et souhaitaient pouvoir les revoir !

Le sol était jonché de leurs fusils, de leurs cartouchières, de leurs ceintures et de leurs sacs. Il y avait des sacs de blé, des tonneaux de sucre, des tonneaux de mélasse, des tierces de lard, brisés et foulés dans la boue.

J'entrai dans le fort et vis où les gros obus des canonnières avaient traversé les remblais. Il y avait des tas de cartouches à côté du canon. Les morts gisaient là, déchirés, mutilés, déchirés. Près des retranchements, là où le combat avait été le plus féroce, il y avait des mares de sang. Les soldats rebelles brisaient la terre gelée, creusaient des tranchées funéraires, ramenaient leurs camarades tombés au combat et les allongeaient côte à côte, jusqu'à leur dernier, long et silencieux sommeil. J'ai regardé vers le bas de la pente où les hommes de Lauman balayaient les arbres tombés dans leur terrible charge ; puis je suis descendu jusqu'au pré, j'ai levé les yeux vers la hauteur et je me suis demandé comment des hommes pouvaient grimper sur les arbres, les souches, les rochers et les escalader à travers une telle tempête. Les morts gisaient là où ils sont tombés, tous des héros ! C'était triste de penser que tant d'hommes nobles étaient tombés, mais c'était un plaisir de savoir qu'ils n'avaient pas faibli. Ils avaient fait leur devoir. Si jamais vous visitez ce champ de bataille et que vous vous tenez sur cette pente, vous sentirez votre cœur se gonfler de gratitude et de joie, en pensant avec quelle joie ils ont donné leur vie pour sauver leur pays, afin que vous et tous ceux qui viendront après vous puissiez jouir de la paix. et la prospérité pour toujours.

Avec quel courage ils se sont battus ! Là, sur le sol froid, gisait un soldat du neuvième Illinois. Au début de l'action de samedi, il a reçu une balle dans le bras. Il se rendit à l'hôpital, le fit panser et retourna à sa place dans le régiment. Un deuxième coup de feu lui traversa la cuisse, déchirant la chair en lambeaux.

« Nous allons vous transporter à l'hôpital », lui ont dit deux de ses camarades.

«Non, tu restes et tu te bats. Je peux me débrouiller seul. Il ôta sa baïonnette, utilisa son arme comme béquille et arriva à l'hôpital. Le chirurgien a pansé la plaie. Il entendit le rugissement de la bataille. Son âme était en feu d'être là. Il boitilla une fois de plus jusqu'au champ de bataille et entra dans le combat le plus intense, couché, parce qu'il ne pouvait pas se tenir debout. Il a combattu comme tirailleur. Lorsque les rebelles avancèrent, il ne put se retirer avec les troupes, mais continua à se battre. Après la bataille, il fut retrouvé mort sur le terrain, six balles lui ayant traversé le corps.

Un petit bonhomme aux yeux brillants, du Second Iowa, eut le pied écrasé par un coup de canon. Deux de ses camarades le portèrent à l'arrière. Un officier a vu que, à moins que le sang ne soit arrêté, il n'arriverait jamais à l'hôpital. Il a dit aux hommes d'attacher un mouchoir autour de sa jambe et de mettre de la neige sur la plaie.

« Oh, peu importe le pied, capitaine », dit le brave garçon. « Nous avons chassé les rebelles et avons récupéré leur tranchée ; c'est tout ce qui m'importe ! Les soldats ont fait ce qu'on leur demandait et sa vie a été sauvée.

Là, dans les tranchées, se trouvait un soldat rebelle avec un coup de fusil dans la tête. C'était un excellent tireur d'élite et avait tué ou blessé plusieurs officiers de l'Union. L'un des tireurs d'élite du colonel Birges, un vieux chasseur qui avait tué de nombreux ours et loups, se glissa vers les parapets pour s'essayer au rebelle. Ils se tirèrent dessus encore et encore, mais tous deux étaient astucieux et prudents. Le rebelle leva son chapeau au-dessus du parapet,—whi——z ! Le tireur d'élite dans les buissons lui avait tiré une balle. "Ha! Ha! Ha!" rit le rebelle en envoyant sa propre balle dans la petite bouffée de fumée du ravin. Le chasseur des Rocheuses était aussi immobile qu'une souris. Il savait que le Rebelle l'avait déjoué et attendait le coup de feu en retour. La visée était un peu trop haute et il était en sécurité.

"Vous m'avez trompé cette fois-là, mais je serai encore à égalité avec vous", dit le tireur d'élite, se retournant sur le dos, chargeant son fusil et se retournant à nouveau. Il posa son fusil sur le sol, le visa et posa l'œil sur le canon, le doigt sur la détente. Cinq minutes se sont écoulées. "Je pense que ce dernier coup l'a réparé", a déclaré le rebelle. "Il n'a pas bougé depuis cinq minutes."

Il releva la tête, regarda par-dessus le talus et retomba sans vie. La balle infaillible du fusil lui avait traversé la tête.

Si vous pouviez parcourir le champ de bataille avec un de ces tireurs d'élite, il vous montrerait un petit bouquet de buissons et quelques souches, où trois ou quatre d'entre eux gisaient le samedi, devant l'une des batteries rebelles, et ramassaient hors des artilleurs. Deux ou trois fois, les artilleurs essayèrent de les chasser à coups d'obus ; mais ils gisaient près du sol, et les obus ne les touchaient pas. Les artilleurs furent obligés de cesser le feu et de se retirer hors de portée des balles meurtrières.

Certains officiers rebelles prenaient leur reddition très à cœur. Ils étaient fiers, insolents et provocants. Leur reddition était inconditionnelle et ils pensaient qu'il était très difficile de renoncer à leurs épées et à leurs pistolets. L'un d'eux a tiré avec un pistolet sur le major Mudd, du Second Illinois, le blessant au dos. Je connaissais très bien le major. Il vivait à Saint-Louis et avait été dès le début un ardent ami de l'Union. Il avait chassé les guérilleros du Missouri et combattu courageusement à Wilson's Creek. Il est fort probable qu'il ait été abattu par un vieil ennemi. Le général Grant donna aussitôt l'ordre que tous les officiers rebelles soient désarmés. Le général Buckner, d'un ton insolent, dit au général Grant que c'était barbare, inhumain, brutal, peu chevaleresque et en contradiction avec les règles de la guerre civilisée ! Le général Grant répondit :

« Vous avez osé venir ici pour vous plaindre de mes actes, sans avoir le droit de formuler une objection. Vous ne semblez pas vous rappeler que votre reddition était inconditionnelle. Pourtant, si l'on compare les actes des différentes armées dans cette guerre, comment la vôtre résistera-t-elle à l'inspection ? Vous avez lâchement tiré sur mes officiers, de sang-froid. Alors que je parcourais le champ de bataille, j'ai vu les morts de mon armée brutalement insultés par vos hommes, leurs vêtements arrachés et leurs corps exposés, sans le moindre respect pour la pudeur commune. L'humanité a rarement suivi votre parcours chaque fois que nos hommes ont eu le malheur de tomber entre vos mains. A Belmont, vos autorités ont méconnu tous les usages de la guerre civilisée. Mes officiers ont été entassés dans des cotonniers avec mes courageux soldats, puis jetés en prison, tandis que vos officiers ont été autorisés à bénéficier de leur libération conditionnelle et à vivre à l'hôtel du Caire. Vos hommes reçoivent le même tarif que les miens, et vos blessés reçoivent notre meilleure attention. Ce sont des faits incontestables. J'ai simplement pris la précaution de désarmer vos officiers et vos hommes, parce que la nécessité m'obligeait à protéger les miens de l'assassinat.

Le général Buckner n'avait aucune réponse à faire. Il baissa la tête de honte face à la réprimande.

Le major Mudd, bien que grièvement blessé, s'est rétabli, mais a perdu la vie dans une autre bataille. Un jour, alors qu'il roulait avec lui dans le Missouri, il m'a raconté une très bonne histoire. Il a dit qu'il était autrefois dans les voitures et qu'un homme très curieux était assis à ses côtés. Quelques tiges de chaque passage à niveau de la compagnie ferroviaire avaient apposé des panneaux avec les lettres WR dessus.

« À quoi servent-ils ? demanda l'homme.

"Ce sont des instructions à l'ingénieur de siffler et de sonner la cloche, afin que les personnes qui se trouvent sur la voie carrossable puissent faire attention et ne pas se faire écraser par le train", répondit le major.

"Oh oui, je vois."

L'homme resta assis en silence pendant un moment, ses lèvres travaillant comme s'il essayait d'épeler.

« Eh bien, major, dit-il enfin, il se peut que ce soit comme vous le dites. Je sais que les sorts d'essorage sonnent, mais je ne vois vraiment pas comment on peut faire siffler un R ! »

La chute de Fort Donelson fut un coup dur pour les rebelles. Cela a eu un grand effet. Ce fut la première grande victoire des troupes de l'Union. Il a ouvert tout le coin nord-ouest de la Confédération. Cela obligea le général Johnston à se retirer de Bowling Green et obligea également l'évacuation de Columbus et de tout le centre du Tennessee. Nashville, la capitale de cet État, tomba aux mains des troupes de l'Union.

Dimanche matin, les Rebels à Nashville étaient de bonne humeur. Le général Pillow avait télégraphié samedi midi, comme vous vous en souvenez : « Sur l'honneur d'un soldat, ce jour est à nous ». Les citoyens ont crié dessus.

Un citoyen sobre a déclaré : « Je n'ai jamais aimé Pillow, mais je lui pardonne maintenant. C'est l'homme de l'occasion.

Un autre, qui avait été gouverneur de l'État, un homme méchant et profane, dit : « C'est une nouvelle de premier ordre. Pillow donne l'enfer aux Yankees et s'y frotte ! [6] C'est une phrase ignoble, et je ne la citerais pas, si ce n'était pour que vous puissiez avoir une image véridique à partir de sources rebelles.

Les journaux publiaient des bulletins :

« ENNEMI EN RETRAITE ! RÉSULTAT GLORIEUX !! NOS GARÇONS SUIVENT ET PIMENTENT LEURS ARRIÈRES !! UNE VICTOIRE TOTALE ! »

Les sonneurs de cloches ont sonné des carillons de joie et les citoyens se sont serrés la main pour annoncer la bonne nouvelle en se rendant à l'église. Les services avaient à peine commencé, qu'un cavalier se précipita dans les rues, couvert de boue et presque essoufflé par une dure chevauchée, criant : « Fort Donelson s'est rendu et les Yankees arrivent !

Les gens sortaient des églises et de leurs maisons dans la rue. On n'a jamais vu un tel va-et-vient. Hommes, femmes et enfants couraient ici et là, ne sachant que faire, imaginant que les Yankees allaient les assassiner. Ils commencèrent à emballer leurs marchandises. Charrettes, chariots, voitures, chariots, brouettes, tout était chargé. Les hommes forts étaient pâles de peur, les femmes se tordaient les mains et les enfants pleuraient.

Avant midi, les généraux Floyd et Pillow arrivèrent sur des bateaux à vapeur. Le peuple se pressait autour des officiers renégats et réclamait un discours. Le général Floyd sortit sur le balcon de l'hôtel et dit :

« Concitoyens : l'heure n'est pas à la parole, mais à l'action. C'est une époque où tout homme devrait s'enrôler pour la guerre. Pas un jour ne doit être perdu. Nous n'avions que dix mille hommes effectifs, qui combattirent quatre jours et quatre nuits contre quarante mille ennemis. Mais la nature ne pouvait plus tenir le coup. Les hommes avaient besoin de repos, et ayant perdu un tiers de mes vaillantes forces, je fus obligé de me retirer. Nous avons laissé un millier d'ennemis morts sur le terrain. Le général Johnston n'a pas dormi un clin d'œil depuis trois nuits ; il est tout épuisé, mais il agit avec sagesse. Il va attirer les Yankees dans les brèches des montagnes, loin des rivières et des canonnières, puis les repousser et porter la guerre dans le pays ennemi. [7]

L'armée du général Johnston, se retirant de Bowling Green, commença à traverser la ville. Les soldats ne s'arrêtent pas, mais se dirigent vers le sud. Le peuple avait cru que le général Johnston défendrait la place, la capitale de l'État ; mais lorsqu'ils virent que les troupes se retiraient, ils abandonnèrent imprudemment leurs maisons. C'était une nuit folle à Nashville. Les rebelles avaient deux canonnières presque terminées, qui furent incendiées. Les entrepôts rebelles furent ouverts aux pauvres gens qui se précipitèrent pêle-mêle pour se servir du porc, de la farine, de la mélasse et du sucre. Beaucoup de choses ont été détruites. Après que l'armée de Johnston eut traversé la rivière, le magnifique et coûteux pont suspendu en fil de fer qui la traversait fut abattu. Il coûtait deux cent cinquante mille dollars et appartenait aux filles du général rebelle Zollicoffer, tué à la bataille de Mill Springs dans le Kentucky. Les officiers rebelles entreprirent d'emporter les immenses provisions de vivres accumulées ; mais dans la panique, des barils de viande et de farine, des sacs de café, des barriques de sucre furent roulés dans les rues et piétinés dans la fange. Des millions de dollars ont été perdus au profit de la Confédération. Les fermiers du pays craignaient de perdre leurs esclaves, et de toute la région ils précipitaient les pauvres créatures vers le sud, espérant trouver un endroit où ils seraient en sécurité.

Partout dans le Sud, la tristesse et le découragement régnaient. Mais partout dans le Nord, de grandes réjouissances régnaient. Tout le monde a loué les braves soldats qui ont combattu si noblement. Il y avait des réunions publiques, des discours, des processions, des illuminations et des feux de joie, et de ferventes actions de grâces à Dieu.

Les actes des hommes courageux de l'Occident étaient loués dans la poésie et les chansons. Certaines strophes ont été publiées dans l'Atlantic Monthly de Boston, qui sont si belles que je pense que vous me remercierez de les avoir citées.

«Ô vents qui soufflent la houle de l'Atlantique
Le long de nos côtes rocheuses,
Dont les tonnerres diapasonnent les
joyeux hourras de la Nouvelle-Angleterre,

« Portez dans les prairies de l'Ouest
les échos de notre joie,
la prière qui jaillit de chaque poitrine :
« Que Dieu te bénisse, Illinois !

« Ô heures affreuses, où le raisin et la coquille
déchiraient la ligne inébranlable !
'Rester ferme! éloignez les hommes qui sont tombés !
Fermez-vous et attendez le signe.

« Finalement, c'est venu : "Maintenant, les gars, l'acier !"
Les hôtes pressés se déploient ;
« Chargez, les garçons ! » — les traîtres brisés vacillent, —
Huzza pour l'Illinois !

« En vain ton rempart, Donelson,
Le torrent vivant barre,
Il franchit le mur, le fort est conquis,
Montent les rayures et les étoiles.

"Les paupières de ta mère la plus fière se remplissent,
comme l'ose son vaillant garçon,
et Plymouth Rock et Bunker Hill
aspirent à toi, Illinois."

CHAPITRE VII.

L'ARMÉE AU DÉBARQUEMENT DE PITTSBOURG.

Les 6 et 7 avril 1862, l'une des plus grandes batailles de la guerre eut lieu près de Pittsburg Landing, dans le Tennessee, sur la rive ouest de la rivière Tennessee, à environ douze milles de l'angle nord-est de l'État du Mississippi. Les rebelles l'appellent la bataille de Shiloh, car elle s'est déroulée près de l'église de Shiloh. Je n'ai pas vu le terrible combat, mais j'ai atteint les lieux peu après le combat, à temps pour voir les fusils, les canons, les chariots, les sacs à dos, les gibernes qui étaient éparpillés sur le sol, et les tombes nouvellement creusées où les les morts venaient d'être enterrés. J'ai campé sur les champs pendant plusieurs semaines et j'ai vu les bois, les plaines, les collines, les ravins. Les officiers et les hommes qui combattaient m'indiquaient les endroits où ils se trouvaient, me montraient où les rebelles avançaient, où se trouvaient leurs batteries, comment ils avançaient et reculaient, comment le flux de la victoire allait et venait. Ayant été si tôt sur le terrain et ayant écouté les histoires d'un grand nombre de personnes, je vais essayer de vous en donner un récit correct. Ce sera toutefois une tâche difficile, car les histoires sont contradictoires. Il n'y a pas deux personnes qui voient une bataille de la même façon ; chacun a son propre point de vue. Il voit ce qui se passe autour de lui. Personne d'autre ne racontera une histoire comme la sienne. Les hommes ont des tempéraments différents. L'un est excité et l'autre est cool et serein. Les hommes vivent vite au combat. Chaque nerf est excité, chaque sens intensifié, et ce n'est qu'en prenant en compte les témoignages de différents observateurs qu'on peut obtenir une vision précise.

Après la prise de Fort Donelson, on se souvient que le général Johnston se retira à travers Nashville vers le sud. Quelques jours plus tard, les rebelles évacuèrent Columbus sur le Mississippi. Ils furent obligés de concentrer leurs forces. Ils ont vu que Memphis serait le prochain point d'attaque et qu'ils devaient le défendre. Toutes leurs énergies étaient éveillées. La défaite de l'armée de l'Union à Bull Run, vous vous en souvenez, provoqua un grand soulèvement dans le Nord, et ainsi la chute de Donelson remua les peuples du Sud.

Si vous regardez la carte du Tennessee, vous remarquerez, à une vingtaine de kilomètres de Pittsburg Landing, la ville de Corinth. C'est à la jonction des chemins de fer de Memphis et de Charleston et des chemins de fer de Mobile et de l'Ohio, ce qui en a fait un lieu important pour les rebelles.

« Corinthe doit être défendue », disaient les journaux de Memphis.

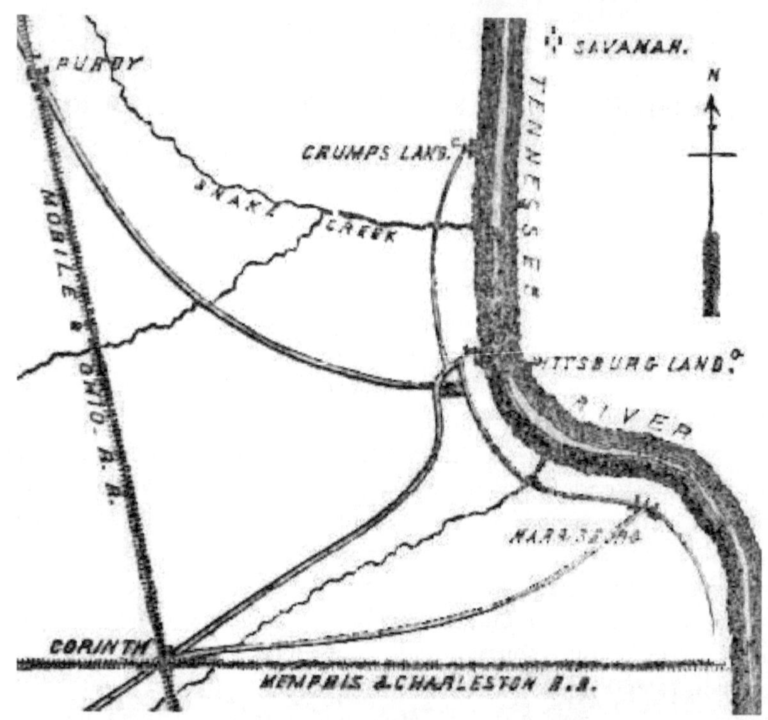

Atterrissage et environs de Pittsburg.

Le gouverneur Harris du Tennessee a publié une proclamation appelant la population à s'enrôler.

« En tant que gouverneur de votre État et commandant en chef de son armée, j'appelle tout homme valide de l'État, sans distinction d'âge, à s'enrôler à son service. J'ordonne à celui qui peut obtenir une arme de marcher avec nos armées. Je demande à celui qui pourra réparer ou forger un bras de le préparer immédiatement pour le soldat.

Le général Beauregard fut envoyé en toute hâte vers l'Ouest par Jeff Davis, qui espérait que la renommée et la gloire qu'il avait acquises en attaquant Fort Sumter et à Bull Run réveilleraient les habitants du Sud-Ouest et sauveraient la fortune défaillante de la Confédération.

A Corinthe arriva la fleur de l'armée du Sud. Tous les autres points ont été affaiblis pour sauver Corinthe. De Pensacola arrivaient le général Bragg et dix mille Alabamiens, qui surveillaient depuis de nombreux mois la petite forteresse sinistre de l'île Santa Rosa. Les troupes qui étaient à Mobile pour résister au débarquement du général Butler de Ship Island furent précipitées vers le nord sur les trains de la route de Mobile et de l'Ohio. Le général Beauregard fit appel aux gouverneurs du Tennessee, du Mississippi, de l'Alabama et de la Louisiane pour des troupes supplémentaires.

Le général Polk, qui avait été évêque avant la guerre, fit descendre deux divisions de Colomb sur le Mississipi. Le général Johnston et son armée en retraite se précipitèrent, et ainsi toutes les troupes rebelles des États du sud-ouest furent rassemblées à Corinthe.

L'appel à prendre les armes a été partout répondu ; des vieillards et des garçons entraient en foule dans la place. Ils venaient du Texas, de l'Arkansas et du Missouri. Beauregard a travaillé avec une énergie inlassable pour créer une armée suffisamment puissante pour repousser les troupes de l'Union, récupérer le Tennessee et envahir le Kentucky.

Le général Grant, après la capture de Donelson, déplaça son armée, sur des bateaux à vapeur, le long du Cumberland et du Tennessee, jusqu'à Pittsburg Landing. Il établit son quartier général à Savannah, une petite ville à dix milles en aval de Pittsburg Landing, sur la rive est de la rivière.

Le général Buell, qui avait suivi le général Johnston à travers Nashville avec l'armée de l'Ohio, traversait lentement le pays pour rejoindre le général Grant. Les généraux rebelles disposaient des chemins de fer qui leur permettaient de concentrer rapidement leurs troupes, et ils décidèrent d'attaquer le général Grant à Pittsburg, avec leur force supérieure, avant que le général Buell puisse le rejoindre. Beauregard avait ses piquets à moins de quatre milles des forces du général Grant, et il pouvait déplacer toute son armée à distance de frappe avant que le général Grant ne se rende compte de son danger. Il calculait qu'il pourrait anéantir le général Grant, le jeter dans le fleuve, ou le forcer à se rendre, capturer tous ses canons, ses chariots, ses munitions, ses provisions, ses bateaux à vapeur, — tout, — d'un coup soudain. S'il réussissait, il pourrait alors agir contre le général Buell, détruire son armée et non seulement récupérer tout ce qui avait été perdu, mais il rachèterait également le Kentucky et envahirait l'Ohio, l'Indiana et l'Illinois.

Toutes les divisions de l'armée du général Grant, sauf une, se trouvaient à Pittsburg. A deux milles au-dessus du Landing, la rivière commence à faire son grand coude vers l'est. Lick Creek arrive par l'ouest, au détour. Trois milles en aval de Pittsburg se trouve Snake Creek, qui vient également de l'ouest. Cinq miles plus bas se trouve Crump's Landing. La division du général Lewis Wallace était proche de celle de Crump, mais les autres divisions se trouvaient entre les deux ruisseaux. Les rives du fleuve ont soixante-quinze pieds de hauteur, et le pays est une succession de collines boisées, avec de nombreux ravins. Il y a quelques clairières et quelques fermes, mais c'est presque entièrement de la forêt, de grands chênes, avec çà et là des bosquets de broussailles. Les fermiers cultivent un peu de maïs, de coton et de tabac. Le pays est colonisé depuis de nombreuses années, mais il est presque aussi sauvage que lorsque les Indiens possédaient la terre.

Pittsburg est le point le plus proche de Corinthe sur la rivière. La route partant du Débarquement serpente le long de la berge, longe le bord d'un profond ravin et mène au sud-ouest. En remontant la route, vous arrivez à une cabane en rondins à environ un mile de la rivière. Il y a un verger de pêchers à proximité. Là, les routes bifurquent. La route de gauche vous mène à Hambourg, celle du milieu est la route de Ridge vers Corinthe et la troisième est la route vers l'église de Shiloh, également appelée route de Lower Corinth. Il y a d'autres clairières dans les bois, d'anciens champs de coton. À cinq kilomètres de la rivière, vous arrivez à l'église de Shiloh. Un ruisseau clair, alimenté par des sources, gargouille sur un lit sablonneux, tout près de l'église. Vous remplissez votre gourde et vous trouvez une eau excellente. Le dimanche midi, les gens qui viennent à l'église s'assoient sous les grands arbres centenaires, dînent et boivent au ruisseau.

Ce n'est pas une église comme celle que vous voyez dans votre propre village. Il n'a pas de grand clocher ni de flèche effilée, pas de cloche aux tons profonds, pas d'orgue, pas de sièges de chant ou de tribune, pas de bancs ou d'allées recouvertes de moquette. Il est construit à partir de rondins. Il y a des années, il était recouvert d'argile, mais les pluies l'ont emporté. Vous pouvez passer la main entre les fissures. C'est trente ou quarante pieds carrés. Il y a des emplacements pour les fenêtres, mais il n'y a pas de châssis, et bien sûr pas de verre. En vous tenant à l'intérieur, vous pouvez voir jusqu'au toit, soutenu par des chevrons taillés et recouvert de bardeaux fendus, qui tremblent lorsque le vent souffle. C'est l'église la mieux ventilée que vous ayez jamais vue. Il n'y a pas de bancs, mais seulement des sièges grossiers pour la congrégation. Un grand nombre d'églises de cette partie du pays ne valent pas mieux que cela. L'esclavage ne construit pas, en général, des églises et des écoles soignées. Autour de cette église, la bataille faisait rage.

Non loin de l'église, une route mène au nord-est en direction de Crump's Landing, et une autre au nord-ouest en direction de la ville de Purdy. Près de l'église, le long de la route qui descend au Débarquement, près du verger de pêchers et dans les ravins se trouve le champ de bataille.

Le général Johnston était le commandant en chef de l'armée rebelle. Il avait Beauregard, Bragg, Polk, Hardee, Cheatham, tous major-généraux, qui avaient été éduqués à West Point, aux frais des États-Unis. Ils étaient considérés comme les généraux les plus compétents du service rebelle. Le général Breckenridge était là. Il était vice-président sous Buchanan et n'était qu'à quelques semaines de son siège au Sénat des États-Unis. Il était, vous vous en souvenez, le candidat des esclavagistes à la présidence en 1860. Il est fort probable qu'il se sentait très aigri contre les peuples du Nord, car il n'avait pas été élu président.

L'armée rebelle comptait entre quarante et cinquante mille hommes. Le général Johnston travaillait de toutes ses forces à organiser en brigades les troupes qui affluaient de toutes parts. Il était de la plus haute importance que l'attaque soit lancée avant que le général Buell ne rejoigne le général Grant. Les forces unies et concentrées de Beauregard, Bragg et Johnston dépassaient de quinze mille l'armée de Grant. Le général Van Dorn, avec trente mille hommes, était attendu d'Arkansas. Ils devaient venir en bateau à vapeur à Memphis et être transportés à Corinthe par le Memphis and Charleston Railroad ; mais Van Dorn était en retard et, à moins que l'attaque ne soit lancée immédiatement, il serait trop tard, car les armées combinées de Grant et de Buell seraient plus nombreuses que les rebelles. Le 1er avril à minuit, Johnston apprit que les divisions avancées du général Buell étaient à deux ou trois jours de marche de Savannah. Il donna immédiatement ses ordres à ses commandants de corps, indiquant les routes que chacun devait emprunter pour avancer vers Pittsburg.

Les troupes ont commencé leur marche jeudi matin. Ils étaient de bonne humeur. Ils ont applaudi, brandi leurs chapeaux et défilé avec beaucoup d'enthousiasme. Les officiers rebelles, qui connaissaient la situation, le terrain où campait le général Grant, croyaient que son armée allait être anéantie. Ils ont assuré aux troupes que ce serait une grande et glorieuse victoire.

La distance n'était que de dix-huit milles, et le général Johnston avait l'intention de porter le coup à l'aube du samedi matin, mais il pleuvait abondamment vendredi soir et les routes du matin étaient si boueuses que l'artillerie ne pouvait pas bouger. Il était tard samedi après-midi avant que son armée ne soit en position. Il faisait trop nuit pour lancer l'attaque. Il examine le terrain, distribue des munitions, poste l'artillerie, donne des rations supplémentaires aux hommes et attend le dimanche matin.

L'armée de l'Union reposait en sécurité. Aucun retranchement n'a été construit sur les collines et le long des crêtes. Aucune précaution n'a été prise contre la surprise. Les officiers et les soldats ne rêvaient pas d'être attaqués. Ils n'étaient pas préparés. Les divisions n'étaient pas en ordre pour la bataille. Ils se préparaient à avancer sur Corinthe, et devaient marcher lorsque le général Halleck, qui était à Saint-Louis, commandant le département, entrerait en campagne.

Dans la soirée du vendredi, les piquets de grève sur la route de Corinthe, à trois kilomètres de l'église de Shiloh, ont essuyé des tirs. Un corps de rebelles se précipita à travers les bois et captura plusieurs officiers et hommes. Les soixante-dixième, soixante-douzième et quarante-huitième Ohio, de la division du général Sherman, furent envoyés en reconnaissance. Ils tombèrent sur quelques régiments rebelles et, après une action brutale, les repoussèrent vers une batterie rebelle, perdant trois ou quatre prisonniers et en faisant seize. Le général Lewis Wallace ordonna à sa division de partir et s'avança d'un mile ou deux de Crump's Landing, et les troupes se tinrent sous les armes sous la pluie, qui tomba en torrents toute la nuit, pour être prêtes à une attaque de cette direction ; Mais cela n'a rien donné. Il y eut encore des escarmouches samedi, des tirs continus le long des lignes de piquetage. Tous supposaient que les rebelles effectuaient une reconnaissance. Personne ne pensait que l'une des plus grandes batailles de la guerre était proche. Le général Grant a descendu la rivière jusqu'à Savannah samedi soir. Les troupes séchaient leurs vêtements au soleil, préparaient leurs dîners, racontaient leurs histoires du soir et éteignaient leurs lumières au moment du tatouage, comme d'habitude.

Pour arriver à la position de l'armée du général Grant, partons de Pittsburg Landing. C'est un endroit très fréquenté au Débarquement. Quarante ou cinquante bateaux à vapeur s'y trouvent, et des centaines d'hommes y roulent des tonneaux de sucre, de lard, de porc, de bœuf, des caisses de pain, des bottes de foin et des milliers de sacs de maïs. Plusieurs centaines de wagons attendent pour transporter le ravitaillement des troupes. Un long train serpente sur la colline vers l'ouest.

En montant la colline, vous arrivez aux carrefours des routes. La route de droite mène à Crump's Landing. Vous voyez l'ancienne division du général Smith, qui a pris les postes de tir à Donelson, sur le côté droit de la route, dans les bois. Il est désormais commandé par WHL Wallace, qui a été nommé brigadier général pour son héroïsme à Donelson. Il y a eu de nombreux changements de commandants depuis cette bataille. Les colonels qui y commandaient des régiments sont désormais des commandants de brigade.

En suivant quelques mètres la route de Shiloh, nous arrivons à la route qui mène à Hambourg. Au lieu de monter là, vous continuez un peu plus loin jusqu'à la route de Ridge, qui mène à Corinthe. La division du général Prentiss est sur cette route, à deux milles de distance, vers le sud-ouest. Au lieu de prendre cette route, nous tenons toujours celle de droite, en continuant à marcher presque vers l'ouest, et nous arrivons à la division McClernand, qui campe en longue ligne des deux côtés de la route. Ici vous voyez les batteries de Dresser, Taylor, Schwartz et McAllister, et tous ces régiments qui combattirent avec tant de détermination à Donelson. Ils font face au nord-ouest. Leur ligne est un peu à l'est de l'église.

En passant devant l'église, vous voyez qu'un certain nombre de routes y sont centrées, l'une venant du nord-ouest, qui vous mènera à Purdy ; un du nord-est, qui vous mènera à Crump's Landing ; la route que vous avez parcourue depuis Pittsburg Landing ; un du sud-est, qui vous mènera à Hambourg ; et une du sud-ouest, qui est la route inférieure de Corinthe.

Vous voyez, tout près de l'église, des deux côtés de cette route inférieure menant à Corinthe, la division du général Sherman, non pas tournée vers le nord-ouest, mais presque vers le sud. La gauche de McClernand et la gauche de Sherman sont rapprochées. Ils forment les deux côtés d'un triangle, l'angle étant au niveau des ailes gauches. Ils sont dans une très mauvaise position pour être attaqués.

Prenez maintenant la route de Hambourg et continuez vers le sud-est sur deux milles et vous arrivez au croisement de la route de Ridge vers Corinthe, où vous trouverez la division du général Prentiss, mentionnée plus haut. En continuant, vous arrivez à Lick Creek. Ses berges sont hautes et escarpées. Il est franchissable à gué à ce stade, et la brigade du colonel Stuart de la division Sherman est là, gardant le passage. Le ruisseau qui gargouille devant l'église se jette dans le ruisseau. Vous voyez que la division entière de Prentiss et l'aile gauche de celle de McClernand se trouvent entre la brigade Stuart et le reste de la division Sherman. Il y a des régiments détachés campés dans les bois près du Débarquement, qui viennent d'arriver et n'ont pas été constitués en brigade. Il y a aussi deux régiments de cavalerie en arrière de ces lignes. Il y a plusieurs pièces d'artillerie de siège au sommet de la colline près du Débarquement, mais il n'y a ni artilleurs ni artilleurs pour les servir.

Vous voyez que l'armée ne s'attend pas à être attaquée. La cavalerie devrait être à six ou huit milles en piquet ; mais ils sont là, les chevaux mangeant tranquillement leur avoine. Les piquets d'infanterie devraient être à trois ou quatre milles, mais ils ne sont pas à un mille et demi en avance du camp. L'armée est dans une mauvaise position pour résister à une attaque soudaine d'une force supérieure. McClernand ne devrait pas être à angle droit avec Sherman, Stuart ne devrait pas être séparé de sa division par Prentiss, et le général Lewis Wallace est trop loin pour lui prêter une prompte assistance. De plus, le général Grant est absent et il n'y a pas de commandant en chef sur le terrain. Vous vous étonnez qu'aucun préparatif n'ait été fait pour résister à une attaque, aucun parapet érigé, aucune disposition appropriée des forces, aucune reconnaissance prolongée de la cavalerie, et qu'après les escarmouches de vendredi et samedi, toutes les mains se couchent si tranquillement. dans leurs tentes samedi soir. Ils ne pensaient pas que cinquante mille rebelles étaient prêts à les frapper au point du jour.

Le plan d'attaque du général Johnston fut soumis aux commandants de corps et approuvés par eux. Il s'agissait de jeter toute l'armée sur Prentiss et Sherman. Il avait quatre lignes de troupes, s'étendant de Lick Creek à droite jusqu'à la branche sud de Snake Creek à gauche, sur une distance d'environ deux milles et demi.

La ligne de front était composée de l'ensemble du corps du major-général Hardee, avec la brigade du général Gladden du corps de Bragg ajoutée sur la droite. L'artillerie était placée en tête, suivie de près par l'infanterie. Des escadrons de cavalerie furent déployés sur les deux ailes pour balayer les bois et repousser les piquets de l'Union.

À environ cinq cents mètres en arrière de Hardee se trouvait la deuxième ligne, le corps de Bragg dans le même ordre que celui de Hardee. À huit cents mètres derrière Bragg se trouvait le général Polk, son aile gauche appuyée par la cavalerie, ses batteries étant en position d'avancer à tout moment. La réserve, dirigée par le général Breckenridge, suivit de près Polk. Les corps de Breckenridge et de Polk étaient tous deux considérés comme des réserves. Ils avaient pour instructions d'agir comme ils l'entendaient. Il y avait de dix à douze mille hommes dans chaque ligne.

Les troupes rebelles avaient reçu vendredi des rations pour cinq jours, de la viande et du pain dans leurs musettes. Il leur était interdit d'allumer du feu sauf dans des trous creusés dans le sol. Aucune conversation bruyante n'était autorisée ; aucun tambour ne battait le tatouage, aucune note de clairon ne résonnait dans la forêt. Ils s'enroulèrent dans leurs couvertures, sachant qu'au petit jour ils allaient porter le coup terrible. Ils étaient confiants dans le succès. Leurs officiers leur assurèrent que ce serait une victoire facile et que le dimanche soir ils dormiraient dans le camp yankee, mangeraient du pain yankee, boiraient du vrai café et porteraient de nouveaux vêtements.

Dans la soirée, le général Johnston a convoqué ses commandants de corps autour du feu de son bivouac pour un dernier entretien avant la bataille. Bien que Johnston soit le commandant en chef, Beauregard planifie la bataille. Johnston était l'aîné de Beauregard, mais le champ de bataille se trouvait dans le département de Beauregard. Il a donné des instructions aux agents.

M. William G. Stevenson, du Kentucky, qui se trouvait en Arkansas lorsque la guerre a éclaté, a été impressionné par le service rebelle. Il a agi comme *aide de camp spécial* du général Breckenridge dans cette bataille. Il s'est échappé du service rebelle quelques mois plus tard et a publié un récit intéressant de ce qu'il a vu. [8] Il se tenait à l'extérieur du cercle des généraux attendant à cheval dans l'obscurité pour porter toute dépêche destinée à son commandant. Il donne cette description de la scène :

« Dans un espace ouvert, avec un feu tamisé au milieu et un tambour pour écrire, on voyait groupés autour de leur « Petit Napoléon », comme on appelait parfois affectueusement Beauregard, dix ou douze généraux, la lumière vacillante jouant sur leurs visages impatients, tandis qu'ils écoutaient ses plans et faisaient des suggestions sur la conduite du combat.

«Beauregard s'échauffa bientôt avec son sujet, et, jetant son manteau, pour laisser libre cours à ses bras, il se promena dans le groupe, gesticulant rapidement et saccadant ses phrases avec un fort accent français. Tous écoutaient attentivement, et la faible lumière, révélant à peine leurs visages, montrait leurs différentes émotions de confiance ou de méfiance à l'égard de ses projets.

« Le général Sidney Johnston se distinguait des autres, avec sa silhouette haute et droite se détachant comme un spectre sur le ciel sombre, et l'illusion était pleinement soutenue par le manteau militaire gris clair qu'il enroulait autour de lui. Son visage était pâle, mais avait une expression déterminée, et parfois il se rapprochait du centre du ring et disait quelques mots qui étaient écoutés avec une grande attention. Peut-être avait-il quelque pressentiment du sort qui lui serait réservé le lendemain, car il ne semblait pas prendre beaucoup de part à la discussion.

« Le général Breckenridge était étendu sur une couverture près du feu et se redressait de temps en temps pour ajouter quelques conseils. Le général Bragg parlait fréquemment et avec sérieux. Le général Polk était assis sur un tabouret de camping à l'extérieur du cercle et tenait sa tête entre ses mains, plongé dans ses pensées. D'autres étaient allongés ou assis dans diverses positions.

« Le conseil dura deux heures, et comme il se séparait et que les généraux étaient prêts à retourner à leurs commandements respectifs, j'entendis dire le général Beauregard en levant la main et en montrant du côté du camp fédéral, dont on voyait bien les tambours. entendez : « Messieurs, nous dormirons dans le camp ennemi demain soir. »

Le général confédéré, dit le même auteur, avait des informations minutieuses sur la position et les effectifs du général Grant. Ces connaissances ont été obtenues grâce à des espions et des informateurs, dont certains vivaient à proximité, étaient entrés et sortis du camp de Grant à maintes reprises et connaissaient chaque pied de terrain.

Dans ces circonstances, avec une force supérieure, avec une connaissance précise de la position de chaque brigade de l'armée du général Grant, avec des troupes de la meilleure humeur, enthousiastes, ardentes, attendant la victoire, s'attaquant à un ennemi peu méfiant, non préparé, avec des brigades et des divisions. Largement séparés, avec le général Grant, le commandant en chef, à dix milles de distance, et les troupes les plus proches du général Buell à vingt milles de distance, les généraux rebelles attendaient avec impatience l'arrivée du matin.

CHAPITRE VIII.

LA BATAILLE.

DU LEVER DU JOUR JUSQU'À DIX HEURES.

C'était une merveilleuse matinée. Quelques nuages duveteux flottaient dans le ciel. Les arbres sortaient leurs tendres feuilles. L'air était parfumé des premières fleurs du printemps. Les oiseaux chantaient leurs chants les plus doux.

A trois heures, les troupes rebelles étaient sous les armes, leurs petits déjeuners pris, leurs couvertures pliées, leurs sacs déposés. Ils devaient se déplacer sans encombre, afin de pouvoir combattre avec plus de vigueur. La matinée s'éclaircit et les longues files d'attente se déplaçaient à travers la forêt.

L'armée de l'Union dormait. Le réveil n'avait pas été battu. Les soldats rêvaient encore de leur foyer ou attendaient le battement du tambour du matin. Les mulets et les chevaux étaient attachés aux chariots, hennissant pour leur avoine et leur maïs. Quelques équipiers étaient en mouvement. Les cuisiniers allumaient les feux de camp qui couvaient. Les piquets, à un kilomètre et demi, avaient veillé toute la nuit. Il n'y avait eu que peu de tirs. Rien n'indiquait l'approche prochaine de cinquante mille hommes. Beauregard avait ordonné qu'il n'y ait pas de piquets de grève pendant la nuit.

Le général Prentiss avait renforcé ses piquets de garde sur la route de Corinth Ridge samedi soir. Certains de ses officiers rapportèrent que la cavalerie rebelle était nombreuse dans les bois. Il doubla donc sa grande garde et étendit la ligne. Il ordonna également au colonel Moore, du 21e Missouri, de se rendre au front avec cinq compagnies de son régiment. Le colonel Moore a défilé à trois heures. Le général Prentiss ne s'attendait pas à une bataille, mais l'apparition des rebelles le long des lignes l'a amené à prendre ces précautions.

À peu près au moment où le colonel Moore atteignait les piquets, les tirailleurs rebelles arrivèrent en vue. Les tirs ont commencé. Les piquets ont résolument maintenu leur position, mais les rebelles ont continué. Le colonel Moore, entendant les coups de feu, se précipita. Il faisait à peine assez de lumière pour distinguer les hommes des arbres, mais l'avancée régulière des rebelles le convainquit qu'ils faisaient une démonstration sérieuse. Il envoya un messager au général Prentiss pour le reste de son régiment, qui fut envoyé en avant. Au même moment, le général Prentiss donna l'ordre de former le reste de sa division.

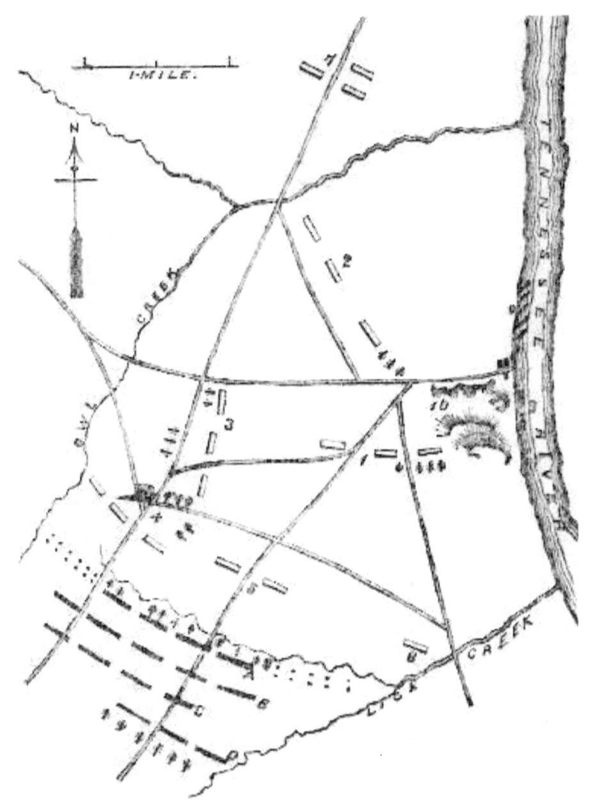

Atterrissage de Pittsburg.

1 Division Hurlburt.	8 Canonnières.
2 Division de la WHL Wallace.	9 Les transports.
3 Division McClernand.	dix Ravin.
4 Division Sherman.	UN La ligne de Hardee.
5 Division Prentiss.	B La ligne de Bragg.
6 La brigade Stuart.	C La ligne de Polk.
7 Division de Lewis Wallace.	D Les réserves de Breckenridge.

Son effectif total était composé de sept régiments, répartis en deux brigades. La première brigade était commandée par le colonel Peabody et contenait le vingt-cinquième Missouri, le seizième Wisconsin et le douzième Michigan. La deuxième brigade était composée des dix-huitième et vingt-troisième Missouri, du dix-huitième Wisconsin et du soixante et unième Illinois. Le vingt-troisième Missouri était à Pittsburg Landing, venant de débarquer d'un transport, et ne rejoignit la brigade que vers dix heures. Lorsque les tirs commencèrent, son commandant, ayant reçu l'ordre de se présenter au général Prentiss, s'empressa de rejoindre la division.

Le général Prentiss envoya également un officier auprès des généraux Hurlburt et Wallace, commandant les divisions sur ses arrières, près du Débarquement, les informant que les rebelles attaquaient en force ses piquets. Les tirs se multiplièrent. Le vingt et unième Missouri lança une ou deux volées, mais fut obligé de se replier.

Il y avait eu beaucoup d'exercices de tir sur cible dans les régiments, et chaque matin les piquets, au retour du front, déchargeaient leurs fusils, et les soldats étaient tellement habitués aux tirs constants, que ces volées, si tôt dans le matin, n'a pas alarmé le camp.

Les ordres donnés par le général Prentiss furent tardivement exécutés. De nombreux officiers ne s'étaient pas levés lorsque le 21e Missouri revint en force, le colonel Moore et plusieurs autres étant blessés. Ils arrivèrent en poussant des cris sauvages. Les rebelles étaient sur leurs talons.

Le général Johnston avait, comme vous l'avez déjà vu, quatre lignes de troupes. Le troisième corps était en tête, commandé par le major-général Hardee, le deuxième corps ensuite, commandé par le général Bragg ; le premier corps ensuite, commandé par le major-général Polk, suivi par les réserves du général Breckenridge.

Le général Hardee avait trois brigades, celle de Hindman, celle de Cleburn et celle de Wood. Le général Bragg avait deux divisions, contenant six brigades. La première division était commandée par le général Ruggles et contenait les brigades Gibson, Anderson et Pond. La deuxième division était commandée par le général Withers et contenait les brigades Gladden, Chalmers et Jackson.

Le général Polk avait deux divisions, contenant quatre brigades. La première division était commandée par le général Clark et contenait les brigades Russell et Stewart. La deuxième division était commandée par le major-général Cheatham et contenait les brigades Johnson et Stephens.

Breckenridge avait les brigades Tabue, Bowen et Statham. La brigade du général Gladden de la division Withers était placée à droite de la ligne Hardee. Il était composé des vingt et unième, vingt-cinquième, vingt-sixième Alabama et première Louisiane, avec la batterie de Robertson. La brigade Hindman s'est jointe à celle de Gladden. Gladden suivit les forces du colonel Moore et tomba sur le camp de Prentiss.

Aussitôt il y eut un grand tumulte dans le camp, des cris, des hurlements, des courses, sellant des chevaux, saisissant des fusils et des gibernes, et se formant en rangs. Gladden avança rapidement, envoyant ses balles dans le campement. Des hommes qui ne s'étaient pas encore levés ont été abattus alors qu'ils gisaient dans leurs tentes.

Mais le général Prentiss était partout dans ses lignes, donnant ses ordres, inspirant les hommes qui, à peine réveillés du sommeil, étaient à peine en état d'agir avec sang-froid. Il ordonna à toutes ses forces d'avancer, à l'exception du 16e Iowa, qui n'avait pas de munitions, arrivé du Caire samedi soir.

Il y avait un large fossé entre la droite de Prentiss et la gauche de Sherman, et Hardee, ne trouvant personne pour s'opposer à lui, poussa ses propres brigades dans la brèche, flanquant Prentiss d'un côté et Sherman de l'autre, comme vous le constaterez en jetant un coup d'œil sur la brèche. schéma à la page 173.

Derrière Gladden se trouvaient les brigades restantes de Withers, celles de Chalmers et de Jackson. Chalmers était sur la droite, plus à l'est que Gladden. Il avait les Cinquième, Septième, Neuvième, Dixième Mississippi et Cinquante-deuxième Tennessee, ainsi que la batterie de Gage.

Jackson avait la deuxième batterie du Texas, la dix-septième, la dix-huitième et la dix-neuvième Alabama, ainsi que la batterie de Girardey. Chalmers se déplaça rapidement sur le flanc gauche de Prentiss. Les batteries de Gage et de Robertson se sont toutes deux ouvertes avec un obus. Jackson arriva sur la droite de Prentiss, et peu de temps après, ses six régiments furent engagés avec douze de Bragg et deux batteries.

Ils entourèrent Prentiss sur les deux flancs, commencèrent à gagner ses arrières pour le couper du débarquement et le séparer de la brigade Stuart de la division Sherman, qui était distante d'un mile sur la route de Hambourg. Les régiments de gauche commencèrent à se briser, puis ceux du centre. Les rebelles ont vu leur avantage. Devant eux, sur le flanc de la colline, se trouvaient les tentes tant convoitées. Ils se précipitèrent en poussant un cri de guerre sauvage.

Le général Prentiss, aidé par le colonel Peabody, calme et déterminé, rassembla les troupes chancelantes devant, mais il n'y avait aucun pouvoir pour arrêter l'inondation sur les flancs.

« Ne cédez pas ! Rester ferme! Repoussez-les à coups de baïonnette ! crièrent le colonel Peabody, et quelques Missouriens aussi courageux que lui restèrent à leur place, chargeant et tirant délibérément.

"Sur! sur! en avant les garçons ! » s'écria le général Gladden, conduisant ses hommes ; mais un coup de canon retentit à travers les bois, le fit tomber de son cheval, lui infligeant une blessure mortelle. Le commandement revient au colonel Adams de la Première Louisiane.

Mais la marée incontrôlée dépassait la vaillante bande de Prentiss. Prentiss leva les yeux vers la droite et vit les longues files d'hommes se déplaçant régulièrement à travers la forêt. Il galopa vers la gauche et l'aperçut là. Les baïonnettes de l'ennemi brillaient entre lui et la lumière éclatante à l'est. Ses hommes perdaient des forces. Ils tombaient sous le feu irritant, désormais tiré à courte portée. Ils commençaient à fuir. Il doit se replier et quitter son camp, ou être encerclé. Ses troupes couraient dans un désordre sauvage. Hommes, chevaux, chariots à bagages, ambulances bondissaient sur des rondins et des souches et à travers les fourrés dans une confusion indescriptible. Le colonel Peabody fut abattu de son cheval, mortellement blessé, et ses troupes, qui commençaient à faire preuve de courage et d'endurance, rejoignirent les fugitifs.

Prentiss a informé Hurlburt du désastre. Hurlburt était prêt. Il fit avancer sa division à double vitesse. Les régiments désorganisés de Prentiss y dérivèrent, mais ses rangs restèrent inébranlables.

Les rebelles sont entrés dans les tentes du camp capturé, ont jeté leurs vieux vêtements et se sont servis de nouveaux vêtements, ont cassé les malles, ont fouillé les sacs à dos et ont dévoré le petit-déjeuner chaud. Ils jubilaient ; ils criaient, dansaient, chantaient et pensaient que la victoire était gagnée. Deux ou trois cents prisonniers furent faits, désarmés et leurs poches fouillées. Ils furent obligés de renoncer à tout leur argent et d'échanger des vêtements avec leurs ravisseurs, puis furent conduits vers l'arrière.

Pendant que cela se déroulait dans la division Prentiss, les piquets de Sherman étaient repoussés par l'avancée rapide des lignes rebelles. Il était un peu après le lever du soleil lorsqu'ils arrivèrent, essoufflés, avec des récits surprenants selon lesquels toute l'armée rebelle était à leurs trousses. Les policiers ne sortaient pas du lit. Les soldats remuaient, se frottaient les yeux, mettaient leurs bottes, se lavaient au ruisseau ou entretenaient leurs bouilloires. Leurs fusils étaient dans leurs tentes ; ils avaient une petite réserve de munitions. C'était une surprise complète.

Les officiers sautèrent de leur lit, déchirèrent les doubles-toits et se levèrent en déshabillé pour voir de quoi il s'agissait. Les piquets rebelles se sont précipités à portée de mousquet et ont tiré.

« Tombez dedans ! Former une ligne! ici, vite ! étaient les ordres des officiers.

Il y avait des gens qui couraient dans toutes les directions. Des soldats pour leurs fusils, des officiers pour leurs sabres, des artilleurs pour leurs pièces, des équipiers pour leurs chevaux. Il y eut une grande hâte et un grand brouhaha.

Le général Hardee a commis une erreur dès le départ. Au lieu de se précipiter avec une charge à la baïonnette sur le camp de Sherman et de mettre en déroute ses brigades non formées en un instant, comme il aurait pu le faire, il déploya ses batteries et ouvrit le feu.

La première attaque d'infanterie fut contre la brigade Hildebrand, composée des cinquante-troisième, cinquante-neuvième et soixante-seizième Ohio, et du cinquante-troisième Illinois, qui était à gauche de la division. A côté se trouvait la brigade Buckland, composée des quarante-huitième, soixante-dixième et soixante-douzième Ohio. À l'extrême droite, à l'ouest de l'église, se trouvait la brigade McDowell, composée du Sixième Iowa, du Quarantième Illinois et du Quarante-sixième Ohio. La batterie de Taylor était garée autour de l'église et celle de Waterhouse se trouvait sur une crête un peu à l'est de l'église, derrière la brigade Hildebrand.

Malgré cette situation soudaine, les rangs ne se sont pas rompus. Quelques hommes coururent, mais les régiments se formèrent avec une fermeté louable. Les tirailleurs rebelles descendirent vers les buissons qui bordent le ruisseau au sud de l'église et commencèrent un feu dispersé, qui fut riposté par les piquets de Sherman, qui étaient toujours alignés à quelques bâtons devant les régiments. Il y avait un espace ouvert entre le cinquante-septième et le cinquante-troisième régiments de la brigade Hildebrand, et Waterhouse, sous la direction de Sherman, laissa voler ses obus à travers la brèche dans les buissons. Taylor a placé ses armes en position des deux côtés de l'église.

Hindman, Cleburn et Wood avancèrent dans l'espace entre Sherman et Prentiss et pivotèrent vers le nord-ouest sur le flanc gauche de Sherman. Ruggles, avec ses trois brigades, la batterie d'artillerie de Louisiane de Hodgson et la batterie de Ketchum, se déplacèrent sur le front de Sherman. Il avait à droite la brigade Gibson, composée des Quatrième, Treizième et XIXe Louisiane, et du Premier Arkansas. La brigade d'Anderson était la suivante, contenant les dix-septième et vingtième Louisiane, ainsi que le neuvième Texas, un bataillon de Louisiane et un bataillon de Floride. La brigade Pond était sur la gauche et contenait les seizième et dix-huitième bataillons de Louisiane, le trente-huitième Tennessee et deux bataillons de Louisiane.

Lorsque l'alarme fut donnée, le général Sherman monta instantanément à cheval. Il a envoyé une demande à McClernand pour soutenir Hildebrand. Il fit également savoir à Prentiss que l'ennemi était devant, mais que Prentiss l'avait déjà découvert et luttait de toutes ses forces contre l'avalanche qui roulait sur lui depuis la crête au sud de sa position. Il fit savoir à Hurlburt qu'une force était nécessaire dans l'espace entre l'église et Prentiss. Il était présent partout, se précipitant le long de ses lignes, ne prêtant aucune attention aux tirs constants dirigés contre lui et son état-major par les tirailleurs rebelles, à courte portée de mousquet. Ils l'ont vu, ont su que c'était un officier de haut rang, ont vu qu'il mettait de l'ordre dans la confusion et ont essayé de l'arrêter. Alors qu'il galopait vers Hildebrand, son infirmier, Halliday, fut tué.

Le feu des buissons était exaspérant et Hildebrand ordonna aux soixante-dix-septième et cinquante-septième Ohio de chasser les rebelles. Ils avancèrent et étaient sur le point de charger, lorsqu'ils virent qu'ils étaient confrontés à la ligne de Hardee, qui descendait la pente. Le soleil envoyait à peine ses rayons matinaux à travers la forêt, brillant sur la longue file de baïonnettes. Au lieu d'avancer, Hildebrand recula et prit position près de Waterhouse, sur la crête. Lorsque Hildebrand avança, deux des canons de Waterhouse furent envoyés de l'autre côté du ruisseau, mais ils furent rapidement retirés, pas trop tôt cependant, car ils étaient nécessaires pour écraser Hindman et Cleburn qui traversaient en dessous de Hildebrand.

Du côté sud du ruisseau, il y avait un champ et une vieille ferme folle. Ruggles entra dans le champ, s'arrêta et commença à se préparer pour une descente rapide vers le ruisseau. Ses troupes étaient bien en vue depuis l'église.

« Rendez hommage à ces types là-bas », a déclaré le major Taylor à l'officier commandant sa propre batterie. Taylor était chef de l'artillerie dans la division Sherman et n'avait pas le commandement immédiat de sa propre batterie. Lorsqu'il les vit pour la première fois arriver sur le terrain, il pensa qu'il ne s'agissait pas de rebelles, mais de certains hommes de Prentiss, qui avaient été sur le front. Il hésita à ouvrir le feu jusqu'à ce qu'on sache qui ils étaient. Il descendit à Waterhouse et lui dit de tirer sur le terrain. Il galopa jusqu'à la brigade McDowell, où était stationnée la batterie de Barrett, et dit à l'officier commandant de faire de même. En un instant, le terrain était brûlant, les obus éclataient dans les airs, s'écrasaient dans les rangs de Ruggles et creusaient des trous dans les murs de la vieille cabane délabrée. Les rebelles ne pouvaient pas affronter en plein champ un incendie aussi violent. Au lieu d'avancer directement contre l'église, ils se dirigèrent vers les bois à l'est du champ de bataille et devinrent des renforts aux brigades déjà bien avancées dans la brèche entre Sherman et Prentiss.

Ils arrivèrent sur le flanc gauche d'Hildebrand. L'épaisse végétation de noisetiers et d'aulnes le long du ruisseau masquait leurs mouvements. Ils avancèrent jusqu'à ce qu'ils ne soient plus qu'à trois cents pieds des cinquante-troisième et cinquante-septième Ohio avant de commencer leur feu. Ils criaient comme des démons, hurlant et hurlant pour effrayer la poignée d'hommes soutenant Waterhouse. Taylor comprit qu'ils avaient l'intention d'attaquer Waterhouse. Il s'est rendu sur place à cheval. « Donnez-leur du raisin et des canettes ! » il cria. C'était fait. La grêle de fer balayait les buissons. Les cris cessèrent brusquement. Il y eut à la place des gémissements et des gémissements. L'avancée dans cette direction fut instantanément stoppée.

Mais pendant ce temps, les brigades centrales de Hardee poussaient dans la brèche et, sans opposition sérieuse, gagnaient le flanc gauche de Sherman. Waterhouse commença à préparer ses armes pour la retraite. Taylor craignait une soudaine panique.

«Contestez chaque centimètre carré de terrain. Garder son calme. Donnez-leur du raisin. Laissez-les avoir tout ce qu'ils veulent», a déclaré Taylor.

Waterhouse désarma de nouveau ses canons, les tourna un peu plus vers l'est, presque au nord-est, et ouvrit un feu qui ratissa les longues lignes et les tint de nouveau sous contrôle. Taylor envoya Schwartz, Dresser et McAllister, liés à la division McClernand, pour se mettre en position et arrêter le mouvement de flanc.

Cela a pris du temps. Les rebelles, voyant leurs avantages et espérant couper Sherman, poursuivirent leur route et, en cinq minutes, se retrouvèrent presque derrière Waterhouse et Hildebrand. Ils gagnèrent la crête qui enfiladait Hildebrand. Cleburn et Wood se sont affrontés contre Waterhouse. Il tourna encore plus au nord, faisant fonctionner ses canons avec une grande rapidité. Ils se précipitèrent sur lui avec le cri de guerre indien. Ses chevaux ont été abattus. Il a essayé de retirer ses armes. Il réussit à en sauver trois, mais fut obligé de laisser les trois autres entre leurs mains.

Le général McClernand avait rapidement répondu à la demande de Sherman de soutenir Hildebrand. Trois régiments des brigades Raitt et Marsh furent mis en position derrière Hildebrand. Vous vous souvenez que la division McClernand faisait face au nord-ouest et que ce mouvement était donc un changement de front vers le sud-est. Le onzième Illinois se formait à droite de Waterhouse. Les deux autres, le quarante-troisième et le trentième Illinois, étaient à gauche, en arrière. Le combat eut lieu dans le camp d'Hildebrand. Il y a eu une lutte acharnée. Les deux tiers des hommes d'Hildebrand avaient été tués ou blessés ou étaient portés disparus. La plupart des disparus avaient fui vers le fleuve. Les régiments qui restaient étaient mélangés. Cette soudaine apparition les avait semés dans la confusion. Il y avait peu d'ordre. Chaque homme s'est battu pour lui-même. C'était une petite bande courageuse qui tenta de sauver le camp, mais elle fut en infériorité numérique et débordée. Le onzième Illinois perdit six ou huit de ses officiers dès la première volée, mais ils résistèrent vaillamment à la force supérieure.

Pendant ce temps, Buckland et McDowell étaient dans un combat acharné contre Anderson et Pond, qui s'étaient déplacés vers la limite ouest du terrain et se formaient contre la droite de McDowell. Barrett et Taylor tonnaient contre eux, mais d'autres canons répondaient du côté rebelle. Ils étaient si loin sur le flanc de McDowell que les obus qui volèrent au-dessus des têtes des hommes de McDowell passèrent devant l'église et tombèrent dans les rangs de Hildebrand. Sherman a essayé de conserver sa position auprès de l'église. Il considérait que c'était de la plus haute importance. Il ne voulait pas perdre son camp. Il a fait preuve d'un grand courage. Son cheval a été abattu et il en a monté un autre. Celui-là aussi fut tué, et il en prit un troisième, et, avant la nuit, perdit le quatrième. Il encouragea ses hommes, non seulement par ses paroles, mais aussi par son audace téméraire. Les hommes de Buckland et de McDowell se sont remis du choc qu'ils ont reçu pour la première fois. Ils sont devenus des bouledogues. Leur sang coulait. Chaque fois que les rebelles tentaient de repousser McDowell, ils échouaient. Les deux brigades, avec les batteries de Taylor et de Barrett, tinrent bon jusqu'à dix heures passées, et elles n'auraient pas cédé à ce moment-là s'il n'y avait eu un désastre sur toute la ligne.

Hildebrand a rallié ses hommes. Une centaine environ rejoignit le onzième Illinois, de la division McClernand, et combattit comme des tigres.

Dans l'avancée de la ligne Bragg, la brigade Gibson se sépara d'Anderson et de Pond, Gibson se déplaçant vers la droite vers Prentiss, et eux vers la gauche vers Sherman. Plusieurs régiments de la ligne Polk s'avancèrent immédiatement dans la brèche. C'était un renforcement du centre, mais c'était aussi un mouvement qui tendait à désorganiser les lignes rebelles. Gibson fut séparé des commandements de sa division et les régiments du corps de Polk furent déconnectés de leurs brigades, mais le général Bragg leur ordonna de rejoindre le général Hindman.

Ils se dirigèrent vers McClernand, qui changeait de front et se mettait en position à un demi-mile derrière Sherman. Ils étaient si avancés vers Pittsburg Landing que Sherman comprit qu'il risquait d'être coupé. Il donna à contrecœur l'ordre d'abandonner son camp et de prendre une nouvelle position. Il ordonna aux batteries de se replier sur la route Purdy-Hambourg. Il a vu Buckland et McDowell et leur a dit où se rassembler. Le capitaine Behr avait été posté sur la route de Purdy avec sa batterie et n'avait pris que peu de part au combat. Il reculait, suivi de près par Pond.

« Mettez-vous en position là-bas, sur la droite », dit Sherman en désignant l'endroit où il voulait qu'il se détache. Une volée est venue des bois. Un coup de feu frappa le capitaine de son cheval. Les conducteurs et les artilleurs prirent peur et s'enfuirent avec les caissons, laissant cinq canons sans pointes tomber entre les mains des rebelles ! Sherman et Taylor, ainsi que d'autres officiers, par leur sang-froid, leur bravoure et leur audace, sauvèrent les brigades Buckland et McDowell de la panique ; et ainsi, après quatre heures de durs combats, Sherman fut obligé de quitter son camp et de se replier derrière McClernand, qui livrait maintenant un combat acharné avec les brigades qui s'étaient glissées entre Prentiss et Sherman.

Les rebelles se réjouissaient de leur succès. Leurs hourras bruyants dominaient le vacarme de la bataille. Ils se précipitèrent dans les tentes et se servèrent de tout ce qui leur tomba sous la main, comme cela avait déjà été fait dans les camps de Prentiss. Les officiers et les hommes des rangs rebelles oublièrent toute discipline. Ils se débarrassèrent de leurs vieux haillons gris et apparurent en uniformes bleus. Ils brisèrent les malles des officiers et fouillèrent les sacs à dos des soldats. Ils s'emparèrent du petit-déjeuner à moitié cuit et mangèrent comme des loups à moitié affamés. Ils trouvèrent des bouteilles de whisky dans certains quartiers des officiers et burent, dansèrent, chantèrent, hourra et furent à moitié fous de l'excitation de leur victoire.

Après avoir jeté ce regard sur les choses du voisinage de l'église, allons vers la rivière et voyons les autres divisions.

Il était environ six heures et demie du matin lorsque le général Hurlburt reçut du général Sherman un avis indiquant que les rebelles avançaient dans ses piquets. Quelques minutes plus tard, Prentiss lui demanda de l'aide.

Il envoya à Sherman la brigade Veatch, qui, vous vous en souvenez, comprenait le vingt-cinquième Indiana, le quatorzième, le quinzième et le quarante-huitième Illinois. Les troupes se mirent en rang dès que l'ordre fut donné, et furent en marche au bout de dix minutes.

Prentiss a envoyé un deuxième messager, demandant une aide immédiate. Hurlburt en personne dirigeait ses deux autres brigades, celle de Williams et de Lauman. Il avait la batterie de Mann dans l'Ohio, commandée par le lieutenant Brotzman, la batterie de Ross, du Michigan, et la treizième batterie de Meyer dans l'Ohio. Il marcha sur la route de Ridge et rencontra les troupes de Prentiss, désorganisées et brisées, avec des histoires tristes de tout perdu. Prentiss et d'autres officiers tentaient de les rallier.

Hurlburt se forma en ligne de bataille à la frontière d'un ancien champ de coton sur la route de Hambourg. Il y avait quelques hangars et une cabane en rondins avec une grande cheminée construite avec de la boue et des bâtons, le long de la route. Devant la cabane se trouvait un verger de pêchers. La batterie de Mann était placée près du coin nord-est du terrain. La brigade de Williams était placée d'un côté du terrain, et celle de Lauman de l'autre, ce qui faisait que la ligne formait presque un angle droit. La batterie de Ross était postée à droite et celle de Meyer à gauche. Cette disposition de ses forces permit à Hurlburt de concentrer son feu sur le champ et dans le verger de pêchers.

Vous voyez la position, la longue file d'hommes en bleu, à l'orée du bois, abritée en partie par les chênes géants. On voit les cabanes en rondins, la cheminée en torchis, les pêchers devant, tout flamboyants de fleurs roses. Le terrain est aussi lisse qu'un sol de maison. Ici et là, il y a des poignées de coton, restes de la récolte de l'année dernière. Il y a peut-être quarante ou cinquante bâtons à travers le champ jusqu'à la forêt de l'autre côté. Hurlburt et ses officiers longent les lignes, encourageant les hommes et donnant des instructions. Les fugitifs de Prentiss se précipitent vers le Débarquement. Mais une ligne de gardes a été repoussée et les hommes se rallient derrière Hurlburt. Les hommes qui font la queue le long de ce champ savent qu'ils vont livrer une bataille terrible. Au début, il y a un peu d'hésitation, mais ils reprennent confiance, chargent leurs armes et attendent l'ennemi.

La division Withers, qui avait repoussé Prentiss, se déplaça sur la droite de Hurlburt. Les batteries de Gage et Girardey ont ouvert le feu. Le premier coup de feu frappa près de la batterie de Meyer. Les hommes n'avaient jamais entendu le cri d'un obus rebelle auparavant. Ce fut si soudain, inattendu et terrifiant que les officiers et les hommes s'enfuirent, abandonnant leurs canons, leurs caissons, leurs chevaux et tout. Hurlburt n'en vit plus pendant la journée. Indigné par cette manifestation de lâcheté, il descendit à cheval jusqu'à la batterie de Mann et appela des volontaires pour faire fonctionner les canons abandonnés ; dix hommes ont répondu à l'appel. Quelques autres volontaires furent rassemblés et, bien qu'ils connaissaient peu la pratique de l'artillerie, prirent place à côté des canons et ouvrirent le feu. Les chevaux avec les caissons couraient follement à travers la forêt, augmentant la confusion, mais ils furent rattrapés et amenés. Vous voyez que dans la bataille les hommes perdent parfois leur présence d'esprit et agissent de manière stupide. Il est fort probable, cependant, que les troupes se sont battues avec d'autant plus de courage pour cette démonstration de lâcheté. Beaucoup de ceux qui étaient un peu nerveux, qui avaient un sentiment étrange au cœur, n'ont pas aimé l'exposition et ont décidé de ne pas courir.

À cette époque, la fortune de l'armée de l'Union était sombre. Prentiss avait été mis en déroute. Son commandement n'était qu'une simple canaille. La brigade Hildebrand de la division Sherman fut brisée en morceaux ; il ne restait plus qu'un demi-régiment. Les deux autres brigades de la division Sherman près de l'église cédaient. La moitié de la batterie de Waterhouse et tous les canons de Behr sauf un ont été pris. Sherman et Prentiss avaient été chassés de leurs camps. Quatre des six canons composant la batterie de Meyer ne purent être utilisés, faute d'hommes. Les trois régiments que McClernand avait envoyés à Sherman étaient gravement déchiquetés. Le front tout entier avait été repoussé. Johnston avait gagné un mile de terrain. Il avait accompli beaucoup de choses avec peu de pertes.

Le général Grant entendit les tirs à Savannah, à dix milles en aval de la rivière. C'était si constant et si lourd qu'il comprit immédiatement qu'il s'agissait d'une attaque. Il envoya en toute hâte un messager au général Buell, dont l'avance était à dix milles à l'est de Savannah, puis se hâta vers Pittsburg sur un bateau à vapeur. Il est arrivé au sol vers neuf heures. Jusqu'à cette heure-là, il n'y avait pas de commandant en chef, mais chaque commandant de division donnait les ordres qu'il jugeait les meilleurs. Il y avait peu d'unité d'action. Chaque commandant était impressionné par un sentiment de danger et chacun faisait de son mieux pour tenir l'ennemi en échec.

Le large écart entre Prentiss et Sherman, et la mise en déroute rapide des régiments de Prentiss, permirent à Hardee de pousser ses brigades intermédiaires vers le centre de l'armée de l'Union sans trop d'opposition. Les deux flancs de Hardee avaient été freinés par le combat acharné de Sherman d'un côté, la résistance plus faible de Prentiss de l'autre. Cela a progressivement transformé la force rebelle en forme de coin, et au moment où Hurlburt attendait leur avance, la pointe du coin avait pénétré au-delà de la droite de Hurlburt, mais là, elle s'est heurtée à la division du général WHL Wallace.

Lorsque Hurlburt informa Wallace que Prentiss avait été attaqué, ce noble commandant ordonna à sa division de prendre les armes. Vous vous souvenez de sa position, près de Snake Creek, et plus près du débarquement de Pittsburg que toute autre division. Il se dirigea immédiatement dans la direction du tir, ce qui l'amena à l'ouest de la position de Hurlburt.

Vous vous souvenez que le général McClernand avait envoyé trois régiments au général Sherman, et qu'ils furent obligés de changer de front. Cela fait , il déplaça ses deux autres brigades, la première sous le commandement du colonel Hare, comprenant les huitième et dix-huitième infanterie de l'Illinois et les onzième et treizième Iowa, avec la batterie de Dresser, et la troisième brigade avec les batteries de Schwartz et McAllister. C'était un changement complet de façade. Ces mouvements de Wallace et de McClernand étaient directement dirigés contre les deux camps et contre la pointe du coin que Hardee enfonçait. Wallace a marché vers le sud-ouest et McClernand a fait demi-tour face au sud-est. Ils sont arrivés juste à temps pour empêcher Sherman d'être coupé et aussi pour empêcher la brigade Veatch de la division Hurlburt d'être submergée.

Le quartier général de McClernand se trouvait dans un ancien champ de coton. Les camps de ses régiments s'étendaient des deux côtés à travers les champs et dans la forêt. Il établit sa ligne du côté sud du champ, à la lisière de la forêt, déterminé à sauver son camp si possible. Ses hommes avaient connu de durs combats à Fort Donelson, tout comme les hommes du général Wallace. Ils étaient aguerris aux scènes de bataille, alors que les hommes de

Sherman, Prentiss et Hurlburt en faisaient leur première expérience. Schwartz, McAllister et Dresser avaient affronté les rebelles à Donelson, tout comme le major Cavender avec ses dix-huit pièces, commandées par les capitaines Stone, Richardson et Walker.

C'est une histoire longue et complexe, et je crains que vous ne puissiez pas la comprendre. Les régiments, à cette heure, étaient très mélangés, et à mesure que la bataille continuait, ils le devenaient encore plus. Plus tard dans la journée, il y eut une telle confusion qu'il ne fut jamais possible de rendre compte correctement des positions des régiments. Des milliers d'entre vous, je n'en doute pas, avaient des amis dans cette bataille, et vous aimeriez savoir où ils en étaient. Parcourons donc toute la longueur de la ligne pendant que les rebelles se préparent pour la deuxième attaque. En commençant à l'extrême droite, nous trouvons Sherman se reformant avec son flanc gauche un peu en arrière de la droite de McClernand. Il y a la brigade McDowell à droite, la Sixième Iowa, la Quatrième Illinois et la Quarante-sixième Ohio. Ensuite, la brigade de Buckland, les quarante-huitième, soixante-dixième et soixante-douzième Ohio. Quelques hommes de la brigade Hildebrand, pas cinq cents en tout, des cinquante-troisième, cinquante-septième et soixante-seizième Ohio. Viennent ensuite les régiments de la division McClernand, les onzième Iowa, onzième, vingtième, quarante-huitième, quarante-cinquième, dix-septième, vingt-neuvième, quarante-neuvième, quarante-troisième, huitième et dix-huitième Illinois. Ensuite, la division Wallace, les septième, neuvième, douzième, cinquantième et cinquante-deuxième Illinois, les douzième, treizième Iowa et les vingt-cinquième, cinquante-deuxième et cinquante-sixième Indiana. Je pense que tous ces régiments étaient là, même s'il est possible qu'un ou deux d'entre eux ne soient pas arrivés. Ils ne sont pas tous en première ligne, mais on les voit sur deux lignes. Certains d'entre eux, couchés derrière les crêtes, attendent le moment où ils pourront surgir et affronter l'ennemi.

Ensuite, vous voyez la brigade Veatch de la division Hurlburt, la vingt-cinquième Indiana, la quatorzième, la quinzième et la quarante-sixième Illinois ; puis la brigade Williams , la troisième Iowa, la vingt-huitième, la trente-deuxième et la quarante et unième Illinois, près des cabanes en rondins du champ de coton sur la route de Hambourg. Voici les armes de Cavender, au nombre de dix-huit. Vient ensuite la brigade de Lauman, non pas celle qu'il commandait à Donelson dans la charge victorieuse, mais une brigade composée des trente et unième et quarante-quatrième Indiana, et des dix-septième et vingt-cinquième Kentucky.

Derrière Wallace et Hurlburt, Prentiss réforme ses régiments désorganisés, les vingt et unième, vingt-troisième et vingt-cinquième Missouri, les seizième et dix-huitième Wisconsin et le douzième Michigan.

Vous vous souvenez que la brigade Stuart de la division Sherman surveillait la route de Hambourg, au passage de Lick Creek, vers la rivière en provenance de Prentiss. Lorsque Prentiss fut attaqué, il envoya un message à Stuart, qui ordonna immédiatement à sa brigade de prendre les armes. Il attendait les ordres. Il vit au bout d'un moment les baïonnettes rebelles briller à travers les bois entre lui et Prentiss. Il plaça le soixante et onzième Ohio à droite, le cinquante-cinquième Illinois au centre et le cinquante-quatrième à gauche. Ces trois régiments composent sa brigade, et complètent la liste de ceux engagés dans le combat dimanche.

Lorsque le combat commença dans la matinée, Stuart envoya deux compagnies traverser le ruisseau pour agir comme tirailleurs, mais avant qu'ils puissent escalader les hautes falaises du côté sud, les brigades Statham et Bowen, des réserves de Breckenridge, prirent possession du terrain, et elles revenu. Les batteries de Statham s'ouvrirent sur le camp de Stuart. Breckenridge s'était déplacé de sa position en arrière et formait maintenant l'extrême droite de Johnston. Il y avait huit régiments et une batterie devant Stuart. La batterie a forcé le soixante et onzième Ohio à quitter sa position. Il se retira au sommet de la crête derrière son terrain de camping, que Stuart aurait pu tenir contre une force supérieure s'il n'avait pas été débordé. Les soixante et onzième, sans ordres, abandonnèrent la position, se retirèrent vers le débarquement, et Stuart ne les vit plus pendant la journée.

Il prit une nouvelle position, avec ses deux régiments, sur la crête de la colline. À l'est de lui se trouvait un ravin. Breckenridge envoya un corps de cavalerie et d'infanterie à travers le ruisseau pour remonter ce ravin, se placer derrière le flanc gauche de Stuart et, avec les masses se précipitant devant sa droite, le coupa. Stuart résolut de faire une vaillante résistance. Il envoya quatre compagnies du cinquante-quatrième Ohio, qui prirent position à la tête du ravin ou ravin qui forme le ruisseau vers le nord. Ils se faufilèrent dans les buissons épais, se cachèrent derrière les arbres et déclenchèrent un feu acharné, forçant la cavalerie à reculer et arrêtant l'avancée de l'infanterie. Le reste de ses forces maintint Statham sur le front. Sa ligne de tir traversait un champ ouvert, et chaque fois que Statham tentait de le traverser, il était renvoyé par les volées bien dirigées. Stuart reçut l'assurance du général McArthur, commandant l'une des brigades de Wallace , qu'il devrait être soutenu, mais les soutiens ne purent être épargnés depuis le centre. Stuart maintint sa position plus de deux heures, jusqu'à ce que ses gibernes fussent vidées. Lorsque ses munitions manquèrent, Statham et Bowen se précipitèrent à nouveau sur sa gauche, et il comprit qu'il devait battre en retraite ou être fait prisonnier. Il se replia sur la ligne Hurlburt et forma le reste de sa brigade sur la gauche, complétant ainsi la ligne de bataille établie à dix heures.

DE DIX HEURES À QUATRE HEURES.

Les généraux Bragg et Polk ont dirigé l'attaque contre McClernand et Wallace. La brigade de Pond était au nord-ouest de l'église, celle d'Anderson près de l'église, celle de Cleburn et celle de Wood à l'est. Ceux de Hindman et les régiments du corps de Polk qui s'étaient détachés de leurs brigades étaient devant la droite de Wallace. Ces régiments appartenaient à la division Cheatham. Toute sa division était devant Wallace.

Russell, Stewart et Gibson étaient devant la gauche de Wallace. Gladden, Chalmers et Jackson étaient à la droite de Hurlburt, tandis que Breckenridge, après avoir repoussé Stuart, arrivait à sa gauche.

Les rebelles, confiants dans la victoire finale, firent preuve d'une grande bravoure et commencèrent à attaquer McClernand, mais ils furent confrontés à des hommes tout aussi courageux. Pond et Anderson chargèrent sur les régiments à la droite de McClernand, mais la charge fut interrompue par les volées rapides des onzième, vingtième et quarante-huitième Illinois. Cleburn et Wood se précipitèrent sur les quarante-cinquième, dix-septième et quarante-neuvième, qui étaient au centre de la division, mais furent repoussés. Puis ils se tournèrent contre les Onzième et XVIIIe, devant le quartier général de McClernand, mais ne purent briser la ligne. Pendant encore une demi-heure, ils restèrent debout et tirèrent à longue portée de mousquet. Dresser, McAllister et Schwartz ont donné libre cours à leurs batteries, mais ont été répondus par les batteries plantées autour de l'église, sur le terrain d'où Sherman avait été chassé. Bragg a avancé ses hommes à courte portée de mousquet, à quinze ou vingt cannes de distance. Les arbres étaient brisés par le coup de canon, brisés par les obus ; les branches furent arrachées aux troncs, les rameaux de noisetier furent coupés par la tempête de grêle plombée. De nombreux arbres ont été frappés cinquante, soixante et cent fois. Les officiers et les hommes tombèrent très rapidement des deux côtés. Les brigades Polk arrivèrent et les forces réunies se précipitèrent sur les batteries. Il y a eu une lutte désespérée. Les chevaux furent abattus : Schwartz en perdit seize, Dresser dix-huit et McAllister trente. Les fusils furent saisis : Schwartz en perdit trois, McAllister deux et Dresser trois. L'infanterie ne pouvait pas tenir bon. Ils reculèrent, prirent une nouvelle position et firent un nouvel effort pour sauver leur camp.

Les bois résonnaient des hourras des rebelles. Le terrain était rempli de morts et de blessés, mais ils gagnaient. Ils possédaient la plus grande armée et le succès les incita à lancer une autre attaque. Bragg reforma ses colonnes.

La deuxième ligne de défense de McClernand se trouvait près de son camp. Ses hommes se sont battus courageusement pour le sauver. Les brigades de Polk se sont déplacées vers le front et ont chargé sur la ligne, mais elles ont été arrêtées. McClernand chargea sur eux et fut à son tour repoussé. Le concours s'est donc poursuivi heure après heure.

Buckland et McDowell, sous le commandement de Sherman, étaient trop épuisés et désorganisés par leur longue lutte du matin pour prendre une grande part à ce combat. Ils constituaient des réserves. Barrett et Taylor avaient utilisé toutes leurs munitions et ne pouvaient pas aider.

Le droit de McClernand n'était pas protégé. Bragg le vit et contourna les brigades d'Anderson, de Pond et une partie des brigades de Stewart. Il y eut une courte lutte, puis les troupes cédèrent. Les hommes coururent en confusion à travers le champ balayé par l'artillerie rebelle. Les poursuivants, avec des acclamations exultantes, suivaient, non plus dans l'ordre, mais chaque soldat rebelle courant pour le pillage dans les tentes. La lutte se prolonge un peu sur la gauche, mais le camp est aux mains des rebelles, et McClernand et Sherman se replient de nouveau vers le camp de Wallace.

Wallace était déjà fiancé. La marée qui s'était levée contre Sherman et McClernand se dirigeait maintenant avec une force accrue contre sa division. Beauregard visait le débarquement, pour s'emparer des transports, utilisant sa force comme un coin pour séparer l'armée de l'Union du fleuve. Il aurait pu détourner ses forces vers la droite de Grant et éviter ce qui, comme vous le verrez tout à l'heure, l'empêchait d'accomplir son but ; mais ayant jusqu'ici réussi son plan, il continua sa marche directe.

Le général Wallace était un homme très courageux. Il était cool, avait une grande présence d'esprit et possédait la rare qualification de faire sentir sa présence à ses soldats. Il pouvait mettre de l'ordre dans la confusion et, par un mot, un regard ou un acte, inspirer ses hommes. Il plaça les trois batteries de Cavender dans des positions dominantes sur une crête et garda son infanterie bien à l'abri derrière la crête. Les hommes de Cavender avaient combattu sous les ordres du courageux général Lyon à Wilson's Creek dans le Missouri et avaient participé à une demi-douzaine de batailles. Le hurlement des obus était pour eux une musique.

De onze heures à quatre heures, la bataille faisait rage devant Wallace. Les hommes qui avaient mené leur première bataille avec tant de détermination à Donelson ne devaient pas être chassés maintenant.

Hardee, Bragg et Cheatham se précipitèrent quatre fois sur la ligne de Wallace, mais furent à chaque fois repoussés. À deux reprises, Wallace les suivit alors qu'ils se retiraient après leurs tentatives inefficaces pour l'écraser, mais il n'avait pas assez de puissance pour briser leurs triples rangs. Il pouvait tenir bon, mais il ne pouvait pas repousser la force supérieure. Son sang-froid, son endurance, sa bravoure, son entêtement, sa perception rapide de tout ce qui se passait, son pouvoir sur ses hommes, pour faire de chacun un héros, ont beaucoup contribué à sauver l'armée en ce jour désastreux.

Le général Bragg déclare : « Le commandement de Hindman fut vaillamment mené à l'attaque, mais recula sous un feu meurtrier. Le noble et vaillant chef (Hindman) tomba grièvement blessé. Le commandement reprit son travail, mais ne fut pas à la hauteur de la lourde tâche. J'ai fait venir la brigade Gibson et je l'ai lancée en avant pour attaquer le même point. Un feu très nourri s'ouvrit bientôt, et après un court conflit, ce commandement se replia dans un désordre considérable. Rassemblant les différents régiments par mes officiers d'état-major et mon escorte, ils furent encore deux fois poussés à l'attaque pour être repoussés. [9]

Le matin, lorsque les rebelles commencèrent l'attaque, vous vous souvenez que Breckenridge, avec les réserves rebelles, était à l'arrière ; qu'il se dirigea vers l'est et descendit vers la rivière devant la brigade Stuart. Le général Johnston et son état-major étaient sur les collines qui bordent le ruisseau, examinant le terrain devant Stuart et Hurlburt. Ross, Mann et Walker jetaient des obus à travers le ruisseau.

Le général Breckenridge se dirigea vers le général Johnston et s'entretint avec lui.

"Je mènerai vos hommes au combat aujourd'hui, car j'ai l'intention de montrer à ces Tennesseeens et Kentuckiens que je ne suis pas un lâche", a déclaré Johnston à Breckenridge. [dix]

Les habitants du Sud-Ouest le considéraient comme un lâche, car il avait abandonné Nashville sans combat.

Breckenridge fit appel aux brigades Statham et Bowen contre Hurlburt. Il forma sa ligne à la lisière du bois, de l'autre côté du terrain. Après un tir d'artillerie d'une heure, il se dirigea vers le centre du champ, se précipita à travers le verger de pêchers et s'approcha de la ligne de Hurlburt près de la cabane en rondins. Mais le champ était clôturé par le feu. Il y avait des éclairs constants des mousquets, avec de larges nappes de flammes provenant de l'artillerie. Les rebelles furent repoussés avec des rangs brisés.

Breckenridge envoya son aide spéciale au général Johnston pour obtenir des instructions. [11] Alors que l'aide arrivait, un obus a explosé au-dessus du général et de son état-major. Un fragment a traversé la cuisse droite du général Johnston, sectionnant une artère. Il fut enlevé de son cheval et mourut sur le terrain à deux heures et demie.

Le général Beauregard prit le commandement et donna l'ordre de garder secrète la mort du général Johnston, afin que les troupes ne soient pas découragées.

À trois reprises, Breckenridge tenta de forcer Hurlburt à reculer en l'attaquant de face, mais chaque fois qu'il avançait, il était repoussé. Il était triste de voir les blessés se traîner vers les bois, pour échapper à la tempête, plus terrible que le souffle du simoom, qui balayait les champs. Les régiments de Hurlburt tirèrent toutes leurs munitions, et Prentiss, qui avait rallié ses hommes, s'avança vers le front pendant que les cartouches se remplissaient.

Pendant ce temps, le général Bragg céda le commandement de sa ligne devant Wallace à un autre officier et descendit vers la rivière devant Hurlburt et Prentiss. Il dit:-

« Là, j'ai trouvé une force forte, composée de trois parties sans tête commune ; étant le général Breckenridge avec sa division de réserve pressant l'ennemi ; Le brigadier-général Withers avec sa division complètement épuisé et prenant un repos temporaire ; et la division du major-général Cheatham du commandement du major-général Polk à leur gauche et à l'arrière. Les troupes furent bientôt remises en mouvement, répondant avec beaucoup d'empressement au commandement : « En avant ! » » [12]

Juste à ce moment, le général Wallace, à droite, était mortellement blessé.

C'était comme si on lui enlevait la moitié des effectifs de sa division. Les hommes perdirent courage en un instant. Le pouvoir qui les avait inspirés avait disparu. Le brave homme fut porté à l'arrière, suivi de sa division. L'effondrement de cette division et le repli de Prentiss devant les masses flanquant l'extrême gauche furent des plus désastreux. Prentiss fut encerclé et fait prisonnier avec le reste de sa division, et le camp de Hurlburt tomba aux mains des rebelles.

De ce mouvement, le général Bragg dit : « L'ennemi fut chassé de toutes les positions, et jeté en masses confuses sur la rive du fleuve, derrière son artillerie lourde et à l'abri de ses canonnières au Débarquement. Il avait laissé entre nos mains presque toute son artillerie légère et environ trois mille prisonniers, qui furent coupés de leur retraite par le rapprochement de nos troupes sur la gauche sous le commandement du major-général Polk, avec une partie de son corps de réserve. , et le brigadier-général Ruggles, avec les brigades Anderson et Pond de sa division. [13]

Les bois résonnaient des cris exultants des rebelles, alors que Prentiss et ses hommes marchaient vers Corinthe. Ils possédaient les camps de toutes les divisions, sauf celui de Wallace. Beauregard avait tenu sa promesse. Ils pourraient dormir dans les camps ennemis.

DIMANCHE SOIR.

Regardez la situation de l'armée du général Grant. Il y a du monde presque jusqu'au Débarquement. Ce n'est qu'à un mile de la rivière, à l'extrême droite, que Sherman et McClernand tentent de rallier leurs divisions désorganisées. Tout est confusion. La moitié de l'artillerie est perdue. La plupart des armes restantes sont désactivées. Quelques-uns qui sont bons sont abandonnés par les artilleurs. Il y a un flot de fugitifs vers le débarquement, qui ne pensent qu'à comment s'échapper. Ils sont des milliers sur les rives du fleuve, se pressant sur les transports. Ils ont des histoires tristes. Au lieu d'être à leur place et de tenir bon comme des hommes, ils ont abandonné leurs braves camarades et les ont laissés submergés par la force supérieure de l'ennemi.

Quand on regarde la position de l'armée et l'état des troupes à cette heure, juste avant le coucher du soleil, il n'y a pas grand chose à espérer. Mais il y a des hommes qui ne se découragent pas. « Nous les tiendrons encore », déclare le général Grant.

Un officier avec des bandes de dentelle dorée sur la manche de son manteau et une bande dorée sur sa casquette monte la colline depuis le débarquement. C'est un officier de la canonnière Tyler, commandé par le capitaine Gwin, qui pense pouvoir rendre quelques services. Des balles et des obus des batteries rebelles sont tombés dans la rivière, et il aimerait en jeter dans les bois.

"Dites au capitaine Gwin d'utiliser sa propre discrétion et son jugement", est la réponse.

L'officier se précipite vers le Tyler. Le Lexington est à ses côtés. Les hommes se jettent sur les canons et les obus déchirent le ravin, explosant dans les rangs rebelles, désormais massés pour le dernier grand assaut. Toute la journée, les hommes des canonnières ont entendu le rugissement du conflit se rapprocher de plus en plus et n'ont pas eu l'occasion d'y prendre part, mais maintenant leur heure est venue. Les navires reposent gracieusement sur la rivière placide. Ils se couvrent de nuages blancs, et les canons à la gueule profonde mugissent leurs tonnerres les plus bruyants, qui roulent à des kilomètres le long du ruisseau sinueux. C'est une douce musique pour ces hommes découragés qui se préparent à résister à la dernière avancée des rebelles, désormais presque à portée de la récompense tant convoitée.

Le colonel Webster, chef d'état-major du général Grant, ingénieur et artilleur, a choisi avec un œil vif une ligne de défense. Il y a un profond ravin juste au-dessus de Pittsburg Landing, qui s'étend au nord-ouest sur un demi-mile. Il y a cinq canons de siège lourds, trois canons de trente-deux livres et deux obusiers de huit pouces au sommet de la falaise près du débarquement. Ils sont là depuis une semaine, mais il n'y a pas d'artilleurs pour les surveiller. Des bénévoles sont sollicités. Le Dr Cornyn, chirurgien de la First Missouri Artillery, propose ses services. Les artilleurs ayant perdu leurs armes sont récupérés. Les balles rondes et les obus sont transportés depuis les bateaux. Les fugitifs qui ont perdu leurs régiments sont mis au travail. Les barils de porc sont enroulés et disposés en ligne. Les hommes se mettent au travail avec des pelles et dressent un remblai grossier. Les canons lourds sont mis en position pour balayer le ravin et tout le terrain au-delà. Tout est fait rapidement. Il n'y a pas de temps à perdre. Les hommes travaillent comme jamais auparavant. À moins qu'ils ne parviennent à contrôler l'ennemi, tout est perdu. L'énergie, l'activité, la détermination, l'endurance et le courage doivent être concentrés dans ce dernier effort.

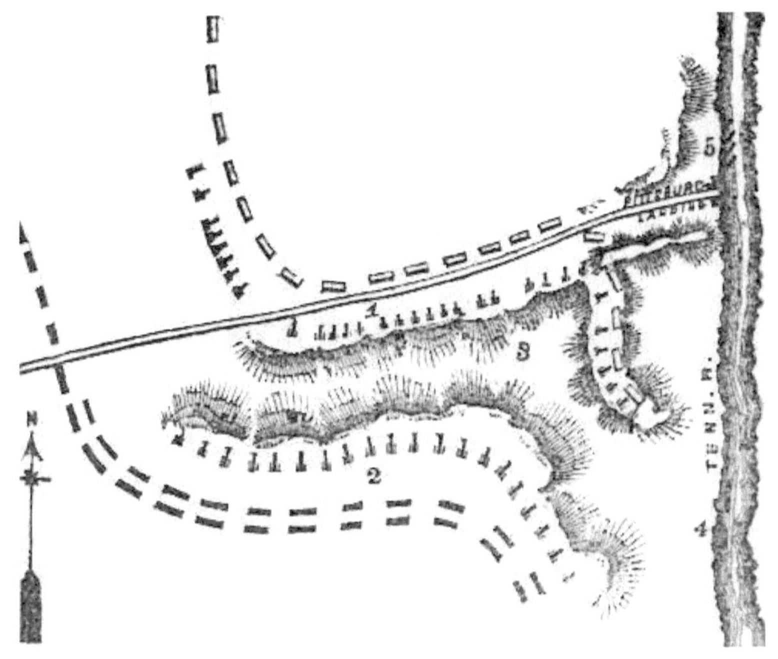

Le combat au ravin.

1 Piles syndicales.   4 Canonnières.

2 Batteries rebelles. 5 Les transports.

3 Ravin.

En commençant le plus près de la rivière, sur la crête du ravin, vous voyez deux des vingt-quatre livres de McAllister, puis quatre des dix livres du capitaine Stone, puis le capitaine Walker avec un canon de vingt livres, puis le capitaine Silversparre avec quatre canons Parrott de vingt livres. , qui lancent des projectiles rayés, puis deux obusiers de vingt livres, qui lancent du raisin et une cartouche. Ensuite, vous arrivez à la route qui mène à l'église de Shiloh. Là vous voyez six pièces de campagne en laiton ; puis la batterie du capitaine Richardson composée de quatre canons Parrott de vingt livres ; puis un obusier de six livres et deux obusiers de douze livres de la batterie du capitaine Powell ; puis les canons de siège, sous les ordres du chirurgien Cornyn et du capitaine Madison ; puis deux pièces de dix livres, sous les ordres du lieutenant Edwards, et deux autres sous les ordres du lieutenant Timony. Il y a d'autres canons au-delà, ceux de Taylor, de Willard et ce qui reste de la batterie de Schwartz, ainsi que ceux de Mann, de Dresser et de Ross, soit environ soixante canons en tout. Les régiments brisés sont debout ou couchés. La ligne, au lieu d'avoir quatre milles de longueur, comme elle l'était le matin, ne mesure plus qu'un mille maintenant. Les régiments sont tous mélangés. Il y a des hommes sur une douzaine en un, mais ils peuvent malgré tout se battre.

Les commandants rebelles concentrent toutes leurs forces près de la rivière, pour charger à travers le ravin, escalader l'autre côté, se précipiter sur la route et capturer les bateaux à vapeur. Ils placent leurs batteries le long de la berge, levant tous leurs canons, pour se frayer un chemin à coups de boulets et d'obus. S'ils parviennent à prendre pied de l'autre côté, le moment leur appartient. L'armée de l'Union sera anéantie, le Tennessee racheté. Buell sera capturé ou repoussé vers la rivière Ohio. Les fortunes défaillantes de la Confédération vont renaître. La reconnaissance par les nations étrangères sera assurée. Quelle heure capitale !

Les troupes de Beauregard étaient très déchiquetées et très désorganisées. Le Second Texas, qui avait avancé à travers le verger de pêchers, avait disparu et ne fut pas réorganisé pendant le combat. Le colonel Moore, commandant une brigade, déclare : « Le choc fut si inattendu que toute la ligne céda de droite à gauche dans une confusion totale. Les régiments sont devenus si dispersés et mélangés que tous les efforts pour les réformer sont restés vains. [14]

La brigade Chalmers était à l'extrême droite. Ce qui restait de Jackson est venu ensuite. Breckenridge, avec ses brigades brisées, était derrière Chalmers. Trabue, commandant une brigade de Kentuckiens, était relativement frais. Les divisions Withers, Cheatham et Ruggles étaient au fond du ravin. Gibson, qui avait été presque anéanti, était là. Stewart, Anderson, Stephens et Pond se trouvaient sur le terrain d'où Wallace avait été chassé. Alors que les brigades défilaient devant Beauregard, il leur dit : « En avant, les garçons, et conduisez-les dans le Tennessee. » [15]

Le canon rebelle s'ouvre. Un nuage sulfureux borde la berge. Le tumulte sauvage recommence. En face, un autre nuage roule vers le haut. Il y a des cris étranges à travers le gouffre, des hurlements féroces provenant de choses invisibles. Les grands chênes sont déchirés, brisés, brisés, éclatés. Les canons sont renversés par des verrous invisibles. Il y a des explosions dans la terre et dans les airs. Hommes, chevaux, chariots, sont soulevés, renversés, mis en pièces, écrasés contre les arbres. Les commandes sont interrompues ; car pendant que les mots sont sur les lèvres, la langue cesse de s'articuler, les muscles se détendent et le cœur cesse de battre, tous les ressorts de la vie brisés en un instant.

Le tumulte était plus sauvage, plus profond, plus fort. De gros obus provenant des canonnières volent dans le ravin. Les artilleurs visent le nuage le long de la rive sud. Ils ratissent les lignes rebelles, tandis que l'artillerie massée devant les traverse de part en part.

Bragg commande une avance. Les brigades pénètrent dans le ravin, abritées devant par les grands arbres au-dessus et les broussailles enchevêtrées en dessous. Ils poussent vers le versant nord.

« Raisin et boîte maintenant ! »

"Donnez-leur des charges doubles!"

« Baissez vos armes ! »

"Rapide! Feu!"

Les mots courent le long de la ligne. Les moments sont des âges maintenant. Les secondes sont des années. Comme les hommes vivent vite quand tout est en jeu ! Ah ! mais comme ils meurent vite dans ce ravin ! De haut en bas, à travers, à travers, par-dessus, les souffles flétrissants, coupant, déchirant, balayant la colonne, qui tremble, vacille, chancelle, s'effondre, disparaît.

Le général Chalmers déclare : « Nous avons reçu l'ordre du général Bragg de repousser l'ennemi dans la rivière. Ma brigade, avec celle du général Jackson, se déplaça vers la droite, se forma face à la rivière et s'efforça de pousser jusqu'au bord de l'eau ; mais en tentant de gravir la dernière crête, nous fûmes accueillis par le feu de toute une ligne de batteries, protégées par l'infanterie et assistées par les obus des canonnières. Nos hommes luttèrent en vain pour gravir la colline, qui était très raide, chargeant sur charge sans succès ; mais il a continué le combat jusqu'à la nuit, clôturant les hostilités. [16]

Dit le colonel Fagan, du premier Arkansas, de la brigade Gibson :

« À trois reprises, nous sommes entrés dans cette « Vallée de la Mort » et, comme souvent, nous avons été repoussés par un nombre écrasant de personnes, retranchés dans une position forte. Tout ce qui pouvait être fait a été fait, les tas de morts et de blessés laissés là-bas en témoignent amplement. [17]

Le colonel Allen, du Quatrième Louisiane, dit : -

« Un feu meurtrier s'est déversé sur nous depuis les batteries masquées de raisins et de mitraille, ainsi que depuis les fosses à fusils. Le régiment se retira, se reforma et chargea de nouveau. Beaucoup de mes hommes les plus courageux et les meilleurs sont tombés dans les broussailles épaisses, sans jamais voir l'ennemi. [18]

C'est le coucher du soleil. Le jour est passé. Ce fut un conflit sauvage, féroce et désastreux. Beauregard a poussé régulièrement vers le Débarquement. Il est à portée de mousquet des paquebots, du prix qu'il convoite tant. Il est en possession de tous les camps de division sauf un. Il peut tenir la promesse faite à ses soldats ; ils peuvent dormir dans les camps de l'armée de l'Union. C'est son premier contrôle sérieux. Il a perdu beaucoup d'hommes. Son commandant en chef est tué, mais il est sûr de pouvoir terminer dans la matinée le travail qui s'est déroulé sous de si bons auspices, car Buell n'est pas arrivé.

Il a fait une bonne journée de travail. Ses hommes se sont bien battus, mais ils sont épuisés. Demain matin, il terminera General Grant. Ainsi raisonne-t-il. [19]

Le général Grant avait raison dans ses calculs. Les rebelles ont enfin été arrêtés. Au coucher du soleil, ceux qui se tiennent sur la colline près du débarquement découvrent sur la rive opposée des hommes qui courent sur la route, haletants. Au-dessus d'eux ondulent les étoiles et les rayures. Il y a un bourdonnement, une agitation parmi les milliers de personnes au bord de la rivière.

« C'est l'avance de Buell ! »

"Hourra! Hourra! Hourra!"

Les cris résonnent dans la forêt. Les blessés lèvent la tête fatiguée, voient la ligne qui avance et pleurent des larmes de joie. Les paquebots jetèrent leurs attaches. Les grandes roues font claquer l'eau gargouillante. Ils passent de l'autre côté. Les soldats haletants de l'armée de l'Ohio se précipitent à bord. Le bateau à vapeur s'installe chez les gardes avec sa précieuse cargaison de vie humaine ; retraverse la rivière en toute sécurité. La ligne bleue serpente la berge. C'est la division Nelson. Les divisions McCook et Crittenden sont à Savannah. La division Lewis Wallace de Crump's Landing se présente sur la droite, devant Sherman et McClernand. Il y aura quatre nouvelles divisions lundi matin. L'armée est en sécurité. Buell ne sera pas repoussé vers l'Ohio. La reconnaissance ne viendra pas de la France et de l'Angleterre à la suite de la grande victoire rebelle à Shiloh.

Durant la nuit, les obus des canonnières se sont écrasés le long des lignes rebelles. L'incendie fut si destructeur que Beauregard fut obligé de reculer de la position qu'il avait conquise au prix d'un tel sacrifice de vie. Il y avait de l'activité au Débarquement. Les paquebots se rendirent à Savannah, embarquèrent les divisions McCook et Crittenden de l'armée de Buell et les transportèrent à Pittsburg. Peu de mots furent prononcés alors qu'ils gravissaient la colline dans l'obscurité, avec des milliers de blessés de chaque côté, mais il y eut de nombreux remerciements silencieux pour leur venue. Les soldats fatigués s'allongeaient en ligne de bataille pour sombrer dans un sommeil interrompu, leurs fusils chargés à côté d'eux. Les sentinelles se tenaient, comme des statues, en silence aux confins de cette vallée de la mort, guettant et attendant le matin.

Le nuage de bataille pendait comme un voile au-dessus de la forêt. L'obscurité et l'obscurité s'approfondissaient. Les étoiles, qui regardaient calmement du fond du ciel, se retirèrent de la scène. Une scène horrible ! car les obus qui explosaient avaient mis le feu à la forêt. Les flammes consumaient les feuilles et les brindilles flétries des fourrés et se glissaient jusqu'aux blessés impuissants, amis comme ennemis. Il n'y avait pas d'autre main que celle de Dieu pour les sauver. Il entendit leurs cris et leurs gémissements. La pluie est arrivée, éteignant les flammes. Elle inondait les hommes en armes, attendant que le jour vienne reprendre la lutte, mais il y avait des centaines de blessés, desséchés par la fièvre, agités par la douleur, qui remerciaient Dieu pour la pluie.

LUNDI.

Beauregard a établi ses plans pour commencer l'attaque à l'aube. Grant et Buell résolurent de faire de même : non pas se mettre sur la défensive, mais étonner Beauregard en avançant. La division Nelson était placée à gauche, le plus près de la rivière, celle de Crittenden ensuite, celle de McCook au-delà et Lewis Wallace à l'extrême droite, toutes troupes fraîches, avec en réserve les autres divisions de Grant, qui avaient fait une résistance si opiniâtre.

Dans la division du général Nelson, vous voyez, plus près de la rivière, la brigade du colonel Ammen, composée du trente-sixième Indiana, du sixième et du vingt-quatrième Ohio ; ensuite, la brigade du colonel Bruer, première, deuxième et vingtième Kentucky ; ensuite, la brigade du colonel Hazen, la neuvième Indiana, la sixième Kentucky et la quarante et unième Ohio. La brigade du colonel Ammen est arrivée à temps pour participer au concours au ravin dimanche soir.

La division du général Crittenden comptait deux brigades : celle du général Boyle et celle du colonel WL Smith. Le général Boyle avait les dix-neuvième et cinquante-neuvième Ohio, ainsi que les neuvième et treizième Kentucky. Celle du colonel Smith était composée du treizième Ohio, des onzième et vingt-sixième Kentucky, avec la batterie de Mendenhall, appartenant à l'armée régulière des États-Unis, et la batterie de Bartlett dans l'Ohio.

La division du général McCook comptait trois brigades. Le premier était commandé par le général Rousseau, composé du premier Ohio, du sixième Indiana, du troisième Kentucky et des bataillons des quinzième, seizième et dix-neuvième infanterie régulière. La deuxième brigade était commandée par le brigadier-général Gibson et se composait des trente-deuxième et trente-neuvième Indiana et du quarante-neuvième Ohio. La troisième brigade était commandée par le colonel Kirk et se composait du trente-quatrième Illinois, des vingt-neuvième et trentième Indiana et de la soixante-dix-septième Pennsylvanie.

La division du général Lewis Wallace, réorganisée après la bataille de Fort Donelson, se compose désormais de trois brigades. Le premier était commandé par le colonel Morgan L. Smith et se composait du huitième Missouri, du onzième et du vingt-quatrième Indiana et de la batterie Missouri de Thurber. La deuxième brigade était commandée par le colonel Thayer et contenait les mêmes régiments qui avaient arrêté les rebelles au ruisseau à l'ouest de Fort Donelson : le premier Nebraska, le vingt-troisième et le soixante-huitième Ohio, avec la batterie Indiana de Thompson. La troisième brigade était commandée par le colonel Whittlesey et était composée des vingtième, cinquante-sixième, soixante-seizième et soixante-dix-huitième Ohio.

Deux brigades de la division du général Wood arrivèrent dans la journée, mais pas à temps pour prendre part à la bataille.

Les brigades Beauregard furent dispersées pendant la nuit. Ils s'étaient retirés en confusion devant le terrible incendie des canonnières dans le ravin. Les officiers cherchaient leurs troupes et les soldats cherchaient leurs régiments toute la nuit. Le travail de réorganisation était en cours lorsque les piquets de jour furent repoussés par l'avancée de la ligne Union.

Beauregard, Bragg, Hardee et Polk dormaient tous près de l'église. Il n'y avait aucune régularité de divisions, de brigades ou de régiments. Ruggles se trouvait à l'ouest de l'église avec deux de ses brigades. La brigade Trabue des réserves de Breckenridge était là. Breckenridge, avec ses autres brigades, ou ce qu'il en restait, se trouvait à l'est de l'église, ainsi que les fragments brisés de la division Withers. La brigade Gladden s'était effondrée, et le colonel Deas, qui la commandait, fut obligé de ramasser les retardataires de tous les régiments. Russell et Stewart étaient près du camp de Prentiss. Cheatham était à proximité, mais ses régiments étaient réduits à des compagnies et dispersés sur tout le terrain.

Beauregard avait établi une solide arrière-garde et avait donné l'ordre de tirer sur tous les retardataires. L'ordre a été strictement appliqué et les fuyards ont été ramenés et mis en rang. Bien qu'épuisés, désorganisés et contrôlés, les rebelles n'avaient pas perdu courage. Ils étaient confiants dans la victoire et se sont immédiatement ralliés lorsqu'ils ont constaté que l'armée de l'Union avançait.

Regardez encore une fois la position des divisions. Nelson est sur le terrain sur lequel Stuart et Hurlburt se sont retirés. Crittenden est l'endroit où

Prentiss a été capturé, McCook où McClernand a pris sa position désespérée et Lewis Wallace où la ligne de Sherman a cédé.

Les canonnières, par leurs tirs constants pendant la nuit, avaient contraint les rebelles à se replier devant Nelson. Il était un peu plus de cinq heures lorsque Nelson lança ses tirailleurs en avant et avança sa ligne. Il rencontra les rebelles à mi-chemin de Lick Creek, près du verger de pêchers. Le combat commença furieusement. Beauregard faisait marcher des brigades sur sa gauche et les plaçait en position pour une attaque concentrée visant à gagner le débarquement. Le général Crittenden n'avait pas avancé et Nelson fut assailli par une force supérieure. Il a tenu bon pendant une heure, mais il n'avait pas de batterie. Il avait été obligé de le laisser à Savannah. Il envoya une aide au général Buell pour demander de l'artillerie. Mendenhall a été envoyé. Il est arrivé juste à temps pour sauver la brigade d'une attaque écrasante. Les rebelles avançaient lorsqu'il démonta ses canons, mais ses tirs rapides de raisin à courte portée les jetèrent dans la confusion.

Cela étonna le général Beauregard. Il ne s'y attendait pas. Il devait attaquer et anéantir Grant, et non se laisser attaquer et chasser. [20] Il ordonna de nouvelles troupes de ses réserves, et la lutte fit rage avec une fureur accrue.

Nelson, voyant l'effet du feu de Mendenhall, jeta la brigade Hazen en avant. Il tomba sur la batterie qui les coupait en morceaux. Avec des acclamations, ils sautèrent sur les canons, les saisirent et commencèrent à les retourner sur l'ennemi en fuite. La ligne rebelle s'est ralliée et est revenue, suivie par des troupes fraîches. Il y a eu une lutte courte mais acharnée, et Hazen a été contraint de laisser les morceaux et de se replier. Puis les tonnerres roulèrent à nouveau. Les bois étaient des nappes de flammes. [21] Les rebelles ont mobilisé davantage de leurs réserves et ont forcé Nelson à céder sa position. Il recula sur une courte distance et se remit en position. C'était un homme têtu, un Kentuckien, un marin qui avait fait le tour du monde. Sa discipline était sévère. Ses hommes avaient été bien entraînés et étaient aussi têtus que leur chef.

« Envoyez-moi une autre batterie, vite ! » telle fut sa demande adressée au général Buell.

La batterie de Tirrell, qui venait de débarquer d'un bateau à vapeur, gravissait la colline, à travers les bois, par-dessus les souches et les arbres, les chevaux bondissant comme s'ils avaient capté l'enthousiasme du commandant de la batterie. Le capitaine Tirrell avait un œil vif.

« En position là-bas. Vif, les hommes ! Caissons à l'arrière ! étaient ses mots de commandement. Les artilleurs sautèrent des voitures jusqu'au sol. Les caissons tournèrent, ramenant les têtes des chevaux vers le débarquement, trottinèrent huit ou dix verges et prirent position abritée par une crête de terre. Le capitaine Tirrell allait d'une arme à l'autre.

« Tirez avec des obus, des mèches de deux secondes », dit-il aux lieutenants commandant ses deux canons Parrott de dix livres.

« Du raisin et des canettes », dit-il aux officiers commandant les quatre canons de douze livres en cuivre. Son feu était formidable. Partout où ses armes étaient tournées, le silence régnait le long des lignes rebelles. Leur mousqueterie cessa. Leurs colonnes reculèrent en chancelant. Pendant ce temps, Mendenhall les frappait. Le dix-neuvième Ohio, de la division Crittenden, descendit en fuite, rejoignit la brigade, et la lutte reprit. Les rebelles, au lieu d'avancer, commencèrent à perdre le terrain qu'ils avaient déjà gagné.

Crittenden et McCook avancèrent un peu plus tard. Ils tombèrent sur l'ennemi, qui possédait tranquillement les camps de McClernand et de Sherman. Le quartier général de Beauregard était là. Les rebelles, se trouvant assaillis, firent un effort désespéré pour repousser les colonnes qui avançaient. Rousseau s'avança à travers le champ libre, sur un terrain si âprement disputé la veille par McClernand. Ce mouvement a creusé un fossé entre McCook et Crittenden. Beauregard l'a vu, a jeté Cheatham et Withers dans l'espace ouvert. Ils tournèrent en carré contre la gauche de Rousseau, déversant une volée qui fit chanceler les régiments qui avançaient. Le trente-deuxième régiment de l'Indiana, commandé par le colonel Willich, se trouvait à l'extrême droite de la division McCook. Ils avaient déjà combattu auparavant et reçurent l'ordre de traverser pour rencontrer l'ennemi. On les voit voler à travers les bois en arrière de la brigade Rousseau. Ils sont en fuite. Ils s'arrêtent, dressent leurs rangs comme pour un défilé et chargent sur les rebelles. Suit le soixante-dix-septième Pennsylvanie du colonel Stambough. Puis toute la brigade de Kirk. C'est un changement de position et un changement de front, admirablement exécuté, juste à propos, car Rousseau est à court de munitions et est obligé de se replier. La troisième brigade de McCook , le général Gibson, arrive. Rousseau est de nouveau prêt, et à onze heures on voit tous les hommes disponibles de cette division se disputer le terrain autour de l'église. Pendant ce temps, Wallace se déplace à l'extrême droite, là où Sherman s'est battu si courageusement. Sherman, Hurlburt et les régiments brisés de la division WHL Wallace, désormais commandés par McArthur, suivent en réserve. Repoussées par Nelson, les forces rebelles se concentrent à nouveau autour de l'église pour une lutte finale. Wallace surveille ses opportunités. Il gagne une crête. Ses hommes tombent à terre, lancent volée sur volée, se relèvent, se précipitent plus près de l'ennemi, retombent une fois de plus, tandis que le raisin et le bidon les balayent. Ainsi ils se rapprochent, puis régiment après régiment se lève et délivre son feu. C'est comme les bordées d'un navire de guerre.

L'heure était venue d'une avancée générale. Nelson, Crittenden, McCook, Wallace chargèrent presque simultanément sur l'ennemi. C'était trop puissant pour qu'on y résiste. Les rebelles cédèrent, se retirèrent des camps qu'ils avaient occupés une seule nuit, s'enfuirent devant l'église, traversèrent le ruisseau, traversèrent le vieux champ de coton du côté sud, jusqu'à l'abri de la forêt au sommet de la crête. au-delà. La bataille était perdue pour eux. Des acclamations exultantes retentirent dans la forêt pour la victoire remportée.

Si je devais passer en revue tous les détails, comme je le pourrais, et écrire comment les brigades de Crittenden ont continué et ont capturé les batteries rebelles ; comment les rebelles ont tenté de l'écraser ; comment le cours de la bataille déferlait de colline en colline ; comment les rebelles ont tenté de réduire McCook en morceaux ; comment la division Wallace a flanqué l'ennemi à Owl Creek ; comment la brigade Rousseau combattit devant le camp de McClernand ; comment le Cinquième Kentucky chargea sur une batterie et captura deux canons qui les déchiquetaient à coup de raisin et de mitraille, et quatre autres qui étaient désactivés et ne pouvaient être arrachés par l'ennemi ; comment le colonel Willich, commandant le trente-deuxième Indiana, constatant que certains de ses hommes étaient excités, arrêta de tirer et les entraîna, ordonnant, présentant et soutenant les armes, avec les balles sifflant dans ses rangs ; comment les hommes sont devenus calmes et stables, et ont finalement lancé une charge avec un hourra sauvage et un coup de baïonnette qui a forcé les rebelles à abandonner le camp de McClernand ; comment le colonel Ammen décortiquait froidement des épis pour son cheval, tout en regardant le combat, avec les obus tombant tout autour de lui ; comment le colonel Kirk s'est emparé d'un drapeau et l'a porté devant sa brigade ; comment le sergent de couleur William Ferguson du 13e Missouri fut abattu, comment le sergent Beem de la compagnie C s'empara du drapeau avant qu'il ne touche le sol et l'avança encore plus loin ; comment Beauregard chevauchait follement le long des lignes près de l'église, essayant de rallier ses hommes, lorsque la batterie de Thurber s'ouvrit et les dispersa de nouveau ; comment, à midi, il a vu que cela ne servait à rien ; comment il retira ses hommes, brûla son propre camp et retourna à Corinthe, vaincu, ses troupes découragées, laissant ses tués et des centaines de ses blessés sur le terrain ; comment l'armée de l'Union a récupéré tous les canons perdus dimanche ; — si je devais tout écrire, je n'aurais pas la place pour vous dire ce que faisait le commodore Foote pendant tout ce temps sur le Mississippi.

Ce fut un combat terrible. La perte de chaque côté fut à peu près égale : environ treize mille tués, blessés et disparus, soit vingt-six mille en tout.

J'ai eu un ami tué dans le combat de dimanche, le capitaine Carson, commandant les éclaireurs du général Grant. Il était grand et mince et avait des yeux noirs pétillants. Il avait voyagé partout dans le Missouri, le Kentucky et le Tennessee, et s'était souvent rendu dans les camps rebelles. Il était courageux, presque intrépide et très adroit. Il a dit à un ami, lorsque la bataille a commencé le matin, qu'il ne devrait pas passer la journée. Mais il était très actif, chevauchant imprudemment sous des pluies de balles. C'était juste au coucher du soleil lorsqu'il se rendit chez le général Grant avec une dépêche du général Buell. Il descendit de cheval et s'assit sur une bûche pour se reposer, mais l'instant d'après sa tête fut emportée par un boulet de canon. Il accomplit fidèlement ses devoirs et donna volontairement sa vie à son pays.

Vous avez vu comment l'armée a été surprise, avec quel désespoir elle a combattu, comment la bataille a été presque perdue, comment les canonnières ont repoussé les rebelles exultants, comment la victoire a été remportée. Beauregard était complètement vaincu ; mais il télégraphia à Jefferson Davis qu'il avait remporté une grande victoire. Voici ce qu'il a télégraphié...

« CORINTHE , le 8 avril 1862.

« AU SECRÉTAIRE À LA GUERRE, RICHMOND : —
« Nous avons remporté une grande et glorieuse victoire. Huit à dix mille prisonniers et trente-six pièces de canon. Buell renforça Grant, et nous nous retirâmes dans nos retranchements de Corinthe, que nous pouvons tenir. Perte lourde des deux côtés.

" BEAUREGARD. »

Vous voyez que, s'étant renoncé à son pays, il n'a pas hésité à envoyer une fausse dépêche, à tromper les peuples du Sud et à dissimuler sa défaite mortifiante.

Les journaux rebelles ont cru au rapport de Beauregard. On commençait ainsi son récit :

"Gloire! gloire! gloire! la victoire! la victoire! J'écris dans les journaux Yankee. De toutes les victoires jamais enregistrées, la nôtre est la plus complète. Bull Run n'était rien en comparaison de notre victoire à Shiloh. Le général Buell est tué, le général Grant blessé et fait prisonnier. Bientôt, nous en aurons trop pour eux et ils seront obligés de nous laisser tranquilles. Nos braves garçons les ont conduits jusqu'au fleuve et les ont forcés à fuir vers leurs canonnières. Le jour est à nous. [22]

Les gens du Sud croyaient tout cela ; mais quand la vérité fut connue, leurs espoirs tombèrent plus bas que jamais, car ils virent que c'était une défaite désastreuse.

Le sabbat après la bataille, les aumôniers des régiments faisaient des exercices religieux. Comme la scène est différente ! Au lieu de la canonnade, il y avait des prières à Dieu. Au lieu de la mousqueterie, il y avait des chants de louange. Des larmes ont été versées pour ceux qui étaient tombés, mais il y a eu de fervents remerciements pour qu'ils aient donné leur vie si librement pour leur pays et pour la victoire qu'ils avaient remportée grâce à leur sacrifice.

L'un des aumôniers, en dirigeant le service, a lu un hymne commençant par :

« Baisse les yeux, Seigneur, Seigneur, pardonne ;
Laissez vivre un rebelle repentant.

Mais il a été soudainement interrompu par un soldat patriote qui a crié : « Non, monsieur, pas à moins qu'ils déposent les armes, chacun d'entre eux. »

Il pensait que l'aumônier faisait référence aux rebelles qui avaient été vaincus.

Après la bataille, de nombreux hommes et femmes se sont rendus sur le terrain, à la recherche des corps de leurs amis tombés au combat. Le lieutenant Pfieff, officier d'un régiment de l'Illinois, fut tué, et sa femme vint récupérer son corps. Personne ne savait où il était enterré. La pauvre femme errait dans la forêt, examinant toutes les tombes. Soudain un chien, pauvre et émacié, bondit vers elle, les yeux pétillants de plaisir, et aboyant de joie de revoir sa maîtresse. Quand son mari partait à l'armée, le chien le suivait et était avec lui pendant la bataille, veillait sur son cadavre pendant le terrible combat et, après son enterrement, restait en deuil jour et nuit ! Il conduisit sa maîtresse sur place. Le corps a été exhumé. Les deux tristes, l'épouse dévouée et la brute fidèle, veillèrent à côté de la précieuse poussière jusqu'à ce qu'elle soit déposée dans son dernier lieu de repos sous les fleurs des prairies.

CHAPITRE IX.

ÉVACUATION DE COLUMBUS.

Les rebelles, au début de la guerre, fortifièrent Columbus, dans le Kentucky, qui se trouve à vingt milles en aval du Caire, sur le fleuve Mississippi. Là, les falaises sont très élevées et sont baignées à leur base par le puissant ruisseau. Les canons placés au sommet ont une longue portée. Beaucoup de travail a été déployé pour en faire un lieu imprenable. Il y avait des batteries près de l'eau, sous la colline, avec des canons lourds. Une galerie était creusée le long du flanc de la falaise, un passage sinueux et en zigzag qui, avec de nombreux détours et détours, menait au sommet de la colline. Ils avaient de nombreux canons en position au sommet, pour envoyer des balles et des obus sur le commodore Foote, s'il tentait de descendre la rivière. Ils construisirent une longue ligne de terrassements pour protéger l'arrière, des retranchements et des palissades, qui sont de solides poteaux enfoncés dans le sol, formant une clôture étroite, avec des trous çà et là à travers lesquels les fusiliers et les tireurs d'élite pouvaient tirer.

Ils abattaient les arbres et fabriquaient *des abatis* . Il y avait plusieurs lignes de défense. Ils étendirent une grande chaîne de fer sur le fleuve, la soutenant par des barges ancrées dans le fleuve. Ils ont fait savoir que le fleuve était effectivement fermé au commerce jusqu'à ce que l'indépendance de la Confédération soit reconnue.

Une torpille rebelle.

Lorsque la guerre éclata, il y avait un homme nommé Maury, lieutenant au service des Etats-Unis et qui était lié à l'Observatoire national de Washington. On pensait qu'il était un homme scientifique et pratique. Il avait été éduqué par le gouvernement, avait reçu de gros salaires et occupait une position élevée ; mais il oublia tout cela et rejoignit les rebelles. Il a imité le général Floyd et a volé des biens publics, emportant de l'Observatoire national de précieux articles scientifiques qui ne lui appartenaient pas. Il fut employé par le gouvernement rebelle pour construire des torpilles et des machines infernales destinées à faire exploser les canonnières du commodore Foote. Il en fit fabriquer plusieurs milliers, quelques-uns pour le terrain, qui furent plantés autour de Colomb en arrière de la ville, et qui étaient reliés à une batterie galvanique par un fil télégraphique, pour être explosés au moment opportun, par lequel il espérait détruire des milliers de soldats de l'Union. Il en coula plusieurs centaines dans la rivière en face de Colomb. C'étaient des cylindres oblongs en fer forgé, longs de quatre ou cinq pieds ; à l'intérieur se trouvaient deux ou trois cents livres de poudre. Deux petites ancres maintenaient le cylindre à sa place. Il était étanche à l'air et flottait donc dans l'eau. À l'extrémité supérieure se trouvait une tige de fer en saillie, reliée à un verrou de canon à percussion. Si quelque chose frappait la tige avec beaucoup de force, cela déclencherait le verrou et ferait exploser la poudre. C'est du moins ce que pensait M. Maury. La gravure ci-dessus montre la construction des torpilles et comment elles étaient placées dans l'eau. La lettre A représente la barre de fer atteignant presque la surface de l'eau. En B, il est relié à la serrure, qui est à l'intérieur du cylindre et non représentée. C représente la poudre. Les flèches indiquent la direction du courant.

Un jour, il a tenté une expérience. Il coula une torpille et largua un bateau plat qui descendit avec le courant et heurta la barre de fer. La poudre a explosé et a projeté l'appartement dans les airs. Des milliers de soldats rebelles se tenaient sur les falaises et l'ont vu. Ils hurlèrent et agitèrent leurs chapeaux. M. Maury fut si heureux que la rivière en fut plantée, au-dessus, devant et au-dessous de la ville. Il pensait que le commodore Foote et toutes ses canonnières seraient projetées hors de l'eau s'ils tentaient de descendre le cours d'eau.

Mais la fabrication était grossière. Les pièces n'ont pas été assemblées avec beaucoup de compétence. M. Maury a montré que sa science n'était pas pratique. Il oubliait que la rivière montait et descendait constamment, que parfois l'eau était si haute que les canonnières pouvaient glisser sur les barres de fer à plusieurs pieds les unes des autres, il oubliait que la poudre accumulait de l'humidité et que les écluses rouillaient.

On découvrit au bout d'un moment que les torpilles fuyaient, que la poudre devenait humide et se transformait en une masse d'encre, et que les centaines de milliers de dollars dépensés par M. Maury étaient tous gaspillés. Alors ceux qui l'avaient pris pour un scientifique ont dit que c'était un imbécile.

La prise du fort Donelson obligea les rebelles à évacuer Colomb, le Gibraltar du Mississipi, comme ils l'appelaient, et tout le travail accompli ne servit à rien. Nashville a été évacuée le 27 février. Le 4 mars, le commodore Foote, après avoir vu des signes indiquant que les rebelles quittaient Columbus, descendit la rivière avec six canonnières, accompagnés de plusieurs transports, avec des troupes, sous les ordres du général Sherman, pour s'en occuper. Le Cincinnati, après avoir été réparé, était le navire amiral. Le commodore Foote m'a demandé de l'accompagner, si je le désirais.

«Peut-être aurons-nous du travail chaud», dit-il alors que je montais à bord le 3 au soir.

« Nous partirons à quatre heures, » dit le capitaine Stemble, commandant le navire, « et nous serons à Colomb au point du jour. »

Ce fut une expérience nouvelle et étrange, cette première nuit sur une canonnière, avec une certaine probabilité qu'à l'aube je sois sous le feu brûlant d'une centaine de canons rebelles. À la faible lumière de la lampe, je pouvais voir le gros canon à six pieds de moi, ainsi que des coutelas et des mousquets brillants. En regardant hors du carré, je pouvais voir les hommes endormis dans leurs hamacs, comme des loriots dans leurs nids suspendus. Les sentinelles parcouraient le pont au-dessus, et tout était silencieux, sauf le bruit de la grande roue du paquebot tournant paresseusement dans le courant et le gargouillis de l'eau autour de la proue.

"Nous approchons de Columbus", a déclaré un officier. Il était encore quelque temps avant le lever du soleil, mais les hommes étaient tous en éveil. Leurs hamacs étaient rangés. Ils dégageaient les ponts pour l'action, sortaient les canons, ramassaient les balles et les obus, tiraient et tiraient sur les cordes. En montant sur le pont, je pouvais voir dans la pénombre le contour de la falaise de Columbus. Loin en amont se trouvaient de sombres nuages de fumée provenant des autres paquebots.

Le commodore Foote était sur le pont supérieur, marchant avec des béquilles, toujours boiteux à cause de la blessure reçue à Donelson.

« Je ressens toujours une exaltation d'esprit avant de me lancer dans un combat. Je n'aime pas voir des hommes tués ; mais quand j'ai un devoir à accomplir pour mon pays, comme celui-ci, toutes mes énergies sont engagées », a déclaré le commodore.

Juste en face, sur la côte du Missouri, se trouvait le champ de bataille de Belmont, où le général Grant livra sa première bataille et où les canonnières sauvèrent l'armée.

Il y avait une maison criblée de coups de canon ; il y avait dans le toit un trou grand comme un boisseau, où entrait l'obus, et dans le pignon une ouverture assez grande pour le passage d'une charrette et de bœufs, où elle sortait. Il a explosé et a mis en pièces l'extrémité du bâtiment.

Un à un, les bateaux sont descendus. La matinée s'éclaira. Nous pouvions voir des hommes sur la falaise et un drapeau flottant. Les rebelles étaient-ils là ? Nous ne pouvions pas distinguer le drapeau. Nous nous sommes rapprochés un peu plus. D'autres hommes apparurent.

« Avant-hier, quatre compagnies de cavalerie ont été envoyées de Paducah en reconnaissance. Peut-être que les rebelles sont tous partis et qu'ils sont en possession des lieux », a déclaré le général Sherman.

"Je ferai une reconnaissance avec un groupe de militaires", a-t-il ajouté. Il sauta à bord de son remorqueur et partit chercher ses soldats.

"Capitaine Phelps, veuillez prendre mon remorqueur et descendre également", a déclaré le commodore Foote. « Si vous êtes prêt à courir le risque, vous êtes libre d'accompagner le capitaine Phelps », me dit-il. Que vaut une chose qui ne coûte rien ?

Nous descendons le ruisseau lentement et prudemment.

« Nous sommes à portée facile. Si les rebelles sont là, ils pourraient nous déranger », explique le capitaine Phelps.

Nous nous rapprochons. Le drapeau flotte toujours. L'homme qui le tient balance son chapeau.

Ce ne sont pas des rebelles, mais de la cavalerie de l'Union ! Nous nous précipitons. L'autre remorqueur, avec le général Sherman, est juste derrière.

« Un peu plus de vapeur ! Posez-la vite ! dit le capitaine Phelps.

Il ne doit pas être battu. Nous sautons à terre, escaladons la berge devant tous les soldats, atteignons les ouvrages supérieurs et lançons les bannières étoilées au soleil éclatant du matin sur les ouvrages abandonnés du Rebel Gibraltar !

Les équipages des bateaux se pressent sur les ponts supérieurs et poussent leurs cris de joie. Les soldats, plus en amont, poussent des hourras sauvages. Autour de nous, ce sont des ruines fumantes, des casernes et des entrepôts incendiés, des barils de farine et de lard mijotant dans le feu. Il y a des tas de grenailles et d'obus. La grande chaîne s'est brisée sous son propre poids. A l'atterrissage se trouvent des centaines de torpilles de M. Maury, du vieux fer maintenant. Nous nous promenons dans la ville, le long des fortifications, contemplons les solides défenses et nous étonnons que les rebelles l'aient abandonnée, défendue comme elle l'était par cent vingt canons, sans lutter, mais la chute du fort Donelson les a contraints à évacuer les lieux. Ils ont emporté environ la moitié des canons et ont jeté un grand nombre de ceux qu'ils avaient laissés derrière eux sur le talus dans la rivière. Les forces qui avaient fui s'élevaient à environ seize mille personnes. Cinq mille descendirent le fleuve sur des bateaux à vapeur, et les autres furent envoyés à Corinthe en voiture.

Cet abandon de Colomb libéra le Kentucky des troupes rebelles. Il avait été envahi pendant environ six mois et Jeff Davis espérait en faire un des États confédérés, mais il fut déçu de ses attentes. La majorité de la population de ce noble État ne pouvait être incitée à quitter l'Union.

CHAPITRE X

OPÉRATIONS À NOUVEAU MADRID.

Il y a de nombreuses îles dans le Mississippi, si nombreuses que les pilotes fluviaux les ont dénombrées du Caire à la Nouvelle-Orléans. Le premier se trouve juste en dessous du Caire. Le numéro 10 est à environ soixante milles plus bas, là où la rivière fait une courbe prononcée, contournant une langue de terre vers l'ouest et le nord-ouest, puis tournant de nouveau à New Madrid, faisant une grande courbe vers le sud-est, comme vous le verrez par le carte. L'île mesure moins d'un mile de long et pas plus d'un quart de mile de large. Il se trouve à dix ou quinze pieds au-dessus de la ligne des hautes eaux. La ligne entre le Kentucky et le Tennessee rejoint la rivière ici. Le courant passe rapidement devant l'île et les bateaux à vapeur descendant le ruisseau sont transportés à un jet de pierre de la côte du Tennessee. La rive de ce côté du ruisseau est également à environ quinze ou vingt pieds au-dessus des hautes eaux.

Les rebelles, avant de commencer leurs travaux à Colomb, virent que l'île n° 10 était une position très forte, et y commencèrent des fortifications. Lorsqu'ils évacuèrent Colomb, ils se retirèrent dans cet endroit et remontèrent les canons qu'ils avaient emportés sur l'île et sur la côte du Tennessee. Ils pensaient que c'était une place qui ne pouvait pas être prise. Ils tenaient New Madrid, à huit milles plus bas, du côté du Missouri, défendu par deux forts. Ils détenaient l'île et la côte du Tennessee. À l'est de leur position, sur la rive du Tennessee, se trouvait le lac Reelfoot, une vaste étendue d'eau entourée de centaines d'acres de marécages infranchissables, qui s'étendait jusqu'au coude inférieur, empêchant l'approche des troupes de l'Union depuis l'intérieur de l'État. leur flanc. La garnison de l'île et les batteries le long du rivage devaient dépendre des bateaux à vapeur pour leur ravitaillement.

La distance à travers le promontoire inférieur, de l'île à Tiptonville, le long de la frontière du lac Reelfoot, est d'environ cinq milles, mais la distance de l'île par la rivière à Tiptonville est de plus de vingt milles.

Le 22 février, le général Pope, avec plusieurs milliers d'hommes, quitta la petite ville de Commerce, qui est au-dessus du Caire, sur le Mississipi, pour New Madrid, distante de quarante milles. C'était une marche lente et pénible. La boue était très profonde et il pouvait parcourir à peine cinq milles par jour, mais il atteignit New Madrid le 3 mars, jour où nous hissâmes le drapeau sur les hauteurs de Colomb.

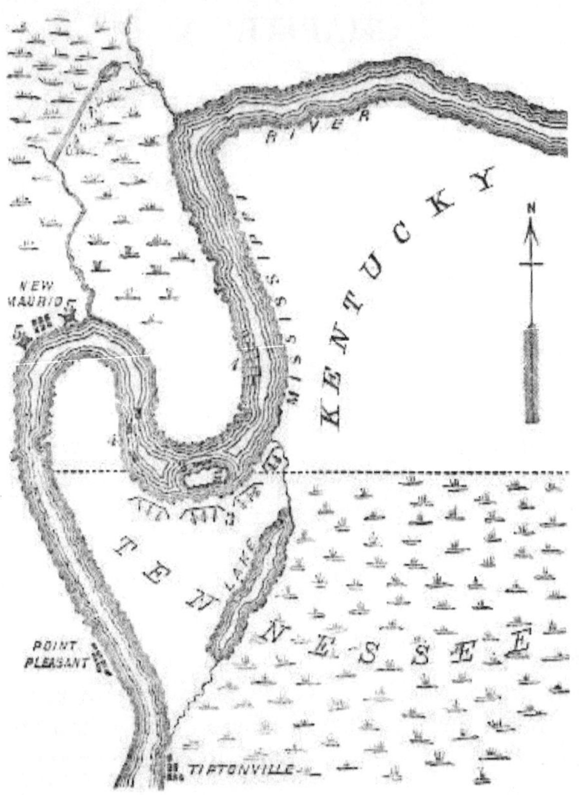

ÎLE N°10.

1 La flotte du commodore Foote.   4 Bateaux rebelles.

2 Île n°10 et batterie flottante Rebel. 5 2 forts à Nouveau Madrid.

3 Batteries de quai.

Les rebelles avaient achevé leurs forts. Celui au-dessus de la ville était équipé de quatorze canons lourds, et celui en dessous de sept. Tous deux étaient des ouvrages forts, avec des bastions et des angles, et des fossés pouvant être balayés par un feu en enfilade. Il y avait une ligne de retranchements entre les deux forts, clôturant la ville.

Il y avait à New Madrid cinq régiments d'infanterie et plusieurs batteries d'artillerie, commandées par le général McCown. Le général Mackall fut envoyé par Beauregard pour diriger la défense là-bas et sur l'île n° 10. À son arrivée, il fit une adresse aux soldats. Il a dit:-

« Soldats : Nous sommes étrangers, commandants et commandés les uns aux autres. Laissez-moi vous dire qui je suis. Je suis un général fait par

Beauregard, un général choisi par Beauregard et Bragg pour ce commandement, quand ils le savaient en péril.

« Ils me connaissent depuis vingt ans ; ensemble, nous nous trouvions dans les champs du Mexique. Donnez-leur votre confiance maintenant ; donne-le-moi quand je l'aurai mérité.

« Soldats : La vallée du Mississippi est confiée à votre courage, à votre discipline, à votre patience ; faites preuve du sang-froid et de la vigilance que vous avez montrés jusqu'à présent, et gardez-les. [23]

Ils pensaient pouvoir tenir la place. Un officier rebelle écrivait ainsi, le 11 mars, à ses amis : « Le général Mackall a mis l'arrière en défense efficace. Les forts sont imprenables. Tous ont bon espoir et sont prêts. Nous en ferons des Thermopyles américains, s'il le faut. [24]

Par là, il entendait dire qu'ils mourraient tous avant de céder la place, et rendraient New Madrid aussi célèbre dans l'histoire que cet étroit col de montagne en Grèce, où les trois cents immortels sous Léonidas combattirent l'armée perse.

Les rebelles avaient plusieurs canonnières sur la rivière, chacune transportant trois ou quatre canons. Le fleuve était très haut et ses rives débordaient. Le pays est plat à des kilomètres à la ronde, et il était facile pour les canonnières de lancer des obus au-dessus de la ville et dans les bois sur l'armée du général Pope. Les rebelles disposaient de plus de soixante pièces d'artillerie lourde, tandis que le général Pope n'avait que son artillerie légère de campagne ; mais il envoya au Caire chercher des canons de siège, tout en enfonçant les piquets ennemis et en investissant la place.

Il détacha le colonel Plummer, du onzième Missouri, avec trois régiments et une batterie de canons rayés Parrott, pour prendre possession de Point Pleasant, dix milles plus bas. L'ordre fut admirablement exécuté. Le colonel Plummer installa ses canons, érigea des retranchements et étonna les rebelles en envoyant ses obus dans un bateau à vapeur qui passait avec des provisions.

Le commodore Hollins, commandant les canonnières rebelles, se dépêcha de découvrir ce qui se passait. Il fit pleuvoir des balles et des obus toute la journée sur les batteries du colonel Plummer, mais ne put le chasser de la position qu'il avait choisie. Il avait fait des trous dans le sol pour son artillerie, et le tir rebelle ne lui fit aucun mal. Hollins partit à longue distance, puis se rapprocha des batteries, mais les artilleurs de Plummer, par leur excellent tir, le contraignirent à se retirer. Le lendemain, Hollins réessaya, mais sans meilleur succès. La rivière fut effectivement bloquée. Aucun transport rebelle ne pouvait se lever, et ceux qui se trouvaient à l'île n° 10 et à New Madrid ne pouvaient descendre sans être soumis à un feu nourri.

Le général Mackall résolut de tenir New Madrid et renforça la place depuis l'île n° 10, jusqu'à ce qu'il ait environ neuf mille hommes. Le 11 mars, quatre canons de siège furent envoyés au général Pope. Il les reçut au coucher du soleil. La brigade du colonel Morgan était équipée de pelles et d'outils de retranchement. La division du général Stanley reçut l'ordre de prendre les armes pour soutenir Morgan. La force s'avança vers la ville à la tombée de la nuit, repoussa les piquets rebelles et s'assura une position favorable à moins de huit cents mètres du fort. Les hommes travaillèrent toute la nuit et, le matin, firent dresser deux parapets, chacun de dix-huit pieds d'épaisseur et cinq pieds de haut, avec un parapet plus petit, appelé rideau, reliant les deux. Ce rideau mesurait neuf cents pieds de long, neuf pieds d'épaisseur et trois pieds de haut. De chaque côté des parapets, projetés comme des ailes, il y avait une rangée de trous de fusil. Des plates-formes en bois étaient placées derrière les parapets et les canons étaient tous montés à la lumière du jour. Le colonel Bissell, du génie, a tout géré. Trente-quatre heures après avoir reçu les armes au Caire, il les avait expédiées à travers le fleuve Mississippi, les avait chargées sur des wagons de chemin de fer, les avait emmenées à Sykestown, vingt milles, les avait montées sur des chariots, puis les avait traînées vingt milles plus loin. à travers une boue presque infranchissable, et les plaça à moins de huit cents mètres de la rivière ! Le travail s'est fait si discrètement que les piquets rebelles ne se méfiaient pas de ce qui se passait. À l'aube, ils ouvrirent le feu sur ce qu'ils pensaient être une fosse à fusils de l'Union, et furent répondus par un obus provenant d'un canon rayé de trente-deux livres.

C'était un matin brumeux. L'air était calme et le tonnerre profond roulait au loin le long du ruisseau boisé. Cela réveilla la garnison endormie. Le commodore Hollins l'entendit, et immédiatement il y eut une agitation parmi les canonnières rebelles. Ils sont venus à New Madrid. Hollins les plaça au-dessus de la ville pour ouvrir le feu. Le brouillard se dissipa, et tous les canons de la flotte et des forts commencèrent à jouer sur les parapets. Le général Pope sortit ses lourds canons de campagne et répondit. Il ne prêta que peu d'attention au fort, mais envoya ses tirs et ses obus sur les canonnières. Le capitaine Mower, de la première artillerie des États-Unis, commandait les batteries, et son tir était si précis que les canonnières furent obligées de prendre de nouvelles positions. Peu de temps après le début de la canonnade, un coup de feu provenant du fort frappa l'un des trente-deux livres du capitaine Mower dans la bouche et le neutralisa ; mais il maintint son feu toute la journée, démontant trois canons dans le fort inférieur et neutralisant deux des canonnières. Presque tous les obus des batteries rebelles tombèrent sans danger dans la terre molle. Très peu d'hommes du général Pope ont été blessés. Ils s'habituèrent bientôt à ce métier et ne prêtèrent que peu d'attention aux hurlements des coups de feu et aux explosions des obus. Ils riaient de bon cœur, car les obus qui éclataient dans le sol les éclaboussaient fréquemment de boue.

Il y avait un soldat dans l'un des régiments de l'Ohio qui était habituellement profane et méchant ; mais il fut profondément impressionné par le fait que si peu de gens furent blessés par un incendie aussi terrible et, la nuit, il dit sérieusement à ses camarades : « Les garçons, cela ne sert à rien de le nier ; Dieu a veillé sur nous aujourd'hui.

Ses camarades ont également remarqué qu'il n'avait pas juré cette nuit-là.

Juste dans la nuit, la division du général Paine fit une manifestation vers le fort inférieur, repoussant les piquets ennemis. Le général Paine s'avança presque jusqu'au fossé devant le fort. Des préparatifs furent faits pour tenir le terrain, mais pendant la nuit il y eut un terrible orage et un ouragan qui interrompirent toutes les opérations.

Les vingt-septième et trente-neuvième Ohio, ainsi que les dixième et seizième Illinois, constituaient la grande garde de la nuit. Ils avaient été sous le feu des tirs toute la journée. Ils avaient enduré la tension sur leurs nerfs, mais pendant les longues heures de la nuit, ils restaient debout sous une pluie battante, sous les flammes sinistres, regardant avec des yeux insomniaques vers le front, prêts à repousser une sortie ou à défier des espions.

Au point du jour, aucun ennemi n'était en vue. Le fort était désert. Un citoyen de la ville est sorti avec un drapeau de trêve. Le général qui avait appelé ses hommes avec de grandes paroles, l'officier qui allait faire de New Madrid une Thermopyles, et lui-même un Léonidas dans l'histoire, les neuf mille fantassins étaient partis ! Deux ou trois soldats ont été retrouvés endormis. Ils se frottèrent les yeux et regardèrent avec un regard furieux lorsqu'on leur annonça qu'ils étaient prisonniers, que leurs camarades et leur commandant s'étaient enfuis.

Pendant l'orage, les canonnières et les bateaux à vapeur rebelles avaient embarqué les troupes et les avaient transportées jusqu'à la côte du Tennessee, près de l'île n° 10. Ils ont équipé leurs canons lourds, mais les ingénieurs du colonel Bissell se sont rapidement mis au travail, et en quelques Pendant des heures, les armes étaient à nouveau prêtes à être utilisées.

Les rebelles ont laissé une immense quantité de maïs, dans des sacs, et une grande quantité de munitions. Ils jetèrent leurs chariots dans la rivière.

Le général Pope mit ses hommes au travail et, avant la nuit, les canons qui avaient été pointés vers l'intérieur des terres furent tournés dans l'autre sens. Il envoya un messager au commodore Foote, avec cette dépêche :

"D'accord! Rivière fermée ! Pas d'échappatoire pour l'ennemi par l'eau.

Tout cela s'est accompli avec la perte de sept tués et de quarante-trois blessés. Par ces opérations contre New Madrid et par la bataille de Pea Ridge, dans la partie sud-ouest de l'État, qui eut lieu à peu près à la même époque, les rebelles furent chassés du Missouri !

CHAPITRE XI.

OPÉRATIONS SUR L'ÎLE NUMÉRO DIX.

Le commodore Foote, après avoir réparé les canonnières désactivées à Fort Donelson, quitta le Caire le jour où New Madrid tomba aux mains du général Pope. Il disposait de sept canonnières et de dix mortiers, ainsi que de plusieurs remorqueurs et transports. Le colonel Buford, avec mille cinq cents hommes, accompagnait l'expédition.

Les mortiers n'étaient pas essayés. Ils étaient les plus gros jamais utilisés à cette époque, pesant dix-neuf mille livres et lançant un obus de treize pouces de diamètre. Le schéma ci-joint vous donnera peut-être une idée de leur apparence. Vous voyez le mortier monté sur son chariot, ou lit comme on l'appelle. Les figures 1, 1 représentent une joue du lit, une épaisse plaque de fer forgé. Les figures 2, 2 représentent les têtes des boulons qui relient la joue en vue à celle de l'autre côté. Le lit repose sur des poutres épaisses, représentées par 3, et les poutres reposent sur de lourdes traverses, 4. La figure 5 représente une épaisse sangle de fer qui serre le tourillon ou axe du mortier et le maintient en place. Cette sangle est retenue par deux autres sangles, 6, 6, toutes en fer, et très résistantes. Le chiffre 7 représente ce qu'on appelle un bolster. Vous voyez, il a la forme d'un coin. Il sert à relever ou abaisser la bouche du mortier. Le chiffre 8 représente ce qu'on appelle une pièce d'angle, et maintient la mitre en place. La figure 9 représente l'un des nombreux boulons par lesquels l'ensemble est maintenu en place sur le bateau.

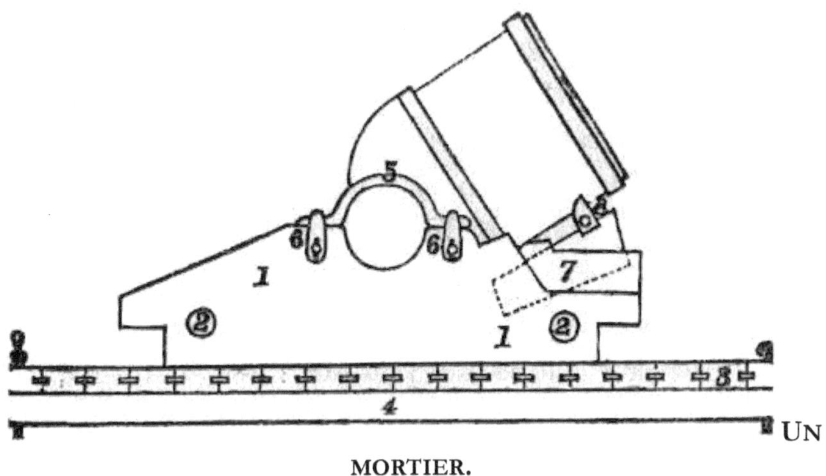

UN

MORTIER.

Le bateau est construit comme un radeau, en bois épais, posés en croix et solidement boulonnés ensemble. Il mesure environ trente pieds de long et douze de large et est doté de plaques de fer sur ses côtés pour protéger les hommes des tireurs d'élite rebelles. Le mortier mesure plus de quatre pieds de diamètre. Il est plus épais que long. Pour tirer un mortier avec précision, il faut une bonne connaissance des mathématiques, des relations entre les courbes et les lignes droites, car l'obus est tiré en l'air sous un angle de trente ou quarante degrés. Le tireur doit calculer la distance du mortier à l'ennemi en ligne droite, puis élever ou abaisser la bouche pour laisser tomber son obus ni trop près, ni trop loin. Il doit calculer le temps qu'il faudra à l'obus pour décrire la courbe dans les airs. Il lui faut alors faire en sorte que ses mèches soient à la bonne longueur pour que l'obus explose au moment opportun, soit en hauteur, pour que ses fragments pleuvent sur le campement ennemi, soit à ras du sol parmi les hommes qui travaillent à l'opération. des armes à feu. Cela demande des compétences et beaucoup de pratique pour faire tout cela.

La flottille de mortiers était commandée par le capitaine Henry E. Maynadier, assisté du capitaine EB Pike du génie. Il y avait quatre maîtres de l'artillerie, qui commandaient chacun quatre mortiers. Chaque bateau-mortier avait un équipage de quinze hommes ; trois d'entre eux étaient des bateliers plats du Mississippi, qui connaissaient tout le fleuve, les courants et les bancs de sable.

La flottille du commodore Foote se composait du Benton, 16 canons, qui était son navire amiral, entièrement recouvert de plaques de fer et commandé par le capitaine Phelps ; le Mound City, 13 canons, commandés par le capitaine Kelty ; le Carondelet, 13 canons, lieutenant Walke ; le Cincinnati, 13 canons, capitaine Stemble ; le St. Louis, 13 canons, capitaine Dove ; le Louisville, 13 canons, lieutenant Paulding ; le Pittsburg, 13 canons, lieutenant Thompson ; le Conestoga, 9 canons, lieutenant Blodgett ; en tout, 103 canons et 10 mortiers. Le Conestoga servait à garder les bateaux-munitions et ne prenait aucune part aux opérations actives. Le commodore Foote possédait plusieurs petits remorqueurs à vapeur, qui servaient d'annexes, pour transporter les commandes de bateau en bateau.

Les Sudistes pensaient que l'île n°10 ne pouvait pas être prise. Le 6 mars, un journal de Memphis disait :

«Pour que l'ennemi prenne possession de Memphis et de la vallée du Mississippi, il faudrait une armée d'une force supérieure à celle que le secrétaire Stanton peut concentrer sur les rives du fleuve Mississippi. Les canonnières en lesquelles ils ont tant confiance ont prouvé leur faiblesse. Ils ne supportent pas nos canons de gros calibre. L'approche terrestre de l'ennemi à New Madrid nous porte à croire que la flottille n'est qu'une grande fumisterie, qu'elle n'est pas prête et n'a pas l'intention de descendre le fleuve. Foote, le commandant de la flotte fédérale, a servi sous les ordres du commodore Hollins, et s'il tente de descendre la rivière, Hollins lui

apprendra que certaines choses peuvent être faites aussi bien que d'autres.
[25]

Le samedi 15 mars, la flotte s'approche de l'île. Les nuages étaient épais et bas. La pluie crépitait sur les ponts des canonnières, le brouillard s'installait sur le fleuve. Tandis que les bateaux contournaient une pointe de terre, le vieux pilote fluvial, qui surveillait, qui connaissait chaque détour, chaque virage, banc de sable et tous les objets le long de la berge, chantait : « Bateau en avant !

Les matelots se précipitèrent vers les hublots ; Le capitaine Phelps sauta de la cabine sur le pont.

Elle était là, un bateau à vapeur, à peine visible à travers le brouillard, un kilomètre plus loin. C'était le Grampus, propriété du capitaine Chester du vapeur Alps, qui remorquait deux des mortiers. Il appartenait à Pittsburg et transportait du charbon jusqu'à Memphis. Lorsque la guerre éclata, les rebelles s'emparèrent de ses bateaux à vapeur et de ses barges à charbon et refusèrent de lui payer le charbon qu'ils avaient déjà acheté. Cet acte a suscité toute sa colère. C'était un homme grand et athlétique qui suivait le fleuve depuis trente ans. Bien qu'entouré d'ennemis, il leur a adressé des paroles claires.

« Vous êtes une bande de voleurs et de coquins ! Vous êtes tous des lâches ! » il cria.

Il ôta son manteau, retroussa les manches de sa chemise, découvrit ses grands bras musclés, jeta son chapeau par terre.

« Maintenant, allez ! Je vais combattre chacun d'entre vous, coquins infernaux ! Je vais tous vous fouetter ! Je vous mets au défi de me combattre ! Vous vous dites chevaleresques. Vous dites croire au fair-play. Si je fouette, vous abandonnerez mes bateaux, mais si je suis battu, vous y serez les bienvenus.

Ils lui rirent au nez et lui dirent : « Souffle, mon vieux. Nous avons vos bateaux. Aidez-vous si vous le pouvez.

Un sécessionniste impétueux a crié : « Pendez le Yankee ! »

La foule le bousculait, mais il avait quelques vieux amis qui prirent son parti et il réussit à s'enfuir.

Le capitaine Phelps regarda un instant le Grampus. Il vit ses roues bouger. Elle commençait.

« Sortez le canon tribord ! Donnez-lui une chance !

Le lieutenant Bishop parcourt du regard le viseur du gros canon de onze pouces, qui a été chargé et sorti du hublot en un clin d'œil.

Il y a un éclair. Un gros nuage apparaît dans le brouillard et le coup de feu hurle dans les airs et disparaît de vue. Nous ne pouvons pas voir où il est tombé. Un autre un autre. Boum ! – boum ! – boum ! – de Cincinnati et de Carondelet. Mais le Grampus a des talons légers. La distance s'élargit. On la voit à peine, et finalement elle disparaît comme un fantôme.

Nous n'étions plus qu'à quatre ou cinq milles de la tête de l'île. Un par un, les bateaux longèrent la côte du Kentucky. Les matelots sautèrent à terre, exécutant les fortes funes et nous attachant aux troncs des boutonniers.

Il y avait une clairière et une misérable cabane en rondins à proximité. La famille s'était enfuie, effrayée par la canonnade. Nous les avons trouvés recroquevillés dans les bois : un homme, sa femme et sa fille. La terre tout autour d'eux était extrêmement riche, mais eux étaient très pauvres. Tout ce qu'ils avaient à manger, c'était du porc et du hominy. On leur avait dit que les troupes de l'Union allaient leur voler tout ce qu'ils possédaient, ce qui était peu probable, car ils n'avaient rien qui valait la peine d'être volé ! Ils tremblaient de peur, mais lorsqu'ils trouvèrent les soldats et les marins sages et paisibles, ils oublièrent leur terreur.

Le brouillard se dissipe enfin et nous pouvons apercevoir les tentes blanches des rebelles sur la côte du Tennessee. Il y a les batteries, avec le canon sinistre et noir pointé vers le haut. Autour de la pointe de terre se trouve l'île. Une demi-douzaine de bateaux à vapeur gisent dans le ruisseau en contrebas. Parfois, ils se dirigent vers le virage puis reviennent, errant d'avant en arrière comme des rats dans une cage. Ils ne peuvent pas échapper aux canons du général Pope à New Madrid. Sur le côté nord de l'île se trouve une grande batterie flottante de huit canons, qui a été remorquée depuis la Nouvelle-Orléans. Le général Mackall a coulé un bateau à vapeur dans une partie étroite du chenal du côté nord de l'île, de sorte que si le commodore Foote tente d'exécuter le blocus, il sera obligé de passer le long du chenal sud, exposé au feu de tous les canons. dans les quatre batteries de la côte du Tennessee, ainsi que celles de l'île.

Deux des mortiers furent mis en position à deux milles des batteries rebelles. Nous attendions avec fièvre d'attente pendant que le capitaine Maynadier se préparait, car les mortiers de treize pouces n'avaient jamais été utilisés à la guerre. Les plus gros utilisés par les Français et les Anglais lors du bombardement de Sébastopol étaient bien plus petits.

Il y eut un rugissement semblable à celui du tonnerre. Ce n'était pas un bruit aigu et perçant, mais un boum profond et lourd, qui roulait le long du puissant fleuve, résonnant et se répercutant d'une rive à l'autre, — une réverbération prolongée, entendue à cinquante milles de distance. Un baril de poudre a été brûlé lors de la seule explosion. L'obus s'est élevé selon une belle courbe, a explosé à cinq cents pieds de hauteur et est tombé en fragments autour du campement éloigné.

Il y eut un éclair sous les sombres arbres de la forêt près du campement, une bouffée de fumée blanche, un rugissement en réponse, et un coup de feu tomba dans l'eau à un demi-mille en aval des mortiers. Les rebelles avaient accepté le défi.

Dimanche est arrivé. Les bateaux remorquant les mortiers les ont largués le long de la côte du Missouri. Les canonnières s'élancèrent dans le ruisseau. Le Benton a tiré avec ses canons rayés sur la pointe de terre sur les bateaux à vapeur rebelles sous l'île. Il y eut une soudaine agitation. Ils disparurent rapidement en aval de la rivière en direction de New Madrid, hors de portée. Au cours de la matinée, il y a eu un profond grondement en provenance de Point Pleasant. Les canonnières rebelles tentaient de chasser le colonel Plummer de sa position.

Dix heures arrivaient, l'heure du service divin. Le drapeau de l'église fut déployé sur le mât du Benton, et tous les commandants convoquèrent leurs équipages pour le culte. J'étais à bord du Pittsburg avec le capitaine Thompson. L'équipage s'est rassemblé sur le pont supérieur. Il y avait des hommes du Maine, du New Hampshire, du Massachusetts et du Rhode Island, des États de l'Est comme de l'Ouest. Certains d'entre eux étaient des érudits et des enseignants dans les écoles du sabbat chez eux. Ils étaient vêtus de bleu foncé et chaque marin apparaissait dans son costume du dimanche. Une petite table fut élevée de la cabane et le drapeau de notre pays y fut déployé. Une Bible a été apportée. Nous nous tenions debout autour du capitaine, la tête découverte, pendant qu'il lisait le vingt-septième Psaume. Ce service était beau et approprié :

« Le Seigneur est ma lumière et mon salut ; de qui devrais je avoir peur? Le Seigneur est la force de ma vie ; de qui aurais-je peur ?

Après le Psaume, la prière : « Notre Père qui es aux cieux ».

Comme c'est impressionnant ! Le groupe découvert debout autour de la Bible ouverte et les voix basses d'une centaine d'hommes en prière. À notre droite, face au puissant fleuve, se trouvaient les mortiers, en train de jouer, secouant la terre avec leurs lourds tonnerres. Les obus dessinaient des courbes gracieuses dans les airs. À notre gauche, les Benton et les Carondelet se couvraient de nuages blancs qui flottaient lentement au-dessus des bois, parfumés des premiers bourgeons et des premières fleurs du printemps. Les batteries rebelles en dessous de nous flambaient et fumaient. Des tirs solides ont crié devant nous, des obus ont explosé au-dessus de nous. Au-delà de l'île, au-delà du vert sombre de la forêt, s'élevait le nuage d'un autre bombardement, où le commodore Hollins essayait en vain de chasser le colonel Plummer de sa position. Ainsi la prière se mêlait aux tonnerres profonds et sauvages de la canonnade.

Un léger brouillard, comme un mince voile, s'étendait le long de la rivière. Après le service, nous avons vu cette illusion d'optique étrange et particulière appelée *mirage* , si souvent vue dans les déserts, où le voyageur assoiffé aperçoit des lacs et des lieux ombragés, des villes, des villages et des navires. Je regardais en amont du courant et j'aperçus, contournant la pointe boisée, quelque chose qui flottait. Il semblait que ce soit un bateau ou une batterie flottante. Il y avait des cheminées, un mât de drapeau, un hublot. Il mesurait apparemment deux cents pieds de long et se dirigeait vers nous.

"Capitaine Thompson, voyez là-bas!"

Il le regarda, sauta sur le poste de pilotage et le scruta encore et encore. Les autres officiers ont levé leurs verres.

« Cela ressemble à une batterie flottante ! » dit l'un d'eux.

"Il y a un hublot, certainement!" dit un autre.

Il s'est rapproché. Ses proportions ont augmenté.

« Pilote, mettez le feu ! Dirigez-la en amont ! » dit le capitaine Thompson.

« Lieutenant, battez-vous en quarts ! Illuminez le magazine ! Nous verrons de quoi elle est faite.

Il y avait de l'activité sur le pont. Les canons furent épuisés, des coups de feu et des obus furent tirés. Le bateau remontait le courant. L'engin inconnu est venu à notre rencontre.

Soudain, l'illusion disparut. Le monstre de trois cents pieds de long s'est transformé en une vieille barge à charbon. Les cheminées sont devenues deux poutres, le mât du drapeau un petit bâton de bois de chauffage. Le brouillard, les courants d'air avaient produit la transformation. Nous avons bien ri de nos préparatifs pour une rencontre avec l'ennemi sur nos arrières. C'était un ennemi éliminé plus rapidement que celui qui se trouvait en face.

Les rebelles de la batterie supérieure brandissaient un drapeau blanc. Les tirs ont cessé. Le commodore Foote a envoyé le lieutenant Bishop avec un remorqueur et un drapeau blanc flottant, pour voir ce que cela signifiait. Il s'est approché de la batterie.

« Doit-on comprendre que vous souhaitez communiquer avec nous ? Il a demandé.

"Non, monsieur", a déclaré un officier portant un manteau doré.

« Alors pourquoi arborez-vous un drapeau blanc ? »

« C'est une erreur, monsieur. C'est un drapeau de signalisation. Je regrette que cela vous ait trompé.

"Bonjour Monsieur."

"Bonjour Monsieur."

Le remorqueur retourne au Benton, le drapeau blanc est retiré et le tumulte recommence. Le lieutenant Bishop a fait bon usage de ses yeux. Il y avait sept canons de trente-deux livres et un canon rayé lourd dans la batterie supérieure.

Le commodore Foote n'était prêt à commencer sérieusement le bombardement que le lundi 17 mars à midi.

Le Benton, le Cincinnati et le St. Louis descendirent le courant, côte à côte, et prirent position à environ un mile des batteries supérieures. Des ancres étaient jetées à l'arrière de chaque canonnière, afin qu'ils puissent combattre de front, en utilisant leurs lourds canons rayés. Leur position était du côté est de la rivière. Le Mound City et le Carondelet prirent position près de la rive ouest, juste en dessous des mortiers. Les bateaux furent ainsi placés pour lancer un feu croisé sur la batterie rebelle supérieure.

« Ne faites pas attention à l'île, mais dirigez votre feu vers la batterie supérieure ! » est l'ordre.

Un signal est lancé sur le navire amiral. Nous ne comprenons pas la signification du drapeau, mais tandis que nous le regardons, les dix mortiers ouvrent le feu, l'un après l'autre, en succession rapide. Les canonnières suivent. Il y a dix coquilles de treize pouces de diamètre qui s'élèvent haut dans les airs. Il y a des poignées de fumée qui tachent le ciel et un fracas, un roulement et un grondement prolongé et indescriptible. Vous avez vu des pièces de bataille des grands peintres ; mais la plus haute compétence artistique ne peut représenter la scène. C'est un jour printanier, aussi beau que jamais. Les canonnières sont enveloppées de flammes et de fumée. Les nuages qui se déploient sont lentement emportés par la douce brise. D'immenses colonnes s'élèvent majestueusement des mortiers. Une ligne blanche, un tissu semblable à un fil, s'étend sur le ciel. C'est la marque momentanée et évanouissante de la coquille dans l'air invisible. Il y a de petites éclaboussures dans le ruisseau, là où tombent les fragments de fer. Il y a des colonnes d'eau projetées vers le haut devant le terrassement, qui se brisent en embruns, peints de teintes arc-en-ciel par le soleil éclatant. Un tir rond saute à la surface et perce le talus. Un autre franchit simplement le parapet et abat un arbre au-delà. L'air est rempli de bois, de bois, de branches d'arbres et de terre, comme si une douzaine de foudres étaient tombées sur place d'un ciel sans nuages. Il y a des explosions dans les profondeurs du sol, là où les gros obus se sont enfouis dans leur vol vers le bas. Il y a des volumes de fumée qui s'élèvent comme les brumes d'un matin d'été.

Il y a des braves gens derrière ce parapet. Au milieu de cette tempête, ils sortent de leur abri et chargent un fusil. Et voilà ! Un éclair, un nuage, un sifflement, un fracas ! Le coup de feu frappe le pont supérieur du Benton, déchire les plaques de fer, brise les épaisses poutres en bois d'allumage, tombe sur le pont inférieur, rebondit jusqu'aux poutres du dessus et tombe dans le bureau du commodore Foote !

Tout autour, des canonnières, des mortiers, de toutes les batteries, des éclairs, des nuages de fumée et des tonnerres, qui rappellent les magnifiques images du Livre de l'Apocalypse du Nouveau Testament, décrivant les scènes du Jugement dernier. .

Les tirs ont cessé au coucher du soleil. Le Benton a été frappé quatre fois et le Cincinnati une fois. Personne n'a été blessé par ces coups de feu, mais un des canons du Saint-Louis a éclaté, tuant sur le coup deux hommes et en blessant treize.

Alors que le bombardement atteignait son paroxysme, le commodore Foote reçut du Caire une lettre contenant la triste information qu'un fils bien-aimé était décédé subitement. C'était un deuil douloureux, mais ce n'était pas le moment pour lui de céder au chagrin, pas le temps de penser à sa grande affliction.

Après que les tirs eurent cessé, je m'assis avec lui dans la cabine du Benton. Il y avait des larmes sur ses joues. Il pensait à sa perte.

S'il vivait aujourd'hui, je n'aurais pas le droit de raconter la conversation que j'ai eue avec lui, mais il est parti à sa récompense, nous laissant son brillant exemple. Voici ses paroles, si je me souviens bien :

« C'est un coup terrible, mais l'Éternel a donné, et l'Éternel a repris ; béni soit son nom. C'est dur à supporter pour moi, mais pas plus dur que ce ne le sera pour les pères des nobles qui ont été tués sur le Saint-Louis. Pauvres gars ! Je me sens mal pour les blessés.

Il a appelé l'infirmier qui se tenait à l'extérieur de la cabine.

"Infirmier, dites au chirurgien que je veux le voir."

Le chirurgien est entré.

« Chirurgien, je souhaite que vous fassiez tout votre possible pour ces pauvres gars du Saint-Louis. N'omettez rien qui puisse contribuer à leur confort.

« Cela sera fait, monsieur », dit le chirurgien en quittant la cabine.

« Pauvres gars ! Je dois les voir moi-même. C'est bien pire de voir un canon exploser que de voir des hommes blessés par le tir de l'ennemi, car ils perdent confiance. J'ai protesté à maintes reprises auprès du ministère contre l'emploi de ces vieux trente-deux livres, affaiblis par le tir ; mais je devais les prendre ou rien. Je devais les récupérer partout où je pouvais les trouver. J'ai fait de mon mieux pour remettre la flotte en bon état, et c'est dommage que les hommes soient massacrés de cette façon. Je vais essayer de faire mon devoir. Le pays a besoin des services de chaque homme. Nous aurons une longue guerre. J'aimerais me reposer et respirer un peu, mais je ne le demanderai pas. J'essaierai de faire mon devoir envers mon pays et envers Dieu. Il dirige cette nation d'une manière que nous ignorons. Ma foi est inébranlable en Lui. Il nous sortira enfin de tous les ennuis.

Ainsi, à l'heure de la bataille, tout en s'acquittant de ses devoirs, tout en apprenant qu'un fils bien-aimé était mort, il parlait calmement, gaiement et avec espoir de l'avenir, et manifestait le soin et la tendresse d'un père pour le blessés.

Même si les canonnières cessèrent de tirer au coucher du soleil, les mortiers restèrent en action toute la nuit. C'était beau de voir le grand éclair illuminant tout le paysage, le nuage blanc rouler vers le haut et vers l'extérieur, se déployer, s'étendre, s'étendre sur le large fleuve, et l'étincelle brillante s'élever haut dans les airs, tourner avec la coquille en rotation, atteindre son point d'origine. altitude et naviguant tout droit le long de l'arc de la parabole, puis descendant avec une rapidité croissante, se terminant par un éclair brillant et une explosion qui résonne et résonne au loin. Le lendemain, je traversai la pointe avec le capitaine Maynadier pour reconnaître les batteries de l'île et assister aux explosions des obus. Nous passâmes devant une ferme déserte et vîmes une escouade de soldats du colonel Buford abattant des cochons et des poulets. Traversant un ruisseau sur un pont de velours côtelé, nous arrivâmes à une deuxième escouade. L'un jouait du violon et plusieurs dansaient ; ils étaient heureux comme des alouettes. Nous nous trouvâmes sur la rive de la rivière, en face de l'île. Devant nous se trouvait la batterie flottante, qui était autrefois la cale sèche de la Nouvelle-Orléans. Il était équipé de huit canons. Il y avait quatre batteries sur la côte du Tennessee et plusieurs sur l'île. Nous pouvions voir les artilleurs à leurs canons. Ils nous ont vus et ont envoyé un obus siffler au-dessus de nos têtes, qui a touché un champ de maïs et a creusé un sillon profond pour le fermier qui en était propriétaire. Nous sommes allés là où ils ne pouvaient pas nous voir et avons monté une clôture pour observer l'effet des tirs de mortier. C'était intéressant de s'asseoir là et d'entendre les gros obus naviguer dans les airs à cinq cents pieds au-dessus de nous. C'était comme le bruit d'une machinerie lointaine et invisible, tournant avec un mouvement constant, non pas le sifflement aigu et aigu d'un boulon rayé, mais un vrombissement et un roulement, comme celui qu'on peut parfois entendre au-dessus des nuages dans un tonnerre. - tempête. Un obus tomba comme une meule dans la rivière. L'eau n'éteignit pas la mèche, et une grande colonne fut projetée jusqu'à cinquante pieds de haut. Un autre s'enfonça profondément dans le sol avant d'éclater et creusa un grand trou. J'ai appris, après la capitulation, que l'un d'entre eux était tombé à travers une tente où plusieurs officiers étaient assis en train de jouer aux cartes, et que l'instant d'après la tente, les meubles, les officiers et cinquante charrettes de terre naviguaient dans les airs ! Aucun d'entre eux n'a été blessé, mais ils étaient meurtris, déchirés et leurs beaux vêtements couverts de terre.

La nuit, il y a eu un orage, avec des éclairs violents et un tonnerre violent. Les mortiers ont maintenu leur feu. C'était un spectacle sublime : la terre contre le ciel, mais l'artillerie du ciel était la meilleure.

Vous auriez beaucoup donné, j'ose dire, pour voir tout cela ; mais il y a une autre facette de l'histoire. Pouvez-vous manger de la terre ? Peut-on manger de la graisse sous toutes ses formes, cuite au four, bouillie, frite, mijotée ? Pouvez-vous supporter du beurre panaché, variable en goût et en odeur ? Pouvez-vous vous entendre avec du jambon, du hachis et des haricots au petit-déjeuner, des haricots, du hachis et du jambon pour le dîner, et du hachis, du jambon et des haricots pour le dîner, semaine après semaine, avec de la graisse sous toutes ses formes, avec des gâteaux assez solides pour le raisin. - tiré pour tirer sur les rebelles, avec le café le plus noir et la vache disponible la plus proche à cinquante milles de distance ? - avec de la mélasse aigre, des gâteaux gras, avec de l'eau du Mississippi épaisse de la crasse de la grande vallée de l'Ouest, avec de la bave de Cincinnati les abattoirs, les balayures des rues, les déchets des bateaux à vapeur, avec tous les miasmes et les moisissures des forêts ? Le visage le plus beau se transforme bientôt en une couleur de lait et de mélasse, et l'énergie est à la traîne, et la force devient une faiblesse dans une telle vie.

Dans mon enfance, au son d'un clairon, d'un tambour ou du rugissement d'un canon, comme le sang bondissait dans mes veines ! Mais cela devient une vieille histoire. J'étais cantonné à un jet de pierre des mortiers qui tiraient toute la nuit et je ne fus pas dérangé par les explosions. On devient indifférent à tout. Vous vous lassez de regarder la canonnade, et vous vous habituez tellement au feu de l'ennemi, qu'au bout d'un moment vous ne prêtez plus attention à un coup de feu qui laboure la terre ou frappe l'eau à proximité.

Le général Pope fit savoir que, s'il avait des transports et une canonnière, il pourrait traverser jusqu'à la côte du Tennessee et prendre les batteries à l'arrière. Le fleuve était très haut et le pays débordait. Près de New Madrid, il y a un bayou qui est l'embouchure d'un petit lac. Il fut décidé de creuser un canal à travers la forêt jusqu'au lac. Le colonel Bissell et son régiment du génie se mirent au travail. Quatre bateaux à vapeur furent armés, deux barges, avec des canons à bord, furent remorquées, et l'expédition commença. Ils ont navigué au-dessus d'un champ de maïs, dont les hautes tiges s'agitaient et se balançaient dans l'eau, ont franchi les clôtures et sont arrivés dans les bois. Il y avait de grands arbres qu'il fallait couper. Les ingénieurs ont équipé leurs scies pour travailler sous l'eau. Le chemin mesurait cinquante pieds de large et les arbres étaient coupés à quatre pieds sous la surface. En huit jours, ils se dirigèrent vers New Madrid, sur une distance de douze milles. À un endroit, ils ont coupé soixante-quinze arbres, qui mesuraient tous plus de deux pieds de diamètre.

Pendant ce temps, le commodore Foote maintenait les rebelles éveillés par un bombardement régulier et continu, principalement sur la batterie supérieure. Il a décidé de le capturer.

Dans la nuit du 1er avril, une expédition armée est organisée à partir de l'escadron et des forces terrestres. Il y a cinq bateaux, pilotés par des équipages choisis parmi les canonnières, transportant quarante hommes du quarante-deuxième Illinois, sous le commandement du colonel Roberts. Le parti compte une centaine de personnes. C'est une nuit folle. Le vent souffle du sud, balançant les grands arbres de la forêt et soulevant des vagues sur la rivière au courant rapide, qui bout, bouillonne, se précipite et écume dans la tempête. Il y a des éclairs vifs, des grognements et des roulements de tonnerre profond et lourd. Les bateaux ont quitté la flotte. Les rames sont étouffées. Aucun mot n'est prononcé. Les soldats sont assis, chacun avec son fusil à moitié levé sur l'épaule et la main sur la platine. Les embruns se précipitent sur eux, des nappes de flammes leur éclairent le visage. Pendant un moment, tout le paysage est aussi clair que le jour, puis tout est dans l'obscurité totale.

Ils avancent de plus en plus vite, poussés par les bras puissants des rameurs et le courant. C'est une entreprise furtive, silencieuse, rapide, tumultueuse, dangereuse et audacieuse. Ils sont ballottés par les vagues, mais ils glissent avec la rapidité d'un cheval de course. Deux sentinelles se tiennent sur le parapet. A quelques cannes en arrière se trouve un régiment de rebelles. Un large éclair révèle les bateaux qui descendent. Les sentinelles tirent avec leurs fusils, mais ce sont des éclairs mimés.

"Allongez-vous vite!" crie le colonel Roberts.

Les rames se plient dans les rame-locks. Un coup, et ils se retrouvent au bord du parapet, remontant la berge glissante. Les sentinelles courent. Il y a un crépitement de tirs de pistolets et de mousquets ; mais les tirs tombent sans danger dans la forêt. Un instant, et toutes les armes sont pointées. Il y a du tumulte dans les bois. Les rebelles endormis sont en éveil. Ils ne se mobilisent pas pour repousser les envahisseurs, mais s'enfuient dans l'obscurité.

Le Colonel Roberts marche d'une arme à l'autre pour voir si le travail a été effectivement accompli.

"D'accord! Tous à bord ! Pousser au large!" Il est le dernier à partir. Les bateaux remontent le courant. Les rameurs se penchent sur leurs rames. En une minute, ils sont hors de portée des mousquets. Leur travail est accompli et il n'y aura plus de tirs de cette batterie de six canons. Les canonnières peuvent désormais se rapprocher et commencer leur travail sur les batteries restantes.

Dans la matinée, le général Mackall fut très contrarié lorsqu'il apprit ce qui avait été fait par les Yankees. On dit qu'il a utilisé des mots durs. Il se mit en colère et devint rouge au visage, ce qui n'arrangea en rien les choses.

A minuit, dans la nuit du 3 avril, le Carondelet, commandé par le capitaine Walke, courut devant les batteries et l'île. C'était une nuit sombre et orageuse. Mais les sentinelles le virent descendre dans l'obscurité, et tous les canons furent mis en branle sur le navire. Des obus éclatèrent autour d'elle ; Des balles solides, du raisin et une cartouche l'ont balayée ; mais elle n'a pas été touchée, bien qu'elle ait été exposée au terrible incendie pendant trente minutes. Nous, qui sommes restés avec la flotte, attendions, haletants, d'entendre ses trois canons de signalisation, qui devaient être tirés si elle passait en toute sécurité. Ils sont venus, boum ! boom! boom! Elle était en sécurité. Nous avons applaudi, applaudi et nous sommes endormis, pour rêver à nouveau.

Le Carondelet atteint New Madrid. Les soldats de l'armée du général Pope se précipitèrent vers la berge et se livrèrent à l'enthousiasme le plus fou.

"Vive le Carondelet !" cria l'un d'eux. Leurs casquettes s'envolaient, ils balançaient leurs bras et dansaient en extase.

« Trois de plus pour le commodore Foote ! »

"Maintenant, trois de plus pour le capitaine Walke !"

"Trois de plus pour la Marine!"

"Trois de plus pour le Cabin-Boy!"

Alors ils ont continué à applaudir et à crier pour tout jusqu'à ce qu'ils soient enroués.

Le lendemain, le Carondelet descendit la rivière jusqu'à Point Pleasant, s'engagea avec plusieurs batteries sur la côte du Tennessee, les fit taire, débarqua et dopant les canons. La nuit suivante, à Pittsburg, le capitaine Thompson a exécuté le blocus en toute sécurité. Les quatre bateaux à vapeur qui avaient parcouru le canal étaient tous prêts. Les dixième, seizième, vingt et unième et cinquante et unième régiments de l'Illinois furent embarqués.

Les rebelles disposaient d'une batterie lourde de l'autre côté de la rivière, à un endroit appelé Watson's Landing. Le Carondelet et le Pittsburg allèrent de l'avant, ouvrirent le feu et le firent taire. Les paquebots avancèrent. Les rebelles virent les préparatifs et s'enfuirent vers Tiptonville. À minuit, le général Pope avait toutes ses troupes sur la côte du Tennessee. Le général Paine, commandant ceux qui étaient en avant, poussa vers Tiptonville et prit possession de tous les camps désertés. Les rebelles s'étaient enfuis dans la confusion, jetant leurs armes, leurs sacs à dos, leurs vêtements, tout, pour s'échapper. Lorsque les troupes des batteries entendirent ce qui se passait derrière elles, elles s'enfuirent également vers Tiptonville. Le général Pope les rejoignit le lendemain matin et captura tous ceux qui ne s'étaient pas échappés. Le général Mackall et deux autres généraux, près de sept mille prisonniers, cent vingt-trois pièces d'artillerie, sept mille armes légères et une immense quantité de munitions et de fournitures tombèrent entre les mains du général Pope. Les troupes présentes sur l'île, constatant qu'elles étaient désertes, se rendirent au commodore Foote. Ce fut une victoire presque sans effusion de sang, mais d'une grande importance, ouvrant le fleuve Mississippi jusqu'à Fort Pillow, quarante milles au-dessus de Memphis.

Lorsque l'État du Tennessee fut chassé de l'Union par la trahison du gouverneur Harris et d'autres hommes occupant de hautes fonctions officielles, certains hommes dans la partie occidentale de l'État, ainsi que dans la partie orientale, restèrent fidèles. Ceux qui étaient soupçonnés d'aimer l'Union subirent de terribles persécutions. Parmi eux se trouvait un citoyen de Purdy. Il s'appelait Hurst. Il m'a raconté l'histoire de ses torts.

Peu après la sécession de l'État, il reçut la visite d'un certain nombre d'hommes qui se constituaient eux-mêmes en comité de vigilance. C'étaient des types à l'air féroce, armés de pistolets et de couteaux.

«Nous voulons que vous veniez avec nous», a déclaré le chef du gang.

"Que veux-tu de moi?"

« Nous vous préviendrons dès votre arrivée. »

M. Hurst savait qu'ils voulaient le traduire devant leur propre tribunal auto-élu et y est allé sans hésitation.

Il fut interrogé, mais ne voulut s'engager par aucune réponse positive, et comme on ne put prouver qu'il était favorable à l'Union, on le laissa rentrer chez lui.

Mais les bandits n'étaient pas satisfaits et, au bout de quelques jours, le relevèrent. Ils se sont efforcés de prouver qu'il était opposé à la Confédération, mais il s'était occupé de ses propres affaires, s'était abstenu de parler et ils n'ont pas pu le condamner. Ils l'ont autorisé à partir pendant plusieurs mois. Un jour, en septembre 1861, alors qu'il travaillait dans son champ, les voyous revinrent. Leur chef avait le visage rouge, gonflé de whisky, de tabac chiqué, avait deux pistolets à la ceinture et un long couteau dans un fourreau. Il portait un chapeau tombant et était un type à l'air méchant.

« Viens, espèce de canaille. Nous allons vous soigner cette fois », a déclaré le capitaine du groupe.

"Que veux-tu de moi?"

« Vous êtes un abolitionniste, un espion yankee. C'est ce que tu es. Nous allons vous faire étirer du chanvre cette fois-ci », dirent-ils en le saisissant et en l'entraînant en ville, leurs pistolets armés. Six ou huit d'entre eux étaient prêts à lui tirer dessus s'il tentait de s'enfuir. Ils ont qualifié d'abolitionnistes tous ceux qui n'étaient pas partis pour la sécession.

"Je ne suis pas un abolitionniste", a déclaré Hurst.

"Aucun de tes culot. Nous savons qui vous êtes, et si vous ne tenez pas votre mâchoire, nous l'arrêterons pour vous.

Ils l'ont fait traverser le village et toute la population est venue le voir. Il fut emmené en prison et enfermé dans une cage si petite qu'il ne pouvait pas s'allonger, un endroit ignoble et sale. Le geôlier était un homme brutal, au cœur dur, un sécessionniste enragé. Il rit de joie lorsqu'il tourna la clé vers Hurst. Il a été gardé en cage pendant deux jours, puis emmené à Nashville, où il a été jugé devant un tribunal militaire.

Il fut accusé d'être opposé à la Confédération et favorable à l'Union ; aussi qu'il était un espion.

Parmi ses accusateurs figuraient des sécessionnistes qui lui en voulaient. Ils inventaient des mensonges, juraient que Hurst était en communication avec les Yankees et leur donnaient des informations sur tous les mouvements des rebelles. C'était des mois avant que le général Grant n'attaque Donelson, et Hurst se trouvait à deux cents milles du poste le plus proche de l'armée de l'Union ; mais telle était la haine des sécessionnistes, et ils étaient si assoiffés de sang, qu'ils étaient prêts à pendre tous ceux qui ne soutenaient pas Jeff Davis et la Confédération. Il était loin de chez lui. Il n'était pas autorisé à avoir de témoins, et sa propre parole n'avait aucune valeur à leurs yeux. Il fut condamné à être pendu pour espionnage.

Ils l'emmenèrent près d'un arbre, lui passèrent la corde autour du cou, quand quelques-unes de ses anciennes connaissances, qui n'étaient pas aussi endurcies que ses accusateurs, dirent que les preuves n'étaient pas suffisantes pour le pendre. Ils l'ont ramené au tribunal. Il était soumis à de lourdes obligations pour se signaler souvent et prouver où il se trouvait.

Il fut libéré et rentra chez lui, mais ses anciens ennemis le suivirent et le poursuivirent jour et nuit.

Il a découvert qu'il allait être de nouveau arrêté. Il dit à son garçon d'atteler vite son cheval et de l'emmener dans une rue latérale, près d'une boutique d'apothicaire. Il a regardé par la fenêtre et a vu une file de soldats s'approcher pour l'arrêter. Il sortit par la porte arrière, gagna la rue et traversa hardiment la ville.

"Le voilà!" dit un type fumant un cigare sur les marches de l'hôtel. Une foule s'est précipitée hors du bar pour le voir. Ils savaient qu'il allait être arrêté ; ils s'attendaient à ce qu'il soit pendu.

Alors qu'il entrait dans la boutique de l'apothicaire, il vit son garçon descendre l'allée avec son cheval. Il n'osait pas descendre l'allée à sa rencontre, car la foule verrait sa tentative de fuite. Ils le virent franchir la porte et se précipitèrent à travers la rue pour voir la joie quand les soldats devraient arriver.

«Entrez ici», dit-il à l'apothicaire en entrant dans une pièce au fond, d'où s'ouvrait une porte sur la ruelle.

L'apothicaire le suivit, se demandant ce qu'il voulait.

Hurst sortit un pistolet de sa poche, le tint devant la tête de l'apothicaire et dit : « Si vous faites du bruit, je vous exploserai la cervelle ! » Il ouvrit la porte et fit signe à son garçon, qui monta à cheval. « J'ai quatre amis qui m'aident à m'enfuir », a-t-il déclaré. « Ils vous tueront si vous donnez l'alarme ; mais si vous restez tranquille, ils ne vous feront pas de mal. Il sauta sur son cheval, galopa dans l'allée et disparut.

L'apothicaire n'osait pas donner l'alarme et était très occupé à ses affaires lorsque les soldats vinrent arrêter Hurst.

Lorsqu'ils ont constaté qu'il était parti, ils se sont lancés à sa poursuite, mais n'ont pas réussi à le rattraper. Il se dirigea vers les bois et atteignit finalement l'armée de l'Union.

Lorsque la division du général Lewis Wallace entra dans la ville de Purdy, Hurst l'accompagna. Il demanda au général Wallace un garde pour procéder à une arrestation importante. Sa demande a été accordée. Il se rendit à la prison, trouva le geôlier et lui demanda ses clés. Le geôlier les a livrés. Hurst a déverrouillé la cage et y a trouvé un esclave à moitié affamé, qui n'avait été mis en prison que pour l'empêcher de s'enfuir vers l'armée de l'Union.

Il relâcha l'esclave et lui dit d'aller où il voulait. L'homme de couleur pouvait à peine se tenir debout, tellement il était à l'étroit et épuisé par sa longue détention et le manque de nourriture.

"Entrez là!" dit Hurst au geôlier. Le geôlier recula.

"Entrez là, espèce de canaille!" dit Hurst avec plus de détermination.

"Tu ne veux pas me mettre là-dedans, Hurst!" » dit le geôlier presque en pleurnichant.

"Entrez, dis-je, ou je laisserai la lumière du jour vous traverser!" Il s'empara d'un fusil d'un des soldats et pique un peu le geôlier avec la baïonnette, pour lui faire savoir qu'il était sérieux. Les autres soldats l'entouraient d'une ligne scintillante de pointes d'acier acérées. Ils rirent et trouvèrent cela très amusant.

Le geôlier est intervenu, pleurnichant et suppliant, et disant qu'il n'avait jamais eu l'intention de faire du mal à Hurst. L'ayant fait entrer, Hurst ferma la porte à clé, mit la clé dans sa poche, renvoya les soldats et s'en alla. Il était parti deux jours, et à son retour, *il avait perdu la clé* !

La cage était construite en rondins de chêne et boulonnée si solidement avec du fer qu'il fallut une demi-journée, à l'aide de haches, pour faire sortir le geôlier. Il ne dérangea plus jamais Hurst, qui rejoignit l'armée de l'Union comme éclaireur et rendit d'excellents services, car il connaissait bien le pays.

Pendant que les opérations se déroulaient sur l'île n° 10, je remontai un jour la rivière et visitai les hôpitaux de Mound City et de Paducah. Dans l'une des salles, un chirurgien pansait le bras d'un jeune Irlandais courageux et très joyeux. Son bras avait été déchiré par un morceau d'obus, mais cela ne le dérangeait pas beaucoup. Le chirurgien effectuait une opération douloureuse.

"Est-ce que ça fait mal, Patrick?" Il a demandé.

« Ah ! Docteur, vous posez maintenant une question pareille ; mais si vous voulez bien me donner un bon verre de whisky, vous pourrez le boire toute la journée.

Il faisait une grimace si comique que les malades et les blessés autour de lui riaient. Cela leur faisait du bien, et Patrick le savait, aussi, dans la bonté de son cœur, il grimaçait sans cesse et ne prononçait jamais un mot de plainte.

« C'est un patient de premier ordre », dit le chirurgien à notre passage. "Il garde le moral tout le temps, et cela aide tout le reste."

Dans une autre partie de l'hôpital se trouvait un des tireurs d'élite de Birges, qui a rendu d'excellents services, vous vous en souvenez, à Fort Donelson. C'était un garçon courageux et noble. Il y avait plusieurs gentilles dames qui prenaient soin des malades. Leur présence était comme un rayon de soleil. Partout où ils allaient, les yeux des malades les suivaient. Une de ces dames parle ainsi du petit Frankie Bragg :

« Beaucoup se souviendront de lui ; le garçon de quinze ans, qui combattit vaillamment à Donelson, l'un des plus courageux tireurs d'élite de Birges, et dont la réponse à mes questions concernant l'entrée dans l'armée était si digne d'être enregistrée.

« ' *J'ai adhéré parce que j'étais si jeune et si fort, et parce que la vie ne vaudrait rien pour moi si je ne l'offrais pour mon pays !* '» [26]

Comme c'est noble ! Il y a beaucoup d'hommes forts qui n'ont rien fait pour leur pays, et certains qui jouissent de tous les bienfaits d'un bon gouvernement, sont prêts à le voir détruit plutôt que de lever le petit doigt pour le sauver. Leurs noms tomberont dans l'oubli, mais le petit Frankie Bragg vivra éternellement ! Son corps repose dans l'enceinte de l'hôpital de Paducah, mais le pur patriotisme qui l'animait et les paroles qu'il a prononcées ne mourront jamais !

La bonne dame qui a pris soin de lui écrit :

«Je l'ai vu mourir. Je n'oublierai jamais le regard suppliant de ses yeux violets, le front d'où des boucles de cheveux châtain clair étaient balayées par d'étranges doigts baignés de rosée mortelle, le désir que quelqu'un prenne soin de lui, que quelqu'un l'aime dans ses dernières heures. Je me suis approché de lui et il a serré ma main dans la sienne, devenant rapidement froide et raide.

« 'Oh, je vais mourir et il n'y a personne pour m'aimer', dit-il. «Jusqu'à présent, je ne pensais pas que j'allais mourir ; mais ça ne peut pas durer longtemps. Si seulement mes sœurs étaient là ; mais je n'ai plus d'amis près de chez moi maintenant, et c'est si dur !

« 'Frankie', ai-je dit, 'je sais qu'il est difficile d'être loin de tes proches, mais tu n'es pas sans amis ; Je suis ton ami. Mme S—— et le gentil Docteur sont vos amis, et nous prendrons tous soin de vous. Plus encore, Dieu est votre ami, et il est plus proche de vous maintenant que nous ne pouvons l'être. Fais-lui confiance, mon garçon. Il vous aidera.

« Un léger sourire passa sur les traits du pâle malade.

« 'O, pensez-vous qu'il le fera ?' Il a demandé.

« Puis, alors qu'il me rapprochait les mains, il tourna davantage son visage vers moi et dit : « Ma mère m'a appris à prier quand j'étais tout petit et je ne l'ai jamais oublié. J'ai toujours fait mes prières tous les jours et j'ai essayé de ne pas être méchant. Pensez-vous que Dieu m'a toujours entendu ?

« 'Oui, assurément. N'a-t-il pas promis, dans son bon Livre, que votre mère vous a enseigné, qu'il entendrait toujours les prières de ses enfants ? Demandez et vous recevrez. Vous ne vous en souvenez pas ? L'une des pires choses que nous puissions faire est de douter de la vérité de Dieu. Il a promis et il tiendra. Tu ne le ressens pas, Frankie ?

« Il hésita un instant, puis répondit lentement : 'Oui, j'y crois. Je n'ai pas peur de mourir, mais je veux que quelqu'un m'aime.

« Le vieux cri d'amour, le fort désir de sympathie des cœurs frères. Il ne serait pas réprimé.

« 'Frankie, je t'aime. Pauvre garçon! tu ne seras pas laissé seul. N'est-ce pas un réconfort pour vous ?

"'Est-ce que tu m'aimes? Veux-tu rester avec moi et ne pas me quitter ?

"'Je ne te quitterai pas. Soyez rassuré, je resterai aussi longtemps que vous le souhaiterez.

«J'ai embrassé le front pâle comme si c'était celui de mon propre enfant. Une lumière joyeuse éclaira son visage.

« 'Oh, embrasse-moi encore ; cela a été donné comme ma sœur. Madame S——, ne voulez-vous pas m'embrasser aussi ? Je ne pense pas qu'il sera si difficile de mourir si vous m'aimez tous les deux.

« Cela n'a pas duré longtemps. Avec son visage blotti contre le mien et ses grands yeux bleus fixés sur moi avec un calme parfait jusqu'au dernier moment, il a expiré sa vie.

Il est donc mort pour son pays. Il dort sur les rives du magnifique Ohio. Les hommes travaillent dur pour la richesse, l'honneur et la gloire, mais rares sont ceux qui, une fois la vie terminée, laisseront un palmarès plus noble que ce jeune patriote chrétien.

CHAPITRE XII.

DE FORT OREILLER À MEMPHIS.

Le 6 mai 1861, la législature du Tennessee, en séance secrète, vota que l'État devait faire sécession de l'Union. Le lendemain, le gouverneur Harris nomma trois commissaires pour rencontrer M. Hilliard, de l'Alabama, qui avait été envoyé par Jefferson Davis pour faire une alliance avec l'État. Ces commissaires convinrent que toutes les troupes de l'État seraient sous le contrôle du président de la Confédération. Tous les biens publics, les magasins navals et les munitions de guerre furent également remis à la Confédération. Les gens n'y étaient pour rien. Les conspirateurs n'osèrent pas s'en confier à eux, car un grand nombre de personnes dans l'Est du Tennessee étaient ardemment attachées à l'Union. Dans l'ouest du Tennessee, le long du Mississippi, la quasi-totalité de la population était en revanche favorable à la sécession.

A Memphis, ils étaient très sauvages et féroces. Les syndicalistes ont été assaillis, goudronnés et emplumés, montés sur des rails, ont eu la tête rasée, ont été volés, renversés et avertis de quitter les lieux ou d'être pendus. Un homme s'est dirigé vers un tonneau et a roulé dans la rivière, parce qu'il défendait l'Union ! Memphis était un foyer de sécessionnistes ; c'était presque aussi mauvais que Charleston.

Un journal de Memphis, du 6 mai, disait :

« Le Tennessee est enfin désenchanté. La liberté l'a à nouveau couronnée d'une couronne fraîche et inaltérable. Elle fera tout son devoir. De grands sacrifices lui sont demandés, et ils seront consentis avec joie. Son sang et ses trésors sont offerts sans relâche au sanctuaire de la liberté du Sud. Elle ne compte pas le prix auquel l'indépendance peut être achetée. Le vaillant État volontaire du Sud, ses braves fils, se précipitant maintenant sous l'étendard de la Confédération du Sud, soutiendront, par leur valeur inébranlable et leur dévouement immortel, son ancienne renommée acquise sur tant de champs de bataille.

« En fait, notre peuple tout entier – hommes, femmes et enfants – s'est engagé dans ce combat et est animé par la seule détermination héroïque et indomptable de périr plutôt que de se soumettre à l'envahisseur méprisable qui nous menace désormais d'assujettissement. Ils ratifieront l'ordonnance de sécession au milieu de la fumée et du carnage des batailles ; ils l'écriront avec le sang de leur ennemi ; ils l'imposeront à la pointe de la baïonnette et de l'épée.

« Bienvenue, trois fois bienvenue, glorieux Tennessee, dans la famille florissante des États confédérés du Sud ! » [27]

Le même jour, les citoyens de Memphis ont arraché les étoiles et les rayures de son bâton sur le palais de justice, ont formé une procession et, avec un orchestre de musique, ont porté le drapeau, comme un cadavre, dans une fosse et l'ont enterré en simulacre. solennité. Ils se rendirent sur la place publique, où se dresse la statue du général Jackson, et gravèrent sur son piédestal ses paroles mémorables : « L'Union fédérale, elle doit être préservée. » Ils se rendirent au bord du fleuve et s'emparèrent de tous les bateaux à vapeur sur lesquels ils purent mettre la main et appartenant aux hommes du Nord.

Ils décidèrent de construire une flotte de canonnières qui remonteraient le fleuve jusqu'à Saint-Louis, Cincinnati et Pittsburg, et obligeraient les habitants de ces villes à payer tribut pour le privilège de naviguer sur le fleuve jusqu'au Golfe.

La population entière s'est engagée dans l'entreprise. Les dames organisaient des foires et offraient leurs bijoux. Les citoyens se sont organisés en une association de canonnières. Lorsque les bateaux étaient lancés, les dames, avec des cérémonies appropriées, les consacraient à la Confédération. Ils exhortèrent leurs maris, frères, fils et amis à s'enrôler dans le service, et le jeune homme qui hésitait reçut en cadeau des jupes à cerceaux, des jupons et d'autres articles vestimentaires féminins.

Huit canonnières ont été construites. Le commodore Hollins, comme vous l'avez vu, les commandait. Il tenta de repousser le général Pope à New Madrid, mais échoua. Il se rendit à la Nouvelle-Orléans et le capitaine Montgomery en reçut le commandement.

Lorsque le commodore Foote et le général Pope prirent l'île n° 10, ceux qui échappèrent aux rebelles se replièrent sur Fort Pillow, à environ quarante milles au-dessus de Memphis. C'était une position forte, et le commodore Foote ne fit que peu d'efforts pour la prendre, mais attendit l'avancée de l'armée du général Halleck sur Corinthe. En attendant ainsi, un matin brumeux, plusieurs canonnières rebelles lancèrent une attaque soudaine contre le Cincinnati et le neutralisèrent presque avant d'être repoussées. Pendant ce temps, le commodore Foote, constatant que sa blessure, reçue à Donelson, s'aggravait, fut rappelé par le secrétaire de la Marine, et le commodore Charles Henry Davis, de Cambridge, Massachusetts, fut placé aux commandes.

Outre les canonnières du Mississippi, il y avait la flotte de béliers du colonel Ellet, neuf en tout. C'étaient de vieux bateaux à vapeur, avec des pavois en chêne de trois pieds d'épaisseur, pour protéger les chaudières et les moteurs. Leurs arcs étaient renforcés par de solides poutres et des boulons de fer, et ils avaient des proues de fer dépassant sous l'eau. Ils ne portaient pas de canon, mais étaient pilotés par des tireurs d'élite. Il y avait des meurtrières dans les poutres pour les tirailleurs. La timonerie était protégée par des plaques de fer. Ils rejoignirent la flotte à Fort Pillow.

La rivière est très étroite devant le fort, elle ne dépasse pas le tiers de sa largeur habituelle. Cela fait un virage serré. Le canal est profond et le courant s'y précipite comme un bief. La côte du Tennessee était bordée de batteries sur la falaise, ce qui en faisait un endroit beaucoup plus fort que Columbus ou l'île n°10. Mais lorsque le général Beauregard fut contraint d'évacuer Corinthe, les rebelles furent également contraints de quitter Fort Pillow. Pendant deux ou trois jours avant l'évacuation, ils entretinrent un feu nourri sur la flotte.

Le 3 juin, journée chaude et étouffante, juste avant la nuit, un énorme banc de nuages arriva du sud. Il n'y avait presque pas eu un souffle d'air pendant la journée, mais maintenant le vent soufflait comme un ouragan. L'air était rempli de poussière, soulevée par les bancs de sable. Lorsque la tempête était à son paroxysme, j'ai été surpris de voir deux des béliers passer au-delà de la pointe de terre qui les protégeait des batteries, disparaissant de notre vue dans le nuage lointain. Ils sont allés vérifier ce que faisaient les rebelles. Il y a eu un réveil soudain des armes lourdes. Les batteries étaient en feu. Le nuage était épais et lourd, et les béliers revinrent, mais le canon rebelle tonnait toujours, jetant des coups aléatoires dans la rivière, deux ou trois à la fois, tirant comme si la Confédération avait des tonnes de munitions en réserve.

Le nuage de poussière, avec sa pluie fine et brumeuse, s'éloigna. Le soleil brillait une fois de plus et pontait la rivière avec une magnifique arche verte et dorée, qui apparaissait un instant, puis disparaissait, alors que le soleil se couchait derrière les bois de l'ouest. Pendant que nous admirions la scène, un bateau à vapeur rebelle est passé par là pour voir ce que nous faisions. C'était un engin noir, portant à sa proue le drapeau de la Confédération. Elle se retourna tranquillement, arrêta ses roues et nous regarda avec audace. Les canonnières ont ouvert le feu. Le bateau à vapeur rebelle a pris son temps, sans se soucier des tirs et des obus qui tombaient et éclataient tout autour de lui, puis a lentement disparu au-delà du promontoire. C'était un défi pour un combat. Elle ne fut pas acceptée, car le commodore Davis n'était pas disposé à se laisser découper par les batteries de rivage.

Le lendemain, il y eut des moments animés au fort. Une canonnade fut maintenue sur la flotte du commodore Davis, à laquelle on répondit vigoureusement. Nous ne pensions pas que cela nous aveuglerait sur ce qui se passait. Au coucher du soleil, les rebelles mirent le feu à leurs casernes. Il y avait de grandes colonnes de flammes et de fumée dans et autour du fort. Le ciel du sud était tout illuminé. Parfois, il y avait des éclairs et des explosions, de brusques bouffées de fumée, s'étalant comme des flocons de coton ou des toisons de laine blanche et cramoisie. C'était une vue magnifique.

Dans la matinée, nous avons constaté que les rebelles étaient partis, dopant leurs canons et brûlant leurs provisions. Ce qui leur avait coûté des mois de dur labeur fut abandonné et le fleuve fut ouvert à Memphis.

Le 5 juin, la flotte du commodore Davis quitte Fort Pillow pour Memphis. J'étais assis en train de dîner avec le commodore et le capitaine Phelps, à bord du Benton, lorsqu'un infirmier passa la tête dans la cabine et dit : « Monsieur, il y a un beau et grand bateau à vapeur devant nous.

Nous sommes sur le pont en un instant. Le maître d'équipage dirige tout le monde vers les quartiers. Il y a une grande agitation.

« Sortez avec cette arme ! Rapide!" cria le lieutenant Bishop. Les braves goudrons s'emparent des cordages, les camions grincent, et le gros canon de onze pouces, déjà chargé, sort en un clin d'œil. Les hommes brandissent des balles et des obus. La terrasse est débarrassée de tous les meubles superflus.

Le voilà, à un mille de distance, un beau bateau à vapeur, tête en amont. Elle nous voit et tourne son arc. Sa bordée se retourne et nous lisons « Sovereign » sur sa timonerie. Nous sommes sur le pont supérieur et la bouche du canon de onze pouces est juste en dessous de nous. Un grand éclair apparaît sur nos visages. Nous sommes dans un nuage, étouffés, abasourdis, à bout de souffle, les oreilles bourdonnantes ; mais le nuage est emporté par le vent, et nous voyons le coup de feu projeter l'eau à un mille au-delà du souverain. Glorieux! Nous l'aurons. Un autre, pas si bon. Un autre, encore pire.

Les Louisville, Carondelet et Cairo ouvrent le feu. Mais le Sovereign est un voilier rapide et augmente la distance.

"Le Spitfire va l'attraper !" dit le pilote. Un geste de la main, et le Spitfire est à côté, courant comme un chien vers son maître. Le lieutenant Bishop, le pilote Bixby et une équipe de canonniers montent à bord du remorqueur qui transporte un obusier de bateau. Ils s'en vont, le remorqueur soufflant et sifflant, comme s'il souffrait d'asthme.

« Par la *goulotte* ! » crie le capitaine Phelps. *Chute* est un mot français désignant un passage étroit et non le chenal principal de la rivière. Le Sovereign est dans le canal principal, mais le Spitfire a la distance la plus courte. Le remorqueur coupe l'eau comme un couteau. Elle sort juste à l'arrière du paquebot.

Claquer! va l'obusier. Le tir échoue. Claquer! encore une fois en un clin d'œil. Mieux. Claquer! Cela passe par le Souverain.

"Hourra! Bishop l'aura ! Les équipages des canonnières dansent avec délice et balancent leurs casquettes. Claquer! À travers sa cabine. Le souverain se tourne vers le rivage et court contre la berge. L'équipage, sauf le cuisinier, part dans les bois et le bateau à vapeur est à nous.

Vous seriez étonné de voir à quelle vitesse un équipage de bateau bien entraîné peut charger et tirer un obusier. Le commodore Foote m'a informé que, lorsqu'il était en mer de Chine, il avait été attaqué par les indigènes et que l'équipage de son bateau tirait quatre fois par minute !

La course au Souverain était très excitante, plus que toutes les courses de chevaux que j'ai jamais vues.

L'équipage du Sovereign s'était arrêté dans toutes les fermes le long du fleuve, mettant le feu au coton des plantations. Ils l'ont fait au nom du gouvernement confédéré, afin qu'il ne tombe pas entre les mains des Yankees. En de nombreux endroits, ils l'avaient roulé dans le fleuve, et le ruisseau était couvert de flocons blancs. Les buissons en étaient tapissés.

Dès que les riverains aperçurent les bateaux à vapeur fédéraux, ils se mirent au travail pour sauver leurs biens. Certains d'entre eux prétendaient être des hommes de l'Union. J'ai conversé avec un vieil homme qui était boiteux et pouvait à peine clopiner. Il a critiqué amèrement Jeff Davis pour avoir brûlé son coton et volé tous ses biens.

En descendant la rivière, nous vîmes un canot, contenant deux hommes, sortir d'un épais frein de canne. Ils arrivèrent au Benton. Nous avons d'abord pensé qu'il s'agissait de rebelles, mais nous avons vite vu qu'il s'agissait de deux pilotes appartenant à la flotte, partis la veille pour Vicksburg, pour piloter la flotte du commodore Farragut jusqu'à Memphis. Ils étaient restés cachés pendant la journée, n'osant pas bouger. L'évacuation de Fort Pillow leur a rendu inutile la poursuite du voyage. Ils ont dit que huit canonnières rebelles se trouvaient à une courte distance en dessous de nous.

Nous avançâmes lentement et arrivâmes à l'ancre vers neuf heures, près d'un endroit appelé par tous les riverains Paddy's Hen and Chickens, à environ deux milles au-dessus de Memphis.

CHAPITRE XIII.

LE COMBAT NAVAL À MEMPHIS.

Le soir du 5 juin, alors que nous étions au-dessus de Memphis, le commodore Montgomery, commandant la flotte de canonnières rebelles construites par les citoyens et les dames de Memphis, prononçait un discours dans la salle Gayoso de cette ville. Il y avait une grande excitation. On a su à midi que Fort Pillow avait été évacué. Les magasins ont été immédiatement fermés. Certains commencèrent à emballer leurs marchandises pour partir, espérant que la ville serait incendiée si les Yankees en prenaient possession. Le commodore Montgomery a dit :

« Je n'ai pas l'intention de reculer davantage. Je suis venu ici afin que vous puissiez voir les canonnières de Lincoln envoyées au fond par la flotte que vous avez construite et pilotée.

La populace l'acclama et crut à ses paroles. Le 6 au matin, un des journaux assurait à la population que la flotte fédérale n'atteindrait pas la ville. Ça disait:-

« Tous les obstacles à leur progression n'ont pas encore été levés et ne le seront probablement pas. Les perspectives sont très bonnes pour un grand engagement naval qui éclipsera tout ce qui a jamais été vu auparavant. Nombreux sont ceux qui souhaiteraient que les fiançailles aient lieu, mais qui ne se réjouissent pas beaucoup à l'idée qu'elles aient lieu très près de la ville. Ils pensent que des eaux plus profondes, suffisamment larges et suffisamment larges pour une telle rencontre, pourraient être trouvées plus en amont de la rivière. Cependant, tous sont heureux d'apprendre que Memphis ne tombera pas tant que les conclusions n'auront pas été essayées sur l'eau et à la bouche du canon. [28]

Je me suis réveillé assez tôt pour voir l'éclaircissement du matin. Jamais il n'y eut de plus belle aube. Les bois étaient pleins d'oiseaux chanteurs. L'air était doux. Quelques nuages légers, bordés d'or, s'étendaient le long de l'horizon oriental.

La flotte de cinq canonnières était ancrée en ligne sur le fleuve. Le Benton était le plus proche de la côte du Tennessee, suivi du Carondelet, puis du Louisville, du Saint-Louis et enfin du Caire. Près du Caire, amarrés au rivage de l'Arkansas, se trouvaient le Queen City et le Monarch, deux des béliers du colonel Ellet. Les remorqueurs Jessie Benton et Spitfire planaient près du Benton, le navire amiral du commodore Davis. C'était à eux d'être à l'écoute, de porter les ordres aux autres bateaux de la flotte.

Avant le lever du soleil, les ancres étaient levées, et les bateaux maintenaient leur position dans le courant grâce au lent fonctionnement des moteurs.

Le commodore Davis agita la main et le Jessie Benton se retrouva à côté du navire amiral en un instant.

« Descendez vers la ville et voyez si vous pouvez découvrir la flotte rebelle », était l'ordre.

J'ai sauté à bord du remorqueur. En dessous de nous se trouvait la ville. Les premiers rayons du soleil doraient les clochers des églises. Une foule de gens se tenait sur la large digue entre la ville et le fleuve. Ils venaient de toutes les rues, à pied, à cheval, en calèche, hommes, femmes et enfants, dix mille, pour voir les canonnières de Lincoln envoyées au fond. Au-dessus du palais de justice et depuis des mâts de drapeaux, flottait le drapeau de la Confédération. Une demi-douzaine de bateaux à vapeur étaient à l'embarcadère, mais la flotte rebelle n'était pas en vue. À notre droite se trouvait le large marais sur la langue de terre où la rivière Wolfe se jette dans le Mississippi. Sur notre gauche se trouvaient les cotonniers et les bois de boutons, ainsi que le village de Hopedale, au terminus du chemin de fer de Little Rock et de Memphis. Nous sommes descendus lentement le long du cours d'eau, le remorqueur flottant dans le courant rapide, courant profondément et fort alors qu'il balayait la ville.

La foule augmentait. La digue était noire de foule. Les fenêtres étaient remplies. Les toits plats des entrepôts étaient couverts de la foule excitée, qui allait et venait tandis que nous, sur le remorqueur, descendions dans le virage, presque à distance de conversation.

Soudain, un bateau sortit du rivage de l'Arkansas, où il était caché derrière la forêt, un autre, un autre, huit. Ils se formèrent sur deux lignes, devant la ville.

Le plus près de la ville, en première ligne, était le général Beauregard ; ensuite, le Petit Rebelle ; puis le Prix Général et le Sumter. En deuxième ligne, derrière le Beauregard, se trouvait le général Lovell ; derrière le Little Rebel se trouvait Jeff Thompson ; derrière le général Price se trouvait le général Bragg ; et derrière le Sumter se trouvait le Van Dorn.

Ces bateaux étaient armés comme suit :

Général Beauregard, 4
                canons

Little Rebel (navire- 2
phare),

Prix général,   4

Sumter,   3

Général Lovell,   4

Général Thompson, 4

Général Bragg,   3

Général Van Dorn,   4

—

Total, 28

Les canons étaient presque tous rayés et avaient une longue portée. Ils pivotaient et pouvaient tourner dans toutes les directions. Les chaudières des bateaux étaient casemates et protégées par des plaques de fer, mais les canons étaient exposés.

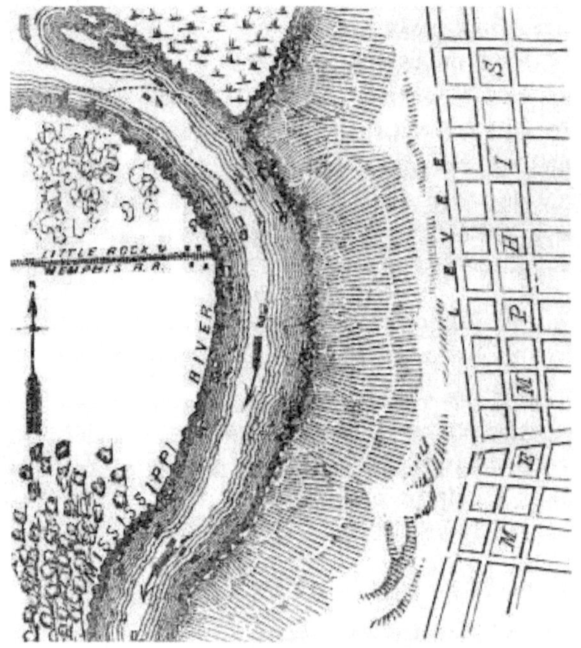

COMBAT NAVAL À MEMPHIS , 6 juin 1862.

1 Canonnières fédérales. 7,7 Général Thompson.

2,2 Général Beauregard.   8,8 Général Bragg.

3,3 Petite rebelle.   9, Général Van Dorn.

4,4 4,4 Prix général.   Q Ville Reine.

5,5 Sumter.   M. Monarque.

6,6 Général Lovell.

Le diagramme ci-joint vous montrera la position des deux flottes au début et à la fin de l'engagement.

Lentement et régulièrement, ils se sont alignés. Le Little Rebel se déplaçait à travers la flotte et le commodore Montgomery donnait ses ordres à chaque capitaine en personne.

Le Benton et le St. Louis descendirent vers la ville pour protéger le remorqueur. Un signal nous ramena et les bateaux remontèrent le courant jusqu'à leur position initiale.

Il y eut un autre signal du navire amiral, puis à bord de tous les bateaux il y eut un sifflement aigu. C'était le maître d'équipage qui mettait tout le monde aux quarts. Le tambour frappa son roulement, et les marines saisirent leurs mousquets. Les matelots ouvraient les sabords, sortaient les canons, remontaient les balles et les obus, rangeaient les meubles, démontaient les pilonneuses et les éponges, saisissaient leurs piques, ôtaient leurs manteaux, retroussaient leurs manches, chargeaient le canon et se tenaient à leurs côtés. pièces. Des coutelas et des piques d'abordage furent distribués. Les derniers mots ont été prononcés. Ils attendaient les commandes.

« Laissez les hommes prendre leur petit-déjeuner », fut l'ordre du navire amiral.

Le commodore Davis croyait qu'il fallait se battre le ventre plein. Du café chaud, du pain et du bœuf étaient apportés aux hommes.

La flotte rebelle nous a observés un moment. La foule sur le rivage augmentait. Peut-être pensaient-ils que les Yankees n'osaient pas se battre. Finalement, la flotte rebelle commença à remonter le courant.

« Arrondissez à ; se diriger vers l'aval; restez en ligne avec le navire amiral », tel était l'ordre que nous, à bord du Jessie Benton, portions à chaque bateau de la ligne. Nous revînmes et prenons position entre le Benton et le Carondelet.

Je me tenais au sommet du remorqueur, à côté du poste de pilotage. Restez là avec moi et contemplez la scène. Le soleil est haut d'une heure et ses rayons brillants forment une large ligne de lumière argentée sur le ruisseau tourbillonnant. Vous regardez le fleuve jusqu'à la ville et voyez les toits des maisons, les fenêtres, la digue, remplis d'hommes, de femmes et d'enfants. Le drapeau de la Confédération flotte avec défi. La flotte rebelle avance lentement vers nous. Un épais nuage de fumée s'élève des cheminées des paquebots et flotte au-dessus de la ville.

Il y a un éclair, une bouffée du Petit Rebelle, un bruit de quelque chose d'invisible dans l'air, et une colonne d'eau est projetée à un kilomètre derrière nous. Un deuxième coup, du Beauregard, tombe à côté du Benton. Un troisième, du Price, dirigé vers le Carondelet, le rate d'un pied ou deux et s'élance dans l'eau entre le Jessie Benton et le navire amiral. C'est un soixante-quatre livres. Si cela nous avait frappé, notre bateau aurait été réduit en miettes en un instant.

Le commodore Montgomery voit que les bateaux de la flotte fédérale ont leur proue ferrée en amont. Il arrive rapidement pour les écraser à l'arrière, où il n'y a pas de plaques de fer. Un signal monte du Benton, et les bordées commencent à se tourner vers l'ennemi. La foule sur la digue pense que les bateaux fédéraux battent en retraite, et hourra pour le commodore Montgomery.

Il y a eu un profond silence à bord des canonnières de l'Union. Les hommes attendent le mot. Ça arrive.

"Ouvrez le feu et rapprochez-vous."

Le Caire commence. Un tir de dix pouces hurle dans les airs et saute le long de l'eau en direction du Petit Rebelle. Un autre, du St. Louis. Un troisième, du Louisville. Un autre du Carondelet, et enfin du Benton. Les artilleurs s'accroupissent à côté de leurs canons pour suivre le tir. Certains sont trop élevés, d'autres trop bas. Il y a un rugissement de réponse de la part de tous les bateaux rebelles. L'air est plein de bruits indescriptibles. L'eau bout et bouillonne autour de nous. Il est lancé en colonnes et en jets. Il y a des éclairs soudains au-dessus de nous, des explosions, des nuages sulfureux et des vrombissements de morceaux de fer en lambeaux. Le tumulte augmente. La canonnade se répercute depuis les hautes falaises derrière la ville jusqu'à la forêt vert foncé sur la côte de l'Arkansas, et résonne d'un virage à l'autre.

L'espace entre les flottes se réduit progressivement. Les Yankees ne reculent pas, mais avancent. Un coup de feu frappe le Petit Rebelle. On déchire le Prix Général. Un autre par l'intermédiaire du général Bragg. Le commodore Montgomery est au-dessus de la ville et commence à reculer. Il n'est pas prêt à se rapprocher. Quinze minutes s'écoulent, mais il semble que ce ne soit pas plus de deux. Comme on vit vite à une telle époque ! Tous vos sens sont éveillés. Vous voyez tout, vous entendez tout. Le sang coule dans vos veines. Votre pouls s'accélère. Vous avez envie d'atteindre l'ennemi, de balayer l'espace intermédiaire, d'accoster votre bateau, de lancer une bordée et de le mettre en pièces en un clin d'œil ! Vous ne vous souciez pas du hurlement des tirs, de l'éclatement des obus. Vous avez surmonté tout ça. Vous n'avez qu'une pensée : *démolir ce drapeau odieux, réduire en poussière les ennemis de votre pays* !

Pendant que cette canonnade se poursuivait, j'aperçus les deux béliers qui se détachaient du rivage. J'ai entendu le tintement de la cloche de l'ingénieur pour plus de feu et une pleine vapeur. Les tireurs d'élite prirent place. La reine sortit de l'abri des grands peupliers, traversa la rivière et descendit entre le Benton et le Carondelet. Le colonel Ellet se tenait à côté du pilote et nous a fait signe de la main à bord du Jessie Benton. Le Monarque fut un peu plus tard, et, au lieu de suivre le sillage de la Reine, passa entre le Caire et le Saint-Louis.

Voyez la Reine ! Ses grandes roues font tourbillonner des nuages d'embruns et laissent un chemin écumant. Elle porte un train argenté scintillant dans la lumière du matin. Elle creuse un sillon qui s'étend sur toute la largeur de la rivière. Notre bateau danse comme une plume sur les vagues. Elle gagne l'espace intermédiaire entre les flottes. Jamais une reine n'avait bougé avec autant de détermination, plus jamais une flotte, presque sautant hors de l'eau. Les étoiles et les rayures défilent au gré de la brise sous la bannière noire qui se déploie, s'étend et traîne au loin de ses cheminées. Il y a un déferlement, un sifflement et un cri étouffé de la vapeur refoulée dans ses chaudières, comme si elles avaient mis toute leur énergie pour un moment. Ils avaient de la chair, du sang, des os, du fer, de l'airain, de l'acier, animés et inanimés, et étaient nerveux pour l'épreuve du moment !

Les officiers et les hommes la regardent avec étonnement et admiration. Pendant un instant, il y a le silence. Les hommes restent figés devant leurs fusils, oubliant leurs devoirs. Alors les artilleurs rebelles, comme poussés par une impulsion commune, portent leurs canons sur elle. Elle est exposée à droite, à gauche et devant. C'est un terrible échange de tirs. Un tir solide passe devant. Des obus explosent autour d'elle. Elle est transpercée de part en part. Ses bois craquent. Elle frémit sous le choc, mais ne faiblit pas. Continuez... continuez... plus vite... tout droit vers le Général Beauregard.

Le commandant de ce navire évite adroitement le coup. La Reine rate son objectif. Elle passe comme un cheval de course, recevant d'un côté le feu du Beauregard et de l'autre le Petit Rebelle. Elle se retourne selon une courbe gracieuse, presque couchée sur le côté, comme pour rafraîchir ses cheminées chauffées dans le ruisseau. Les canons arrière du Beauregard envoient leur tir à travers les pavois du Queen. Un éclat frappe le courageux commandant, le colonel Ellet. Il est renversé, meurtri et abasourdi un instant, mais se relève d'un bond, s'appuie contre le poste de pilotage et donne ses instructions aussi froidement que si de rien n'était.

La Reine contourne le Petit Rebelle et s'approche du Général Price.

« Conduisez-la derrière la timonerie », dit le colonel Ellet au pilote. Le commandant du Price se tourne vers l'antagoniste qui approche. Ses roues tournent. Elle fonce en avant pour échapper au coup terrible. Trop tard. Il y a un éclat, un crépitement, un fracas des poutres. La bordée du bateau est écrasée. Elle n'est plus qu'une boîte de cartes ou un mince papier de soie avant le coup terrible.

Des jets de flammes et de fumée sortent des meurtrières de la Reine. Les tireurs d'élite s'y mettent. Vous entendez le crépitement du feu et voyez l'équipage du Price courir sauvagement sur le pont en jetant les armes. Le tonnerre incessant de la canonnade couvre leurs cris. Un instant, et un drapeau blanc se lève. Le prix se rend.

Mais la Reine a un autre antagoniste, le Beauregard. La Reine est immobile, mais le Beauregard s'abat de toutes ses forces. Il y a un autre crash. Les pavois de la Reine tremblent sous le coup. Il y a une grande ouverture dans sa coque. Mais aucun drapeau blanc n'est affiché. Il n'y a aucun appel au quartier, aucune idée de capitulation. Les tireurs d'élite éliminent les artilleurs du Beauregard, les obligeant à se réfugier sous leurs casemates.

Nous qui le voyons retenons notre souffle. Nous ne sommes pas conscients des explosions qui nous entourent. Comment cela va-t-il se terminer ? La Reine va-t-elle couler avec tous ses braves hommes à son bord ?

Mais son épouse est à portée de main, le Monarch, commandé par le capitaine Ellet, frère du colonel Ellet. Il avait cinq ou dix minutes de retard sur la Reine au départ, mais il est apparu au bon moment. Lui aussi n'a pas prêté attention aux tirs et aux obus qui tombaient autour de lui. Il vise droit comme une flèche le Beauregard. Le Beauregard est raide, solide et fort, mais ses poutres, planches, genoux et renforts ne sont plus que des lattes devant le coup puissant du monarque. Les tireurs d'élite font feu. L'ingénieur du Monarch met en jeu ses pompes à force et asperge les ponts du Beauregard d'eau bouillante. Un officier du Beauregard soulève un drap blanc sur un pilon. C'est un signal d'abandon. Les tireurs d'élite arrêtent de tirer. Il y a les quatre bateaux, trois d'entre eux flottent impuissants dans le ruisseau, l'eau se déversant dans les coques, à travers les bordés éclatés.

Le capitaine Ellet a vu que le Queen était handicapé et l'a emmené en remorque jusqu'au rivage de l'Arkansas. Poussé par l'humanité, au lieu de se jeter sur les autres navires de la flotte, il emmena le Général Price jusqu'au rivage.

Le Little Rebel a été transpercé dans sa coque par une demi-douzaine de coups de feu. Le commodore Montgomery comprit que la journée était perdue. Il courut le long du Beauregard, et, bien que le navire se soit rendu, il emmena l'équipage à son bord pour s'échapper. Mais un coup de feu venu du Caire a traversé les chaudières. La vapeur s'échappait comme un sifflement de serpents. Le bateau était près du rivage et l'équipage sauta à l'eau, escalada la berge et s'enfuit dans les bois. Le Caire leur lança une bordée d'obus tandis qu'ils couraient.

Le Beauregard se stabilisait rapidement. Le Jessie Benton courait à ses côtés. Tous avaient fui, sauf les blessés. Il y avait une mare de sang sur le pont. Les parois de la casemate étaient tachées de gouttes cramoisies, pourtant chaudes du cœur d'un homme tué par un obus.

« Au secours, vite ! » » fut le cri du capitaine Maynadier.

Nous nous précipitâmes à bord à temps pour sauver un officier blessé. Le navire s'est déposé lentement au fond.

«Je vous remercie», a déclaré l'officier, «de m'avoir sauvé de la noyade. Vous êtes mes ennemis, mais vous avez été plus bons envers moi que ceux que j'appelais mes amis. Un de mes frères officiers, lors de sa fuite, a eu la méchanceté de me faire les poches et de voler ma montre !

Ainsi ceux qui commencèrent par voler les biens publics, les forts et les arsenaux, n'hésitèrent pas à violer leur honneur, s'enfuyant après s'être rendus, abandonnant leur camarade blessé, lui ravissant ses objets de valeur et le laissant se noyer !

Il n'y a pas de cessation de la canonnade. Le combat continue. Le Benton est engagé avec le général Lovell. Ils ne sont qu'à quelques mètres l'un de l'autre, et tous deux sont à un jet de pierre de la multitude sur le rivage.

Le capitaine Phelps se tient près de l'un des canons rayés du Benton. Il attend pour tirer, parcourt les viseurs des yeux et donne l'ordre de tirer. Le tir à pointe d'acier pénètre du côté tribord de la coque, au niveau de la ligne de flottaison. Les poutres, les renforts, les planches, tout le côté du bateau apparemment, sont arrachés.

L'eau afflue. Le navire s'installe aux gardes, aux ports, au sommet de la casemate, s'ébranle et disparaît en faisant une embardée. C'est le travail de trois minutes.

Le courant s'installe rapidement le long du rivage. Le plomb donne soixante-quinze pieds d'eau. Le navire coule comme un morceau de plomb. Son équipage terrorisé est jeté dans le courant. C'est un spectacle épouvantable. Un homme au bras gauche déchiré, cassé, saignant et qui pend à ses côtés court sauvagement sur le pont. Il y a une horreur indescriptible sur son visage. Il fait signe tantôt à ceux à terre, tantôt à ses amis à bord des bateaux. Il regarde le ciel d'un air implorant et appelle à l'aide. Inutile le cri. Il disparaît dans le tourbillon. Une centaine d'êtres humains luttent pour survivre, secoués par le courant, levant les bras, s'accrochant aux bâtons, aux pailles, aux planches et aux bûches. "Aide! aide! aide!" ils pleurent. C'est un hurlement sauvage d'agonie, mêlé à la canonnade.

Il n'y a aucune aide pour eux à terre. Là, à une douzaine de bâtons, se trouvent leurs amis, leurs pères, leurs mères, leurs frères, leurs sœurs, leurs épouses, leurs enfants, ceux qui les ont poussés à entrer dans le service, qui les ont forcés à s'enrôler. Tous sont impuissants à les aider !

Ceux qui se tiennent sur le rivage voient ceux qu'ils aiment vaincus, écrasés, noyés, appelant au secours ! C'est une heure où les cordes sensibles se serrent. Les larmes, les cris, les prières, les efforts, tout cela est inutile.

Le commodore Davis les voit. Son cœur est touché. « Sauvez-les, les gars », dit-il.

Les équipages du Benton et du Carondelet se précipitent vers leurs bateaux. Ils sont si désireux de sauver les hommes en difficulté qu'un des bateaux est submergé lors de la mise à l'eau. Ils s'en vont, en ramassant un ici, un autre là, dix ou douze en tout. Quelques-uns atteignent le rivage et sont aidés à remonter la berge par des spectateurs ; mais cinquante ou soixante coulent pour ne plus se relever. Comme cet acte est noble ! Comme c'est glorieux ! Au milieu de toute la détresse, de toute l'horreur, de toute la conduite infâme des hommes qui se sont renoncés, brillera à jamais, comme une étoile du ciel, cet acte d'humanité !

Le général Price, le général Beauregard, le Little Rebel et le général Lovell, la moitié de la flotte rebelle, furent éliminés. Les autres navires ont tenté de prendre la fuite. La flotte de l'Union avait progressé régulièrement sur une ligne ininterrompue. Au milieu de toutes les scènes épouvantables de l'heure, il n'y eut aucune accalmie dans la canonnade. Tout en sauvant ceux qui avaient perdu tout pouvoir de résistance, les efforts n'ont cessé pour écraser ceux qui résistaient encore.

À une courte distance au-dessous du Little Rebel, le Jeff Thompson, criblé par un coup de feu et en flammes, s'est échoué. Un peu plus en aval, le General Bragg fut abandonné, également en flammes à la suite de l'explosion d'un obus de neuf pouces lancé par le St. Louis. Les équipages sautèrent à terre et s'enfuirent vers les bois. Le Sumter débarqua, près du Little Rebel. Le Van Dorn seul s'est échappé. C'était un bateau à vapeur rapide et fut bientôt hors de portée des canons de la flotte.

Le combat est terminé. Le tonnerre du matin s'éteint et les oiseaux reprennent leur chant. Les bateaux abandonnés sont récupérés. Le Jeff Thompson ne peut pas être sauvé. Les flammes bondissent autour des cheminées. Les chaudières sont chauffées au rouge. Une colonne de feu jaillit vers le haut, en longues lances de lumière. L'intérieur du bateau - chaudières, poutres de fer, planches en feu, bois enflammés, coups de canon, obus - est soulevé à cinq cents pieds dans les airs, dans un nuage qui s'étend et se déploie, rempli de fortes explosions. Les fragments dispersés pleuvent sur la forêt, les champs et les rivières, comme si des météores aux proportions immenses étaient tombés du ciel sur la terre, prenant feu dans leur descente. Il y a un choc qui ébranle tout Memphis et annonce à la multitude déçue, terrorisée, en pleurs, humiliée que le drame qu'ils ont joué si follement pendant douze mois est terminé, que le châtiment du crime est enfin venu !

Ainsi, en une heure, la flotte rebelle fut anéantie. Le commodore Montgomery aurait dû envoyer les bateaux de l'Union au fond ; mais ses attentes ne se sont pas réalisées, ses promesses ne se sont pas tenues. On ne sait pas combien d'hommes ont été perdus du côté rebelle, mais probablement entre quatre-vingts et cent. Le colonel Ellet fut le seul blessé à bord de la flotte de l'Union. Les canonnières n'ont pas été blessées. Le Queen of the West était le seul bateau en panne. Les dégâts causés à la flotte de Montgomery contrastaient de façon frappante :

Coulé,	Prix général,	4 canons
"	Général Beauregard,	4"
"	Général Lovell,	4"
Brûlé,	Jeff Thompson,	4"
"	Général Bragg,	3"
Capturé,	Sumter,	3"
"	Petite rebelle,	2"
		—
		24

Seuls les canons à arc de la flotte du commodore Davis ont été utilisés dans l'attaque, soit seize canons en tout mis à contribution sur la flotte rebelle. Le Caire et le Saint-Louis ont tiré à flancs sur les équipages alors qu'ils fuyaient vers les bois.

La retraite de la flotte rebelle a emporté les canonnières de l'Union à plusieurs kilomètres sous la ville avant la fin du combat. À dix heures, le commodore Davis rentrait en ville. La multitude était là, déconcertée par ce qui s'était passé. Un bateau débarqua du rivage, tiré par deux rameurs, et amenant un citoyen, le docteur Dickerson, qui agitait un mouchoir blanc. Il était un messager du maire qui proposait la reddition de la ville. Il y avait des hommes dans la foule qui nous brandissaient le poing et criaient : « Ô Yankees au ventre bleu ! Vous les diables ! Espèce de scélérats ! » On pourrait très bien le supporter, après les événements de la matinée. Quelques-uns acclamèrent Jeff Davis, mais la multitude ne fit aucune démonstration.

Un régiment débarqua et remonta Monroe Street jusqu'au palais de justice. J'ai eu le plaisir d'accompagner les militaires. Le groupe a joué Yankee Doodle et Hail Columbia. Avec quelle fierté les soldats marchaient ! Ils s'arrêtèrent devant le palais de justice. Un officier est monté au sommet du bâtiment, a démoli le drapeau rebelle et a jeté les étoiles et les rayures.

Les acclamations des troupes étaient sauvages et chaleureuses. Le drapeau enterré était sorti de sa tombe, pour flotter à jamais, emblème du pouvoir, de la justice, de la liberté et de la loi !

Ainsi, le Haut Mississippi fut de nouveau ouvert au commerce et aux activités pacifiques du commerce. Comme c'était merveilleux qu'il ait été repris. La flotte n'a perdu aucun homme sur l'île n° 10, pas un homme à New Madrid, pas un homme à Fort Pillow, pas un homme à Memphis, par le feu des rebelles ! Combien de fois on nous avait dit que les places fortes des rebelles étaient imprenables ! Combien de fois les canonnières de l'Union furent détruites par les torpilles, ou envoyées au fond par les batteries ou par la flotte rebelle ! Combien de fois le fleuve ne serait jamais ouvert tant que la Confédération ne serait pas reconnue comme puissance indépendante ! Le général Butler était en possession de la Nouvelle-Orléans, Memphis était détenue par le commodore Davis et le puissant fleuve était pratiquement ouvert sur toute sa longueur au commerce et à la navigation. En un an, cela a été accompli. Ainsi se dirige une nation dans une carrière sans précédent dans l'histoire, sauvant de l'emprise des pirates et des pilleurs les richesses accumulées au fil des siècles.

En 1861, lors de la sécession du Tennessee, le bateau à vapeur Platte Valley, propriété de Saint-Louis et appartenant à la St. Louis and Memphis Steamboat Company, fut le dernier bateau autorisé à partir vers le Nord. Tous les autres ont été volés par les sécessionnistes, qui ont répudié les dettes qu'ils devaient aux hommes du Nord. Le Platte Valley, commandé par le capitaine Wilcox, faisait partie de la flotte de transports du commodore Davis. Le capitaine Wilcox reconnut dans la foule quelques-unes de ses anciennes connaissances et les informa que dans un jour ou deux il reprendrait ses voyages réguliers entre Saint-Louis et Memphis ! Ils étaient prêts à envoyer des cargaisons de sucre et de coton. Le commerce accompagne donc le drapeau de notre pays partout où il passe.

Ce récit que je vous ai donné est bien docile. Regardez encore la scène, le petit matin, le ciel sans nuages, le fleuve majestueux, les flottes ennemies, la fumée noire qui surplombe la ville, la forêt, le ruisseau, le mouvement des bateaux, la canonnade effroyable, la des milliers rassemblés, l'avancée glorieuse de la reine et du monarque, le fracas et l'éclatement des poutres, les coups de fusil, le naufrage des navires, les cris des noyés, la bravoure des équipages du Benton et du Carondelet, les pleurs et les lamentations de la multitude, les incendies, les explosions, le choc sismique qui ébranle la ville jusque dans ses fondations ! Ce sont les événements d'une seule heure. Rappelez-vous les circonstances, que le combat a lieu devant la ville, devant des milliers d'invités au divertissement, le naufrage de la flotte de l'Union, qu'ils doivent voir les prouesses de leurs maris, frères et amis, que leur force est une faiblesse totale, et qu'après treize mois de vol, d'outrages et de scélératesses, le drapeau méprisé et insulté de l'Union s'élève de son enterrement et flotte une fois de plus au-dessus d'eux dans une pureté et une gloire sans tache ! Prenez tout en considération, si vous voulez sentir la sublimité morale de l'heure !

Dans ces pages, mes jeunes amis, j'ai essayé d'apporter une contribution factuelle à l'histoire de cette grande lutte de notre pays bien-aimé pour la vie nationale. J'ai eu le privilège d'assister à d'autres combats à Antietam, Fredericksburg et Gettysburg, et si ce livre vous convient, j'espère pouvoir raconter les histoires de ces terribles batailles.

LA FIN

NOTES DE BAS DE PAGE :

[1] Carrière.

[2] Enquêteur de Richmond.

[3] Rapports rebelles dans Rebellion Record.

[4] Estvan.

[5] Charleston Mercure.

[6] Tribune mobile.

[7] Républicain de Lynchburg.

[8] « Treize mois de service rebelle. »

[9] Rapport de Bragg.

[10] Stevenson.

[11] Stevenson.

[12] Rapport de Bragg.

[13] Rapport de Bragg.

[14] Rapport du colonel Moore.

[15] Rapport de Ruggles.

[16] Rapport Chalmers.

[17] Rapport du Colonel Fagan.

[18] Rapport du colonel Allen.

[19] Rapport Beauregard.

[20] Rapport Beauregard.

[21] Rapport Nelson.

[22] Capitaine Geer.

[23] Dossier de rébellion.

[24] Appel de Memphis.

[25] Memphis Argus.

[26] Incidents hospitaliers, New York Post, 22 octobre 1863.

[27] Avalanche de Memphis.

[28] Avalanche de Memphis, 6 juin 1862